DU
WOLLTEST
ES DOCH

© Anna Groniecka

Die Autorin Louise O'Neill hat Themen wie Feminismus, Body Shaming und Selbstbestimmung zu ihren Herzensanliegen erklärt und mit ihren Büchern international zahlreiche Preise gewonnen. Sie lebt und arbeitet in West Cork, Irland, hat eine wöchentliche Kolumne im Irish Examiner und ist ein häufiger Gast in Fernseh- und Radiosendungen.

Louise O'Neill

DU WOLLTEST ES DOCH

Aus dem Englischen von Katarina Ganslandt

Veröffentlicht im Carlsen Verlag
September 2020
Originalcopyright © 2015 by Louise O'Neill
Originalverlag: Quercus, an Hachette UK Company
Originaltitel: »Asking for it«
Copyright © der deutschsprachigen Ausgaben:
2018, 2020 Carlsen Verlag GmbH, Hamburg
Umschlaggestaltung und -typografie: formlabor
Corporate Design Taschenbuch: bell étage
ISBN: 978-3-551-31893-0

Carlsen-Newsletter: Tolle Lesetipps kostenlos per E-Mail!
Unsere Bücher gibt es überall im Buchhandel und auf carlsen.de.

Für meine schöne Schwester Michelle

Letztes Jahr

Donnerstag

Das Gesicht meiner Mutter taucht hinter meinem eigenen im Spiegel auf, geschminkte Lippen auf gepuderter Haut.

Trotz der schwülen Hitze liegt jedes Härchen ihres Bobs, wo es liegen soll. Samstags geht sie immer zum Friseur. »Das habe ich mir verdient«, sagt sie. »Egal, wie teuer es ist.«

Karen Hennessy lässt sich drei Mal pro Woche die Haare im Salon föhnen. Sie spricht nie darüber, wie viel das kostet.

Mir ist heiß, meine Wangen sind rot gefleckt und das verwaschene Trägertop, in dem ich geschlafen habe, klebt mir am Körper. Ich schaue von ihr wieder zu mir.

Du bist deiner Mutter so ähnlich, sagen die Leute immer. *Ihr seid euch wie aus dem Gesicht geschnitten.*

»Guten Morgen«, sagt sie. »Warum starrst du dich so im Spiegel an?« Mir entgeht nicht der kritische Blick, mit dem sie mein verschwitztes Top mustert, durch dessen feuchten Stoff sich meine Brustwarzen abzeichnen.

»Nur so.« Ich verschränke die Arme vor der Brust. »Was ist? Was willst du?«

»Bloß nachsehen, ob du schon wach bist.«

Ich deute zum Schreibtisch, auf dem mein aufgeklappter Laptop steht, der Ordner mit Notizen, mein Irisch-Englisch-Wörterbuch und »Fiche Bliain ag Fás«, die Erinnerungen des Schriftstellers Muiris Ó Súilleabháin, die wir gerade in der Schule lesen. »Ich bin seit fünf wach«, sage ich. »Wir haben heute mündliche Tests bei O'Leary.«

Und wetten, Jamie bekommt wieder die volle Punktzahl? O'Leary wird wie immer mit geschlossenen Augen in seinen Stuhl zurückgelehnt zuhören und, wenn er dann hochschaut, komplett überrascht sein, weil er beim Zuhören vergessen hat, wer gelesen hat. Dass ausgerechnet Jamie das lupenreinste Irisch von uns allen spricht, haut ihn jedes Mal wieder um.

»Der gute Diarmuid O'Leary.« Mam lächelt. »Weiß er eigentlich, dass du meine Tochter bist?« Ich antworte darauf nichts. »Ich habe dir deine Vitamine gebracht«, sagt sie. »Man soll sie vor dem Frühstück nehmen.«

»Mach ich später.«

»Ach, Emmie. Die Verkäuferin bei Health Hut hat sie extra für dich bestellt.«

»Ja, ja. Weiß ich, Mam.« Ihre Lippen werden schmal, weshalb ich schnell lächle. »Das war supernett von ihr.«

»Dann lasse ich sie dir hier, ja?« Sie deponiert die Tablette und das Wasserglas auf meinem Nachttisch, wo mein iPhone liegt und eine Sammlung einzelner Ohrringe.

Danach kommt sie noch einmal zu mir, legt mir eine Hand auf die linke Hüfte und die andere aufs Steißbein und rückt mein Becken gerade. »Du musst auf deine Haltung achten, Liebes.« Sie duftet nach Mehl und Zimt und dem blumigen Parfüm, das sie immer schon benutzt. Ich sehe vor mir, wie sie in einem silbrig schimmernden Seidenkleid in ihrer Ankleideecke am Schminktisch sitzt, leuchtendes Rot auf den Lippen, die dunkelblonden Haare zum Chignon gesteckt. Damals waren sie noch länger. »Wir kommen zu spät, Nora«, rief Dad von unten. »Bin gleich bei dir, Liebling«, antwortete sie mit dieser besonderen Stimme, die sie immer benutzt, wenn sie mit ihm redet, die sie überhaupt bei allen Männern benutzt. (Warum nie bei mir?) Zuletzt griff sie nach dem Parfümflakon, zog den goldenen Deckel ab und sprühte sich einen Hauch davon auf die Innenseiten der Handgelenke. Ein paar Minuten später kauerte ich auf der obersten Treppenstufe und sah ihr hinterher, wie sie mit unter der Seide schwingenden Hüften nach unten ging, wo Dad auf sie wartete. Er ließ sie die ganze Zeit über nicht aus den Augen, nicht einmal, als ich anfing zu brüllen und um mich zu schlagen, weil die Babysitterin mich festhielt, während sie zur Tür hinausgingen.

»Hast du deine Periode?« Sie streicht mir über den Bauch. »Du siehst ein bisschen aufgebläht aus.«

Ich schiebe ihre Hand weg. »Keine Angst, Mam. Ich bin schon nicht schwanger.«

Ich gehe an ihr vorbei zum Bett und checke mein Handy. Ali hat geschrieben. Zum dritten Mal. Dabei habe ich schon auf die beiden Nachrichten davor nicht reagiert.

»Bitte sprich nicht so mit mir.«

»Wie denn?«

»In diesem *Ton*.«

»Ich weiß nicht, welchen Ton du meinst. Da war kein Ton.«

Sie spannt die Schultern an und ich weiß, dass sie kurz davor ist, nach unten zu gehen und sich bei Dad zu beklagen, dass ich ihr gegenüber respektlos bin. Er wird seufzen und mir sagen, dass er enttäuscht von mir ist. Egal, was ich antworte, und egal, wie sehr ich versuche, ihm meine Sichtweise zu erklären, er hört mir gar nicht zu. *Bring deiner Mutter bitte etwas mehr Respekt entgegen,* wird er sagen. *Hier gibt es keine »zwei Seiten«.*

Er hat recht. Für ihn gibt es immer nur eine Seite und das ist nie meine.

»Tut mir leid, Mam«, entschuldige ich mich.

Sie atmet tief durch. »Nimm deine Vitamine«, sagt sie, »und dann komm runter. Dad und ich sitzen schon beim Frühstück. Er will dich auch noch mal sehen, bevor er zur Arbeit geht.« Kurz vor der Tür dreht sie sich um. Ihr Blick wandert über meinen Körper und bleibt einen Moment an meinem Gesicht hängen. Ich weiß genau, was sie gleich sagen wird.

»Du bist wunderschön heute Morgen, Emmie. Wie immer.«

Sie zieht die Tür hinter sich zu und die Luft in meinem Zimmer verwandelt sich in Suppe. Ich wate hindurch und schiebe das Fenster hoch, um mir etwas Erleichterung zu verschaffen. Ein Hauch von Meersalz liegt in der Luft. Die sieben Häuser unserer Neubausiedlung schmiegen sich im

Halbkreis um die Bucht, jedes Haus ist im gleichen Kanarienvogelgelb verputzt, alle haben schwarze Fensterrahmen und Türen. In den geteerten Einfahrten stehen Familienkutschen – Toyotas, Volvos, Hondas. Alle in Schwarz oder Silber, bloß keine zu knalligen Farben. Zwei Häuser weiter scheucht Nina Kelleher gerade ihre beiden Töchter Lily und Ava vor sich her, verfrachtet sie, eine Scheibe Toastbrot zwischen den Zähnen, auf die Rückbank des Kombis, schließt die Tür hinter Lily und winkt Helen O'Shea zu, die in der Einfahrt des Nachbarhauses kniet und ihrem Sohn die Schuhe bindet.

»Gott, wie das hier aussieht«, hat Jamie letztes Jahr gesagt, als wir an einer Sozialbausiedlung außerhalb von Ballinatoom vorbeifuhren. Winzige Häuschen, dicht an dicht, Blumenkästen an den Fenstern, eine Horde Rotznasen spielte auf der kleinen Wiese dazwischen Fangen. Maggie hatte damals gerade frisch ihren Führerschein und wir quetschten uns zu viert kichernd in den Volvo ihrer Eltern, elektrisiert von dem Gefühl der absoluten Freiheit, hinfahren zu können, wo wir wollen, und machen zu können, was wir wollen, obwohl wir kaum je weiter als bis nach Kilgarvan kamen. Meistens kurvten wir nur in Ballinatoom herum, vom Kreisverkehr aus die Hauptstraße hoch, an der Kirche vorbei, links an der Autowerkstatt bis zum Spielplatz am Ortsrand, danach über die Umgehungsstraße wieder zurück zum Kreisverkehr. Wir fuhren die Runde einmal, zweimal und noch einmal, stopften uns mit Süßkram voll und spähten in die vorbeifahrenden Autos, ob Typen drin saßen, die wir kannten. Wenn wir an O'Briens Bestattungsinstitut vorbeikamen, vor dem sich ein kleines Grüppchen Trauernder versammelt hatte, bestand Maggie darauf, dass wir die Musik leiser machten. »Immer dieses komische *Gelb*«, sagte Jamie, als sie über die Schulter zur Siedlung zurückschaute. »Gibt es irgendein Gesetz, in dem steht, dass sozialer Wohnungsbau immer gelb sein muss?« Aus dem Augenwinkel sah ich, wie Ali, die neben ihr auf der Rückbank saß, ihr den Ellbogen in die Seite rammte und in meine Richtung nickte.

»Hier.« Ich drehte mich ungerührt um und hielt Jamie den iPod hin. »Such mal was anderes aus. Diese Playlist langweilt mich zu Tode.« Ich hörte, wie Ali erleichtert aufatmete, weil es diesmal friedlich geblieben war.

Aber jetzt würde Jamie so einen Kommentar sowieso nicht mehr abgeben. Jetzt wäre sie froh, wenn sie in unserer Straße wohnen könnte.

»Immer dasselbe, Mags. Echt«, schimpfe ich, als ich die Wagentür aufreiße. Bevor ich einsteigen kann, muss ich erst mal leere Chipstüten, einen Hockeyball, ihren Mundschutz, einen roten Stift, der auf dem Polster ausgelaufen ist, und ungefähr zwanzig zerknüllte Zettel vom Sitz räumen.

»Sorry.«

»Das sagt du jeden Morgen. Und trotzdem ändert sich nie was.« Ich ziehe einen Ordner aus meiner Tasche, um mich draufzusetzen, damit mein Rock keine roten Flecken abbekommt. »Gott, das ist ja der volle Ofen hier drin. Macht doch hinten auch mal die Fenster runter.«

»Die sind schon unten«, sagt Jamie von der Rückbank.

»Echt blöd, dass du den Volvo nicht mehr bekommst, Mags. Der hat eine Klimaanlage, oder?«

»Ich hab Muffins von meiner Mutter mitgebracht«, sage ich, weil ich jetzt nicht über den Volvo reden will. Ich greife in die Papiertüte und reiche Maggie einen rüber.

»Hey, der ist ja sogar noch warm. Du hast echt so ein Glück mit deiner Mutter.« Sie lenkt mit einer Hand, während sie abbeißt.

»Ja«, sage ich, ohne sie anzusehen. »Sie ist super.«

»Wollt ihr auch?« Ich drehe mich nach hinten und halte Ali und Jamie die Tüte hin. Ali streicht sich die blonden Extensions aus dem Gesicht. »Lieber nicht.« Sie nimmt einen Schluck Kaffee aus ihrem Nespresso-Thermobecher. »Mom möchte, dass wir bei dieser Paleo-Diät-Challenge mitmachen.« Sie gräbt die Schneidezähne in die Unterlippe. »Emma?«

»Ja?«

»Ist alles okay zwischen uns?«

»Wieso?«

»Du hast vorhin nicht zurückgeschrieben. Ich dachte, du wärst vielleicht wegen irgendwas sauer oder so.«

Sie hat den Eyeliner viel zu dick gezogen, in ihren Augenwinkeln klebt schwarzer Schleim. Vor ein paar Monaten hat ihr Vater ihr einen Profi-Schminkkoffer von MAC geschenkt, bis oben hin voll mit Kosmetikprodukten und Pinseln. »Einfach so«, hat Ali achselzuckend gesagt. Maggie hat sich sofort begeistert einen Eyeliner geschnappt und ihn an Jamie ausprobiert. »Cool«, habe ich gesagt und unauffällig nach einem Highlighter gegriffen, den ich mir schon seit Urzeiten gewünscht hatte, der Mam aber zu teuer war. »Wobei ich ja finde, dass die Models in den MAC-Anzeigen immer ein bisschen wie Transen aussehen.«

»Gott, Ali«, seufze ich jetzt. »Entspann dich mal, ja?«

Ich halte Jamie die Muffins hin, aber sie reagiert nicht. »Hallo? Erde an Jamie.« Ich wedle mit der Tüte vor ihrem Gesicht herum.

Sie wirft einen Blick darauf, sieht mich an und zögert, aber dann nimmt sich doch einen, beißt sofort rein und verschlingt ihn fast in einem Happen.

»Hey, hey«, sage ich. »Nicht mal Maggie hat ihren so gierig in sich reingestopft.«

»Lass mich bloß in Ruhe«, sagt Maggie. »Ich war heute um sechs schon beim Schwimmtraining. Da darf ich ja wohl einen Muffin essen.«

»Ich weiß nicht, wie du es immer schaffst, so früh aufzustehen«, seufze ich. »Ich habe mich erst zehn Minuten, bevor ihr gekommen seid, aufgerafft aus dem Bett zu steigen. Ich bin echt die volle Versagerin.«

Jamie zerknüllt das Muffinförmchen. »Ich war sogar noch früher wach, um zu lernen. Wir kriegen heute doch mündliche Noten in Irisch.«

»Ach du Scheiße«, stöhne ich. »Das hab ich komplett vergessen. Ich bin geliefert.«

»Hattest du nicht letzte Woche angeblich auch schon vergessen, für Physik zu lernen?« Jamie sieht mich misstrauisch an.

Den Physiktest habe ich mit achtundsiebzig Prozent bestanden. Als Mr O'Flynn ihn mir zurückgegeben hat, hat er mir zugezwinkert und »gute Leistung« gebrummt. Ich ließ das Blatt gut sichtbar für alle auf dem Tisch liegen. »Und jetzt zur besten Arbeit der Klasse«, sagte er danach. »Gratuliere, Jamie.« Als sie ihren Test, ohne eine Miene zu verziehen, in ihrer Tasche verschwinden ließ, sah ich, dass mit rotem Marker fett »93 %« draufstand. Ich schaute noch mal auf meinen eigenen Test und hatte das Gefühl, die Zahlen würde sich vom Papier lösen, auf mich zuschweben und mir die Netzhaut verätzen. Am liebsten hätte ich die beschissene Arbeit in fünfzigtausend Fetzen gerissen.

Trotzdem habe ich »Super, Jamie!« gesagt und sie angelächelt, damit keiner auf die Idee kam, ich wäre neidisch. »Ich könnte mich echt ohrfeigen, dass ich nicht gelernt habe.«

»Hä? Ist die neu?«, erkundigt sich Maggie, als Ali eine Schildpattsonnenbrille von Ray Ban aus ihrem gelben Céline-Rucksack zieht, den ihre Mutter aus Paris mitgebracht hat. »Was ist denn aus der Warby Parker geworden, die dein Dad dir geschenkt hat?«

»Die ist irgendwie verschwunden«, sagt Ali und ich schaue unbeteiligt. »Keine Ahnung, wo ich sie gelassen habe.«

»Oh nein!«, ruft Maggie mitfühlend und setzt den Blinker, um auf den Schulparkplatz zu biegen.

»Warum hast du dir denn die gleiche nicht einfach noch mal geholt?«, frage ich und bin froh, dass sich meine Stimme ganz normal anhört. Geld spielt für Ali keine Rolle.

»Das war doch eine limitierte Auflage, die gibts nur in den Staaten«, sagt sie.

»Ach, stimmt. Jetzt weiß ich, welche ihr meint.« Ich nehme meine Tasche aus dem Fußraum und wühle nach meinem Irischbuch. »Aber auch nicht so schlimm, Süße. Sie war sowieso ein bisschen groß für dein Gesicht.«

Vor uns erhebt sich der graue Klotz der St Brigid's Secondary School mit ihren niedrigeren Nebengebäuden. Die riesigen Fenster blitzen im grellen Sonnenlicht. Daneben die Sport- und Tennishalle und der große Parkplatz. Auf den sanften Hügeln hinter dem Schulkomplex weiden Kühe, die jedes Mal aufgeregt muhen, wenn sich Schülerinnen zur Rückseite der Sporthalle schleichen, um heimlich zu rauchen. Die Nonnen haben der Gemeinde das Grundstück vor Jahren verkauft, um von dem Geld am anderen Ende von Ballinatoom ein neues Kloster zu errichten. Jetzt huschen in dem riesigen Gebäude noch fünf von ihnen herum und warten darauf, ganz auszusterben. Wir steigen aus und reihen uns in den Pulk verschwitzt aussehender Mädchen ein, die auf die Schule zuströmen. Unsere Schuluniform – dunkelgrauer Faltenrock, dunkelgrauer Blazer und graue Kniestrümpfe – ist für diese Hitzewelle absolut ungeeignet, trotzdem hat Direktor Griffin gestern in einer Durchsage extra noch mal betont, dass »sämtliche Teile der Uniform getragen werden müssen, gleichgültig wie heiß es ist. Ausnahmen werden nicht gestattet.«

Um mich herum ertönt Gelächter, Mädchen haken einander unter, wühlen in ihren Rucksäcken und rufen ihren Freundinnen zu, dass sie warten sollen. Ich nicke fröhlich, wenn sie mich grüßen und fragen, wo ich meine Sonnenbrille herhabe, wie der Farbton von meinem Lipgloss heißt oder ob ich wegen der mündlichen Noten heute in Irisch schon nervös bin. Ich lächle, sage: »Danke, echt lieb«, und gebe Komplimente zurück. Ich stelle mir vor, wie sie anfangen zu tuscheln, sobald ich außer Hörweite bin, darüber, wie nett und ungekünstelt ich immer bin, dass ich für jede ein freundliches Wort habe und wie cool es ist, dass ich trotz meines Aussehens kein bisschen arrogant bin.

Als es nach der letzten Stunde endlich gongt, bin ich erschöpft. Ich muss die ganze Zeit lächeln und nett sein und so tun, als würde ich mich für die Probleme der anderen interessieren, weil sonst alle sagen würden, dass ich eine eingebildete Zicke bin. Das kann sich keiner vorstellen, wie anstrengend es ist, sich den ganzen Tag so zusammenreißen zu müssen.

> Ali: Wo bist du?
> Ali: Hast du meine letzte Nachricht bekommen? Vielleicht ist sie nicht durchgegangen.
> Ali: Hallo. Wollte bloß fragen, ob du meine letzten beiden Nachrichten bekommen hast. Wo trefft ihr euch nach der Schule? Ich stehe vor dem Hauswirtschaftsraum.

»Hey.« Ali hat ihren Blazer als Decke ausgebreitet und liegt neben dem Fiesta auf dem Asphalt. Um möglichst viel Sonne abzukriegen, hat sie ihren Rock hochgeschoben und die Bluse aufgeknöpft. »Hast du meine Nachrichten bekommen?«

»Nein.«

Ich schaue auf dem Handy nach der Uhrzeit und beschatte die Augen mit der Hand, während ich zum Schulgebäude rüberblinzle.

»Gott, echt«, sage ich. »Wo bleibt sie denn? Ich habe keine Sonnencreme mit. Wenn sie nicht bald kommt, hole ich mir garantiert einen Sonnenbrand.«

»Wie doof«, sagt Ali. »Ich hab leider auch keine mit. Tut mir leid. Ich hätte dran denken sollen.«

»Du weißt doch, wie empfindlich meine Haut ist.« Ich halte mir meinen Blazer über den Kopf, um wenigstens halbwegs geschützt zu sein. »Karen sagt auch immer, UV-Strahlung ist für die Haut so ziemlich das Schlimmste, was …«

»Schon gut. Wenn ich einen Rat von meiner Mutter brauche, frage ich sie selbst.«

»Emma!«

Ich verziehe das Gesicht, weil ich die Quäkstimme sofort erkenne. »Hi!«

»Hi, Chloe.«

Chloe Hegartys Haare stehen wie ein struppiger Heiligenschein vom Kopf ab und am Kinn und um den Mund herum sprießen lauter Pickel, die teilweise gelb verkrustet sind. Sie sollte echt dringend mal zum Hautarzt. Ich drehe mich weg und tue so, als würde ich etwas in meiner Tasche suchen.

»Autsch«, sagt Ali, als Chloe davontrottet.

»Egal«, sage ich. »Gott sei Dank, da sind sie endlich!« Die beiden kommen aus dem Gebäude neben der Sporthalle.

Maggie tippt im Gehen wild auf ihrem iPhone herum, Jamie trottet hinter ihr her. »Beeilt euch!«, rufe ich ihnen zu.

»Sorry«, sagt Maggie, als sie bei uns ist. Sie hat ihren Schulblazer zwischen die Henkel ihrer Tasche geklemmt und kramt darin nach ihren Schlüsseln, ohne vom Handy aufzuschauen. Als ein *Pling* eine neue Nachricht ankündigt, lässt sie die Tasche zu Boden fallen, liest sie und lächelt verträumt.

»Mags«, stöhne ich. »Ich kriege hier gleich einen Hitzschlag. Könntest du vielleicht wenigstens erst mal den Wagen aufmachen?«

»Sorry«, sagt sie noch mal. »Eli schreibt gerade, dass er mit den anderen gegen fünf im Park ist, und fragt, ob wir auch kommen.« Sie legt das Handy auf die Motorhaube, stellt die Tasche daneben und wühlt weiter darin. Sie packt drei zerknitterte Hefte aus, einen Schal mit Leopardprintmuster, einen iPod, Tic-Tacs, eine fettige Lunchbox und einen Schreibblock. »Scheiße, irgendwo muss er doch …«, murmelt sie und zieht eine Packung Taschentücher heraus, von denen sie eins gleich benutzt, um sich – dem Geruch nach – die öligen Reste eines Thunfisch-Sandwiches von den Fingern zu wischen. »Ah, da ist er. Moment!« Sie schließt zuerst die Fahrertür auf und zuckt zurück, als die Woge heißer Luft sie im Gesicht trifft. Danach krabbelt sie ins Auto und entriegelt die übrigen Türen von innen.

»Hilfe!«, stöhnt Jamie, als wir einsteigen und sofort alle Fenster runterlassen. »Wann kriegst du eigentlich endlich dein Auto, Ali?«

»In drei Monaten, an meinem Geburtstag!« Ali zückt ihr

Handy und scrollt durch die Fotos. Als sie uns das Bild eines brandneuen Mini Cooper in Babyblau zeigt, kreischen Jamie und Maggie begeistert: »Ooooh!«

»Ist euch auch schon aufgefallen, dass man in letzter Zeit überall nur noch Mini Coopers sieht?«, höre ich mich sagen. »Inzwischen hat gefühlt echt jeder einen.« Ali lässt das Handy in den Schoß sinken.

»Hey, fahr nicht so schnell«, sage ich zu Maggie, als sie in die enge Hauptstraße der Altstadt von Ballinatoom mit ihren Ladenfronten in Skittle-Bonbon-Farben biegt. Pubs, Metzger, Obst-und-Gemüse-Händler, dicht an dicht, einer neben dem anderen. Ein paar Jungs von der St Michael's blockieren den Gehweg, trinken Cola und futtern Süßigkeiten. Den älteren Mann, der versucht, sich mit seinem Gehstock an ihnen vorbeizunavigieren, beachten sie nicht. Sie haben ihre blauen Schulpullis um die Hüften geschlungen und die blau-gelb gestreiften Schulkrawatten gelockert; die durchgeschwitzten weißen Hemden sind aufgeknöpft und die Ärmel hochgekrempelt, sodass man ihre sonnenverbrannten Arme sieht. Zwischen zwei Häusern hängt ein breites Banner, auf dem in schwarzen und goldenen Lettern das alljährliche Country-and-Western-Music-Festival angekündigt wird. An dem Wochenende, an dem es stattfindet, fallen immer Hunderte Fans älteren Semesters aus ganz Irland in Ballinatoom ein, die in Cowboystiefeln und Stetsons rumlaufen und Songs von Nathan Carter vor sich hin summen. »Was für ein Glück, hier leben zu dürfen!«, schwärmen sie und saugen die Seeluft tief in ihre Lungen. *Wie kommt ihr darauf?*, würde ich sie gerne fragen. *Inwiefern soll es bitte ein Glück sein, in diesem Kaff wohnen zu müssen?* Aber das sage ich natürlich nicht laut, weil ich ihre Antwort schon kenne.

Es ist so unglaublich idyllisch, würden sie sagen. *In der Kleinstadt gibt es noch eine richtige Gemeinschaft. Hier passen die Leute aufeinander auf.*

Damit haben sie allerdings recht.

Es dauert nicht lang und die Connolly Gardens liegen vor uns. Eine runde Rasenfläche mit einem schmalen asphaltierten Gehweg und einem Marmorbrunnen in der Mitte. Ringsum reihen sich in zwei Halbkreisen herrschaftliche georgianische Stadtvillen aus dem 18. Jahrhundert aneinander, die alle in unterschiedlichen Pastelltönen gestrichen sind. Wir parken vor dem Haus von Maggies Eltern, blassblau mit cremeweiß lackierten Fensterrahmen. An der ebenfalls cremefarbenen Tür hängt ein schwarzer schmiedeeiserner Klopfer in Form eines Löwenkopfes.

»Wollt ihr nicht schnell noch mit reinkommen?«, fragt Maggie, als sie aufschließt und nur Jamie ihr folgt. Ali wirft mir einen Blick zu. Als ich den Kopf schüttle, sagt sie: »Nein, ist schon okay. Ich warte hier mit Em.«

»Denkt ihr dran, Sonnencreme mitzubringen?«, rufe ich den beiden hinterher. Ich habe keine Lust, Maggies Mutter Hannah zu begegnen, die mir womöglich irgendwelche Fragen stellen würde. Das letzte Mal, als ich bei ihnen war, ist sie in ihr Therapiezimmer gegangen und mit einem Buch zurückgekommen, »das du unbedingt lesen solltest, Emma. Ich könnte mir vorstellen, dass du da richtig viel für dich rausholen kannst.« Die Bennets sind erst vor fünf Jahren aus North Cork hergezogen, was im Ort für ziemliche Aufregung sorgte. Hannah Bennet war damals gerade mit Maggies kleiner Schwester Alice Eve schwanger. Sie trug knappe T-Shirts, unter denen sich ihr praller Bauch wölbte, und kümmerte sich nicht um die ganzen alten Weiber, die sich das Maul zerrissen und geschockt wegschauten, sobald ein Streifen Haut aufblitzte. Eine Zeit lang waren die Bennets *das* Gesprächsthema in Ballinatoom. »Die Frau ist Spieltherapeutin, was auch immer das für ein Beruf sein soll.« »Dieser Bennet scheint als Steuerberater ja recht gut zu verdienen – das Haus hat ein Vermögen gekostet.« »Die Tochter ist zwölf oder dreizehn. Ein bildhübsches Mädchen.« Ich war erleichtert, als ich Maggie dann einige Zeit später das erste Mal selbst sah und feststellte, dass sie zwar wirklich hübsch war, aber definitiv nicht hübscher als ich.

»Diese Hannah Bennet soll ja sehr attraktiv sein«, sagte Mam damals beim Abendessen zu Dad, als sie ihm den Kartoffelbrei reichte, »und das, obwohl sie schon die ersten grauen Haare bekommt. Aber sie färbt sie nicht. Das finde ich wirklich mutig.«

»Okay. Können wir?«, fragt Maggie, als sie zehn Minuten später wieder rauskommt.

»Hey, cooles Outfit!«, ruft Ali. Maggie hat das karierte Männerhemd, das sie sich vor Kurzem in einem Vintage-Shop gekauft hat, als Kleid angezogen und trägt dazu ihre silbernen Docs. Ein Tuch mit Paisleymuster, das sie sich zweimal um den Kopf geschlungen und oben zu einer übertrieben großen

Schleife gebunden hat, hält ihre Locken aus dem Gesicht. An den Fingern trägt sie mehrere Silberringe.

»Gott, Maggie.« Ich lache. »Du siehst aus, als wärst du eine aus dieser Amish-Sekte.«

Maggie geht noch mal in den Flur. Über dem Tischchen mit den dünnen gedrechselten Beinen hängt ein ovaler Spiegel, auf dem in Schnörkelschrift ein meiner Meinung nach total dummer Spruch aufgedruckt ist, den ich jedes Mal am liebsten abkratzen würde: *Auf die innere Schönheit kommt es an.*

»Perfekt«, sagt sie fröhlich. »Ich stehe ja voll auf den Amish-Look.«

Um diese Zeit ist im Park kaum etwas los. Auf einer Bank auf der gegenüberliegenden Seite sitzen drei Frauen mittleren Alters in schwarzen Leggings, engen Trägershirts und Birkenstock-Schlappen, von denen jede eine zusammengerollte Yogamatte und eine braune Papiertüte mit dem Aufdruck *The Health Hut* dabeihat. Eine Mutter in Cargo-Shorts und einem sackartigen Shirt rennt mit einer Tube Sonnencreme und Sonnenhüten in den Händen zwei Kleinkindern hinterher, ein paar Jungs und Mädchen in Badesachen springen kreischend im Brunnen herum.

»Hey, hey, sexy Ladys.« Ein Typ mit Basecap lehnt sich aus dem Fenster eines Wagens, der am Eingang zum Park steht. Sein Kumpel auf dem Beifahrersitz wirft lachend den Kopf zurück. Wir gehen weiter, als hätten wir nichts gehört. Als ich über die Schulter doch noch mal zurückschaue, zeigt er auf mich.

»Hey, du. Was hast du für ein Problem?«, ruft er.

»Gar keins.«

»Dann zieh nicht so eine Fresse. Du würdest noch besser aussehen, wenn du lächeln würdest.«

»Gott«, schnaube ich, als wir außer Hörweite sind. »Warum immer ich?«

»Vielleicht, weil du als Einzige zurückgeschaut hast?«, sagt Jamie und Maggie prustet los.

»Ach komm, Jamie, sei nicht so fies. Vielleicht hat ihr ja einer von den beiden gefallen.« Maggie presst die Lippen zusammen, um ihr Kichern zu unterdrücken. »Der im weißen Jogginganzug war aber auch echt scharf. Genau dein Typ, stimmts, Em?«

»Ha, ha«, sage ich, als sie und Jamie sich lachend in die Seite stoßen. »Unglaublich witzig.«

Ali läuft vor uns her und schaut in die andere Richtung. »Manchmal ist es echt hart, mit dir befreundet zu sein«, hat sie mir letztes Jahr auf einer Party von Dylan Walsh gesagt, als sie total betrunken vor der Kloschüssel kniete. »Wenn du dabei bist, fühlt man sich, als würde man gar nicht existieren.« Sie beugte sich vor und würgte, während ich auf meinem Handy nachschaute, ob ich neue Nachrichten hatte. »Manchmal ...« Sie holte tief Luft und wischte sich mit dem Handrücken über den Mund, »... glaube ich, dass du nur deswegen mit mir befreundet bist.«

Ich habe ihr gesagt, sie soll nicht bescheuert sein und dass das natürlich kompletter Schwachsinn ist.

»Du brauchst nicht zu glauben, dass mir das Spaß macht,

immer angebaggert zu werden. Das nervt echt«, behauptete ich.

»Ja, klar«, sagte sie. »Ist bestimmt schrecklich, die ganze Zeit gesagt zu bekommen, wie schön man ist.«

»Das ist doch voll oberflächlich«, sagte ich, weil es das ist, was man antworten muss, wenn man gesagt bekommt, dass man schön ist. »Das hat überhaupt nichts zu bedeuten.«

Jetzt bleibt Ali so abrupt stehen, dass Jamie fast in sie hineinläuft. »Oh mein Gott.«

»Mann, Ali. Kannst du nicht aufpassen?«, schimpft Jamie.

»Schsch«, zischt Ali. »Schaut, wer da ist.«

Hinter dem Brunnen werfen sich Sean Casey und Jack Dineen einen Rugbyball zu. Sie haben sich ihre Shirts ausgezogen und beide sind schlank und durchtrainiert.

»Sean ist echt so eine Sahneschnitte«, seufzt Ali.

»Sean sollte sich vor allem mal dringend eincremen«, sage ich laut.

In dem Moment schaut Sean auf. Als er mich sieht, läuft er im Gesicht noch röter an.

»Hey, Emma.« Er winkt und ich hebe die Hand und wackle mit den Fingern.

»Du solltest ihn nicht auch noch ermutigen«, hat Maggie vor Kurzem auf Skype mit mir geschimpft. »Du weißt doch, dass Ali immer noch in ihn verknallt ist.«

»Ich ermutige ihn nicht«, habe ich mich empört verteidigt. »Ich bin bloß ganz normal nett zu ihm. Was soll ich denn machen? Gar nicht mit ihm reden, oder was? Dann denkt er, dass ich was gegen ihn habe.«

(Ich will nicht, dass er mich für eine arrogante Zicke hält.)

»Ich poste schnell bei Facebook, dass wir hier sind«, sagt Ali, während wir auf eine freie Bank zusteuern. Ich setze mich an das Ende, das im Schatten der dahinterstehenden Eiche liegt, Jamie ans andere. Ali zieht ihren Blazer aus und setzt sich darauf, damit ihr Rock keine Grasflecken abbekommt. Maggie leiht sich meinen als Unterlage und hockt sich neben sie. Sie wühlt in ihrer Tasche und hält mir die parfümfreie Sonnenschutzcreme aus fair gehandelten Ölen und ohne chemische Zusatzstoffe hin, die ihre Mutter immer kauft. Ich reibe mir etwas davon auf die Beine und schiele aus dem Augenwinkel zu den Jungs rüber, ob Jack Dineen herschaut, aber der hat Sean gerade zu Boden gerungen und versucht, ihm den Ball abzunehmen.

»Meinst du nicht, das reicht langsam, Emma?«

»Was?«

Jamie drückt sich ebenfalls Sonnencreme aus der Tube, die ich ihr wieder hingeworfen habe, und massiert sie mit übertrieben ekstatischem Gesichtsausdruck in ihre Beine ein. »Oh ja, jaaaa«, stöhnt sie. »Das fühlt sich *guuuuut* an.«

»Ach, lass mich doch in Ruhe.« Ich schließe die Augen und blende bis auf die Soundkulisse alles um mich herum aus. In der Ferne rauscht der Verkehr, jemand hupt mehrmals. »Glaubst du, er interessiert sich auch für mich?«, will Ali zum hundertsten Mal von Maggie wissen. »Hat Eli mal was gesagt? Hat Sean schon mal mit ihm über mich gesprochen?« Maggie redet beruhigend auf sie ein und stockt immer wieder mitten im Satz, wenn ihr Handy piepst. An meinem Ohr summt eine Fliege, aber ich bin zu faul, sie wegzuscheuchen, eine Mutter schimpft: »Du kommst jetzt sofort her, Fionn. Wir müssen los.« Irgendwann kriege ich am Rande mit, wie Ali von einem amerikanischen Mädchen erzählt, deren Webcam gehackt und die beim Masturbieren gefilmt wurde.

»Im Ernst?«, sage ich. »Das ist ja wohl voll eklig.«

»Hannah sagt, Selbstbefriedigung ist was ganz Natürliches und nichts, wofür man sich schämen muss«, murmelt Maggie zerstreut, weil sie gerade wieder auf ihrem Handy herumtippt.

»Ach, dann machst du es also auch?« Ich zwinkere ihr zu. »Verstehe. Als ich dich gestern Abend angerufen habe und du gesagt hast, du hättest gerade ›geduscht‹, hast du dir also in Wirklichkeit die Perle poliert?«

»Was? Nein!« Maggie läuft knallrot an. »Natürlich nicht.«

»Mhm-mhm, ja klar.«

»Ich mache das nicht«, sagt Maggie. »*Wirklich nicht.* Hallo? Wozu hab ich Eli?«

»Die Geschichte geht noch weiter«, sagt Ali. »Jedenfalls hat ihr der Typ, der ihre Kamera gehackt hat, dann ein Video davon geschickt und damit gedroht, es bei Twitter zu posten und außerdem einen Link an alle aus ihrer Schule zu schicken, wenn sie ihm nicht einen bläst oder so. Und dann hat sie sich umgebracht.«

»Echt? Wie denn?« Jamie beugt sich auf der Bank so weit vor, dass ihr Bauch ihre Oberschenkel berührt.

Ali zuckt mit den Schultern. »Keine Ahnung.«

»Tja, da hat der Hacker Pech gehabt, dass er nicht Sarah Swallows gefilmt hat.« Ich strecke die Arme über den Kopf und gähne. »Nomen est omen, oder? Die hätte ihm sicher auch ohne Erpressung liebend gern einen geblasen, die dreckige Schlampe.«

»Wer ist eine dreckige Schlampe?«, fragt eine Jungenstimme hinter uns. Es ist Eli, der Conor und Fitzy mitgebracht hat.

»Hey, Eli.« Ich schiebe mir die Sonnenbrille in die Haare und strahle ihn an. »Wie gehts?«

»Alles bestens, ich …« Weiter kommt er nicht, weil Maggie kreischend aufspringt und sich in seine Arme wirft, als hätte sie ihn seit Jahren nicht gesehen. Die beiden küssen sich, sie schlingt ihre Beine um seine Hüften und er schleppt sie ein paar Schritte auf die Wiese, lässt sich mit ihr ins Gras sinken und brummt irgendetwas, das man nicht versteht, weil sie dabei nicht aufhören zu knutschen. Conor setzt sich natürlich neben mich.

»Hey, Emmie.« Als ich ihn mit hochgezogener Braue ansehe, korrigiert er sich schnell. »*Emma*, meine ich.«

»Hey.« Ich senke die Stimme. »Alles klar? Wie gehts deiner Mutter?«

»Ganz gut. Sie ist die ganze Zeit müde, aber das ist wohl normal. Danke.«

»Wofür?«

»Dass du gefragt hast.« Er sieht mir ein bisschen zu tief in die Augen und seine linke Schulter streift meine.

»Wie wärs, wenn ihr euch ein Hotelzimmer nehmt, Leute«,

sagt Fitzy zu Maggie und Eli und lässt sich neben Jamie fallen.

»Sorry.« Maggie schafft es endlich, sich von Eli zu lösen, bleibt aber weiter auf seinem Schoß sitzen und streicht ihm über den kurz geschorenen Afro. »Ich kann ihm einfach nicht widerstehen.«

Mein Handy piepst. Ali hat unseren Standort ein zweites Mal bei Facebook gepostet und diesmal auch die Jungs markiert. Ich verdrehe die Augen, strecke die Beine aus und kriege nur halb mit, worüber die anderen sich unterhalten, während die Hitze der Sonne sich in meinem Körper ausbreitet.

»Scheiße, ist das heiß ...«

»Sonnencreme ... Lichtschutzfaktor fünfzig ... Fair Trade ...«

»Fair *was*?«

Gelächter. Sonnenstrahlen fallen durch die Blätter und sprenkeln den Rasen, der Himmel zieht über uns hinweg. Die summende Fliege ist zurück, landet auf meinem Bein, läuft kitzelnd über meine Haut.

»... und ich krieg das Blau einfach nicht richtig hin. Es sollte genau so aussehen wie ...«

»... ja, ich hab Fotos von der Ausstellung gesehen und fand das Bild auch *total* genial. Wobei Mr Shanahan ja gesagt hat, dass man den Turner-Preis heutzutage gar nicht mehr ernst nehmen kann.«

»Mr Shanahan ist leider völlig unzurechnungsfähig.«

Fitzy darf mit Sondergenehmigung am Kunstunterricht der St Brigid's School teilnehmen, weil er seinen Abschluss in Kunst machen will und das Fach bei ihnen nicht angeboten wird. Seit er bei Maggie im Kurs ist, haben die beiden sich angefreundet. »Maggie ist verdammt cool«, hat er mir auf seiner Geburtstagsparty gesagt. »Das ist echt selten, dass ein Mädchen nicht bloß hübsch ist, sondern auch richtig was draufhat. Und witzig ist sie noch dazu. So viele von der Sorte gibt es in Ballinatoom nicht.«

Ich war einen Moment lang sprachlos, weil er dabei irgendwie geguckt hat, als würde es ihm Spaß machen, mir eins reinzudrücken. »Maggie ist die Allercoolste, keine Frage«, habe ich nach einer kleinen Denkpause lässig zurückgegeben. »Mich wundert nur, dass dir überhaupt auffällt, wie hübsch sie ist. Ich dachte immer, du wärst …« Er starrte mich mit vor Angst eingefrorenen Gesichtszügen an und ich verspürte einen klammheimlichen Triumph. »Na ja, ist ja auch egal.« Ich zuckte mit den Schultern, lächelte und nahm mir ein zweites Stück von der Geburtstagstorte. »Ist doch okay, wenn ich noch eins esse, oder?« Ich schaute mich in dem fast leeren Zimmer um. »Bleibt ja sicher sowieso was übrig.«

Plötzlich höre ich Bremsen quietschen, Reifen schlittern über Asphalt, mörderischer Heavy Metal röhrt durch die Stille. Ein Mädchen kreischt: »Ich warne dich, du Arschloch. Wenn du …« Eine Autotür knallt. Lautes Hupen. »Weißt du, was? Du nervst einfach nur«, ruft ein Typ, dann fährt der Wagen davon.

»Dylan und Julie?«, fragt Ali, ohne sich aufzusetzen und nachzusehen.

»Wer sonst?«

»Gott«, seufzt Maggie und reckt sich, um Eli einen Kuss auf den Hals zu hauchen. »Ich bin froh, dass wir nicht so sind, Baby.«

»*Ooooh, Baby*«, äfft Fitzy sie nach. Im gleichen Moment fliegt der Rugbyball so dicht an seinem Kopf vorbei, dass er beim Versuch auszuweichen über Conors ausgestreckte Beine stolpert und im Fallen gegen Jamie stößt. »Pass doch auf!«, beschwert sie sich. Fitzy entschuldigt sich, schüttelt die Haare aus den Augen, steht auf und klopft sich Grashalme von seinen hochgekrempelten Chinos.

Dylan kommt auf uns zu gesprintet, Jack und Sean hinterher. Er bückt sich nach dem Ball und wirft ihn von einer Hand in die andere. Mich schaut er gar nicht an, nur Jamie.

»Hey, Jamie«, sagt er. »Wie läufts bei dir?«

Sie beachtet ihn nicht, rutscht tiefer in die Bank und drückt das Kinn an die Brust.

»Ich habe gerade ›Hallo, Jamie‹ gesagt«, sagt er. »Du kannst ruhig reagieren.«

»Entspann dich, Dylan.« Maggie schiebt sich ihre runde John-Lennon-Sonnenbrille in die wuscheligen Haare und blinzelt zu ihm auf.

»Wer hat dich um einen Kommentar gebeten?«

Eli steht auf. Er ist über eins neunzig groß und überragt Dylan locker. Früher galt Eli als ziemlich reizbar und hat gerne auch mal zugeschlagen, wenn jemand zum Beispiel auf die selbstmörderische Idee kam, in seiner Gegenwart das N-Wort fallen zu lassen. Aber er hat Maggie versprochen, sich zusammenzureißen. »Er hat gesagt, dass er alles für mich tun würde und noch nie solche Gefühle für ein Mädchen gehabt hat«, hat sie uns vor drei Jahren erzählt, als sie ganz frisch mit ihm zusammengekommen war. Ich musste mir auf die Zunge beißen, damit mir nicht rausrutschte, dass das in der Anfangszeit doch immer alle Typen behaupten.

Eli will gerade etwas zu Dylan sagen, als sein Handy summt. Er zieht es aus der Hose, wirft einen Blick darauf und runzelt die Stirn.

»Wer ist es?«, fragt Maggie.

»Meine Mum. Sie hat uns gerade gesehen.« Eli dreht sich in Richtung Connolly Square und winkt einer Frau zu, die schemenhaft im Fenster eines blassrosa gestrichenen Hauses zu erkennen ist. Maggie und Eli wohnen nur drei Häuser voneinander entfernt, sehr praktisch. »Ich muss nach Hause. Mein Vater hat heute Nachtdienst und sie will, dass ich auf Priscilla und Isaac aufpasse.«

»Soll ich gleich mitkommen?«

Eli zieht sie auf die Füße, nimmt ihr vorsichtig die Sonnenbrille aus den Locken und schiebt sie ihr auf die Nase. Sobald die beiden gegangen sind, wird es still. Ich überlege krampfhaft, was ich erzählen könnte. *Emma O'Donovan ist echt heiß*, habe ich einen Jungen aus meinem Jahrgang mal sagen hören, als ich vierzehn war und anfing, samstags in die *Attic* Disco zu gehen, *aber sie ist scheißlangweilig*.

»Und, wie sieht es aus? Gewinnt ihr das Spiel morgen?«, frage ich Jack Dineen, der etwas abseitssteht. Sein blaues T-Shirt klebt an seinem Körper, aber die dunklen, gegelten Haare ragen trotz der Hitze immer noch stachelig in die

Höhe. Jack ist zwar eher klein, so um die eins siebzig, schätze ich, dafür aber gut gebaut. »Mein Vater hat gesagt, dass ein Talentscout aus Cork kommt.«

»Na ja, der Typ ist Ciarán O'Briens Bruder, deswegen hätte er sich das Spiel wohl sowieso angeschaut.« Jack zuckt mit den Schultern.

»Trotzdem eine gute Gelegenheit zu zeigen, was wir draufhaben.« Sean lässt sich vor mir auf die Wiese fallen. Er riecht nach Schweiß und frisch gemähtem Gras. »Wir hatten deswegen gestern eine Teambesprechung. Übrigens mache ich am Samstag bei mir zu Hause Party. Meine Eltern sind übers Wochenende weg.« Ali setzt sich ruckartig auf, aber Sean sieht nur mich an. »Was ist, Emma? Hast du Lust, auch zu kommen?«

Als er mich mal eines Abends vor Reilly's Pub abgepasst hat und ziemlich zudringlich geworden ist, habe ich ihm deutlich zu verstehen gegeben, dass zwischen ihm und mir niemals irgendwas laufen wird, weil ich weiß, dass Ali auf ihn steht. »Aber ich steh nicht auf Ali«, hat er damals gesagt. »Ich stehe auf dich.« Ich habe ihn weggeschoben. »Ich würde ja, Sean. Würde ich echt«, habe ich gesagt. »Aber Ali ist eine meiner besten Freundinnen, okay? Das könnte ich ihr niemals antun.«

»Dann gib dir mal Mühe«, sagt Dylan jetzt. »Ich habe die Latte mit meiner letzten Party ziemlich hoch gelegt. Wird nicht leicht, die zu toppen. Der Abend war nicht schlecht, was, Emma?«

»Ja, der war gut.«

»Nur gut?« Er sieht mich mit hochgezogener Augenbraue an. »Da hat Kevin Brennan aber was anderes erzählt.«

(Kevin, der mich auf der Party gegen die Wand stößt, seine spitzen Zähne auf meinen Lippen.)

»Was meinst du damit?«, frage ich. »Was hat Kevin denn genau erzählt?«

(Kevin, der mich in ein dämmeriges Kinderzimmer zieht, in dem es nach Knete riecht und wo ich über eine kopflose Barbie stolpere. Die Bettdecke ist zuckerwatterosa, draußen im Flur lachen Leute. *Lass uns wieder zur Party zurückgehen*, habe ich mehrmals gesagt.)

»Och, na ja.« Dylan grinst. »Bloß, dass ihr euren Spaß hattet.«

(Kevins Hände auf meinen Schultern, als er mich aufs Bett runterdrückt. *Komm schon, Emma.* Ich wollte keine Szene machen. Außerdem finden ihn alle total süß.)

»Spaß, ja?« Meine Stimme ist angespannt.

(Hinterher habe ich ihn *schwören* lassen, dass er mit niemandem darüber redet.)

»Also, ich habe keine Ahnung, was er euch erzählt hat. Aber zwischen uns ist nichts passiert.«

»Ja? Das hat sich bei ihm aber anders angehört.« Dylan wirft Jack einen Blick zu, als würde er auf Bestätigung warten.

»Tja, dann ist er ein verdammter Lügner.« Ich atme tief durch. »Aber was solls.« Ich versuche so zu klingen, als wäre es mir total egal. »Ist nicht mein Problem, wenn er sich irgendwelche Storys ausdenken muss, um sich männlicher zu fühlen.«

»Ihr Weiber seid doch alle gleich.« Dylan verdreht die Augen. »Erst trinkt ihr zu viel und lasst voll die Schlampe raushängen und am nächsten Morgen tut ihr plötzlich so, als wäre nie was gewesen, weil ihr euch schämt.« Er sieht dabei Jamie an und ich lache ein bisschen zu laut.

»Ich muss jetzt los.« Jamie greift nach ihrer Schultasche. Ein Heft und eine Blechdose mit Stiften fallen heraus und Ali springt auf, um ihr zu helfen, aber da hat Jamie sie schon selbst aufgehoben und in die Tasche gesteckt. »Meine Schicht fängt gleich an.«

»Okay, Süße.« Ali setzt sich wieder. »Rufst du mich nachher an?« Jamie antwortet nicht und geht mit gesenktem Kopf davon. Dylan schaut ihr hinterher.

»Na los«, sagt er zu Sean und Jack, sobald sie außer Sichtweite ist. »Lasst uns auch abhauen.« Die drei schlendern davon und werfen sich dabei den Rugbyball zu. Keiner schaut noch mal zu mir zurück.

»Okay, ich glaube, dann geh ich auch mal«, sage ich. »Ach, shit ... ich bin ja mit Maggie gefahren. Sie wollte mich nach Hause bringen.«

»Mom hat mir vor ein paar Minuten eine Nachricht geschickt, dass sie in der Stadt ist. Sie schaut sich bei *Mannequin* die neue Kollektion an«, sagt Ali. »Wir könnten zu ihr rüber. Dann nehmen wir dich auf dem Heimweg mit und setzen dich bei dir ab. Was hältst du davon?«

»Ja ... vielleicht.«

Wenn wir Karen in der Boutique treffen, läuft das immer gleich ab: Wir drücken die schwere schwarze Tür des superedlen Ladens auf, kühle Luft und Vanillekerzenduft empfangen uns. Unsere klobigen Schulschuhe versinken in hellem Plüsch, an Kleiderstangen um uns herum hängt unbezahlbar teure Mode. Die Verkäuferin dreht sich zu uns um, beim Anblick unserer grauen Schuluniformen erstirbt ihr Lächeln. »Was kann ich für euch tun?«, fragt sie kühl, bis wir näher kommen und sie uns erkennt. »Ach, Ali! Hallo!«, flötet sie dann. »Deine Mutter ist gerade in der Kabine und probiert ein umwerfendes Teil an.« Und im nächsten Moment schiebt Karen die schweren taupefarbenen Vorhänge zurück und präsentiert sich uns in einem Kleid, einem Mantel, einem T-Shirt, egal was – jedenfalls in irgendeinem Designerstück, das sie *unbedingt* haben muss. Sie überredet Ali dazu, eine Jeans anzuprobieren, und versucht, sich nicht anmerken zu lassen, was sie denkt, wenn sie ihre Größe heraussucht. Dann wendet sie sich mir zu und besteht darauf, dass ich auch irgendetwas anprobiere, und mir wird ganz schwummrig, als ich auf die Preisschilder schaue (*Das ist obszön,* höre ich die Stimme meiner Mutter im Kopf, *und anderswo verhungern die Menschen*), aber Karen wird sagen, dass ich nicht nachdenken, sondern mir etwas aussuchen soll, was mir gefällt. Es wird ein Kleid sein, das am Bügel nach nichts aussieht, sich aber wie eine zweite Haut an meinen Körper schmiegt und mir so gut steht, dass Karen mich mit offenem Mund anstarrt, wenn ich aus der Kabine komme. »Du siehst sensationell aus, Emma. Du könntest Model werden«, wird sie sagen und sich hinter mich stellen und wir werden im Spiegel nebeneinander ein so perfektes Paar abgeben, dass ich mir einen Moment lang einbilden kann, wir beide wären hier die Mutter und die Tochter. »Das musst du haben. Bitte, darf ich es dir kaufen?«, wird sie fragen und ich würde so gern nicken. Am liebsten würde ich mir jedes einzelne Stück im Laden von ihr kaufen lassen, sie kann es sich leisten. Aber das tue ich nicht. Das kann ich nicht.

»Ich wollte sowieso nach Hause, ich kann Emma mitnehmen«, sagt Conor und ich nicke.

»Alles klar. Dann bis morgen.« Ali steht auf und geht in Richtung Innenstadt.

Als ich kurz darauf neben Conor her zu seinem Wagen schlendere, piepst mein Handy.

> **Ali:** Läuft da etwa was mit Conor?
> **Ich:** Spinnst du?
> **Ali:** Aber er vergööööööttert dich.
> **Ich:** Du spinnst.

»Emmie?« Conor räuspert sich. »Sorry, *Emma*. Wir sind da.«

»Wahnsinn, ist dein Auto aufgeräumt«, sage ich, als wir einsteigen.

Er schnipst mit dem Finger gegen den Lisa-Simpson-Lufterfrischer am Rückspiegel. »Stört dich der Geruch? Ich kann das Ding auch abnehmen. Ich weiß ja, dass dir von Parfüm manchmal …«

»Kein Problem.«

Er beugt sich zum Handschuhfach, um seine Brille rauszuholen, dann schaltet er in den Rückwärtsgang und legt die Hand auf meine Kopfstütze, um sich nach hinten umzuschauen.

Ich starre aus dem Fenster, als wenig später die Gasse in eine schmale Landstraße übergeht, rechts windgepeitschte Bäume, links die Bucht, von der Ebbe in einen seegrasgrün gefleckten Sumpf verwandelt.

»Schön, dich mal wieder zu treffen«, sagt Conor und dreht das Radio leiser.

»Ja.«

»Ich habe das Gefühl, dass ich dich in letzter Zeit kaum mehr sehe.«

»Ja, stimmt. Ich habe einfach wahnsinnig viel zu tun … für die Schule und so. Na ja. Du weißt ja, wie das ist.«

»Ich habe das vorhin übrigens ganz ernst gemeint.« Seine Hände umfassen das Lenkrad fester. »Es ist total nett, dass du dich so kümmerst.«

(Bei den O'Callaghans zu Hause. Der Geruch nach Desinfektionsmittel. Conors Mutter Dymphna. Ihr Lächeln, als ich ihr das Tuch mit dem Paisleymuster schenkte, das ich in Dunnes für sie besorgt hatte.)

»Das ist doch ganz normal.« Ich rutsche in meinem Sitz hin und her.

(Ich saß bei ihm im Zimmer auf dem Bett und habe auf das Filmplakat von *Anchorman* an der Wand gestarrt. Er hat angefangen zu weinen. Ich wusste nicht, was ich tun soll. *Jungs weinen nicht*, hat mein Dad früher immer zu Bryan gesagt. *Reiß dich zusammen.* Irgendwann habe ich Conor umarmt und wir haben die Köpfe aneinandergedrückt.)

»Für mich ist es was Besonderes«, sagt er. (Er drehte mir das Gesicht zu. Sein Atem an meiner Wange. Und dann hat es sich angefühlt, als würde in mir etwas schmelzen, irgendetwas, das hart bleiben muss.) »Ich möchte, dass du …«

»Schon okay«, unterbreche ich ihn, als er in unsere Straße einbiegt. Wir fahren am Haus der Kellehers vorbei und ich sehe durchs Fenster Nina und ihren Mann Niall auf der Couch vor dem Fernseher sitzen. Beide haben ein Glas Wein in der Hand und drücken sich in ihre jeweilige Sofaecke, als hätten sie Angst, sie könnten sich sonst womöglich aus Versehen berühren. Eines ihrer Kinder kommt reingerannt. Eine Hand streckt sich über die Lehne, wuschelt durch Locken, ohne dass der Blickkontakt zum Fernseher unterbrochen wird. In den übrigen Häusern spielen sich ähnliche Szenen ab, alle kleben sie vor dem Fernseher.

Conor parkt neben dem Mercedes seines Vaters und ich habe die Wagentür schon geöffnet, bevor er auch nur die Handbremse gezogen hat. Er beugt sich zu mir und legt seine Hand auf meinen Unterarm. »Du hättest nicht lachen sollen.«

»Wovon redest du?«

»Vorhin. Als Dylan das über Jamie gesagt hat. Da hättest du nicht lachen sollen.«

Ich sehe meine Mutter durchs Küchenfenster. Sie hat eine rosa gerüschte Schürze an und wartet darauf, dass mein Vater nach Hause kommt.

Du bist deiner Mutter so ähnlich.

»Jetzt übertreib nicht, Conor«, sage ich. »Das war doch bloß ein Witz. Entspann dich mal, echt.«

(Jamies Gesicht eben im Park. Wie eingefroren.)

(Jamie, wie sie letztes Jahr vor mir saß. Wie sie weinte und gar nicht mehr aufhören konnte. *Was mache ich denn jetzt, Emma? Was soll ich denn machen?*)

Und ich wünschte, ich könnte die Zeit zurückdrehen. Dann würde ich Dylan sagen, er soll sich verpissen und Jamie gefälligst in Ruhe lassen. Ich würde mich auf ihre Seite stellen. Ich wäre ein besserer Mensch.

»Was ist überhaupt das Problem?« Ich lehne mich zurück und mir ist völlig bewusst, dass unter meiner aufgeknöpften Bluse ein Hauch von meinem schwarzen Spitzen-BH aufblitzt. Conor schaut hin und schnell wieder weg.

»Ach, nur … Ich …«

»Ja?«, sage ich leise. Ich rutsche ein Stück vor, eine Haarsträhne fällt mir ins Gesicht. Er hebt die Hand, als würde er sie wegstreichen wollen, lässt sie dann aber doch wieder sinken.

»Danke, dass du mich mitgenommen hast, Conor.« Ich steige aus dem Wagen.

Mein Zimmer ist tipptopp aufgeräumt. Das Himmelbett ist gemacht, die fliederfarbene Patchworkdecke ordentlich über die Kanten gezogen und unter die Matratze gesteckt. Meine Zeitschriften sind neben dem Bett gestapelt, auf dem Schminktisch steht alles wieder an seinem Platz, das auf dem weißen Lack verschmierte Make-up ist weggewischt. Sogar meine Ohrringe und Ketten sind weggeräumt. Ich öffne die Schranktüren und sehe, dass alles gefaltet oder ordentlich auf den schönen Holzbügeln aufgehängt ist. Mam hat ganze Arbeit geleistet.

Eine gute Tochter wäre jetzt dankbar. (Ich habe ihr nicht erlaubt, einfach so in mein Zimmer zu gehen.)

Es war nett von ihr, aufzuräumen. (Aber ich habe sie nicht darum gebeten.)

(Ich werde nichts mehr wiederfinden, weil sie garantiert wieder alles an die falschen Stellen geräumt hat.)

Ich wünschte ... ich weiß selbst nicht, was.

Ich lasse mich aufs Bett fallen und starre zu den fluoreszierenden Sternen auf. Meine Beine kleben am feuchten Baumwollstoff der Tagesdecke fest. Die Hitze ist im wahrsten Sinn des Wortes drückend – wie ein Gewicht, das so schwer auf mir lastet, dass es auf meiner Haut Spuren hinterlassen wird. Ich wälze mich auf den Bauch, dann doch wieder auf den Rücken, rolle mich seitlich zusammen, aber nichts hilft.

Ich liege stundenlang so da.

Freitag

Nach der Schule setzen wir vier uns in Maggies Wagen und lassen sofort die Scheiben runter, damit die aufgestaute Hitze entweichen kann. Jamie und Maggie streiten darüber, ob wir Kate Bush oder Taylor Swift hören sollen. Wir fahren durch den Ort, die Hauptstraße entlang und über den Kreisverkehr wieder zurück, einmal, zweimal, die immer gleiche Runde. Ich beobachte das flimmernde Sonnenlicht auf meinem nackten Unterarm im offenen Fenster und spüre, wie kitzelnde Vorfreude in mir aufsteigt. Vielleicht passiert dieses Wochenende ja endlich mal was, *irgendwas*, egal was.

Ali grinst mich an. »Hey, ich hab ganz vergessen zu fragen, wie es mit Conor O'Callaghan lief.«

»Was soll gelaufen sein?«

»Na ja, ist irgendwas gelaufen, als er dich gestern nach Hause gefahren hat?« Ich stöhne auf, als sie mir ihre Zunge entgegenstreckt und lasziv bewegt.

»Oh Gott, nein. Obwohl er natürlich gewollt hätte.«

»*Natürlich* hätte er gewollt, *mais oui*.« Maggie kichert. »Die

Männerwelt kann deinem Zauber einfach nicht widerstehen, du Sirene, du.«

»Ha.«

»Aber jetzt mal im Ernst …« Maggie sieht mich im Rückspiegel an. »Conor ist einer von den Guten. Da gibt es echt Schlimmere.«

»Du *hattest* schon Schlimmere«, wirft Jamie ein.

»Schau bitte auf die Straße, Mags«, sage ich. »Und ja, du hast recht. Conor ist total nett und lieb und alles, aber ich würde nie auf die Idee kommen, was mit ihm anzufangen.«

»Ich dachte, ihr hättet schon mal was miteinander gehabt?« Jamie drückt mehrmals auf den Lautstärkeregler am Radio.

»Mit Conor?«, sage ich erstaunt. »Nein, nie. Wie kommst du darauf?«

»Keine Ahnung.« Sie zuckt mit den Schultern. »Du hast doch mit fast jedem schon mal was gehabt, da verliert man schnell den Überblick.« Sie lacht, als wäre es ein Witz gewesen, klappt aber gleichzeitig die Sonnenblende runter, um im Spiegel meine Reaktion zu beobachten. Ich lache auch. (*Blöde Kuh.*)

»Ich muss bald mal nach Hause«, sage ich und schaue auf mein Handy.

»Ich dachte, wir gehen heute alle zusammen zum Football«, sagt Ali. »Hatten wir das nicht so ausgemacht?« Sie beugt sich vor und schiebt den Kopf zwischen die Vordersitzen hindurch. »Ihr beide kommt aber mit, oder?«

»Ich weiß nicht«, sagt Jamie. »Eigentlich habe ich meiner

Mutter versprochen, dass ich ihr Christopher abnehme. Er hängt ihr gerade ganz schlimm am Rockzipfel.« Sie sieht mich wieder im Spiegel an. »Und ich muss dringend was für die Schule machen. Bei mir ist es nämlich leider nicht so, dass ich Spitzennoten schaffe, wenn ich *vergesse* zu lernen.«

»Willst du damit etwa …«

»Warum kommt ihr nicht alle noch mit zu mir?«, sagt Ali schnell. »Bitte! Nur wir vier.«

»Ich wäre dabei. Ich will mir auch endlich mal euren neuen Pool ansehen«, meint Maggie.

»Ich habe keine Badesachen mit«, sage ich.

»Kein Problem, wir haben eine ganze Schublade voll. Da findest du sicher was.«

Eine andere Ausrede fällt mir nicht ein, deswegen nicke ich und ignoriere Alis Begeisterungsquietschen. Vom Stadtzentrum zu ihr sind es fünf Meilen. Die Hennessys leben in einem alten, herrschaftlichen Pfarrhaus, »The Old Rectory« genannt, das von einer hohen Mauer umgeben ist. Am schmiedeeisernen Tor angekommen, beugt Ali sich aus dem Wagen, um den Zugangscode in das Display in der Wand einzutippen. Zum Hauptgebäude führt ein Kiesweg fast eine Meile durch weitläufige Wiesen. Alis Eltern kaufen immer mehr Land dazu und mittlerweile ist ihr Besitz so groß, dass man wahrscheinlich unsere gesamte Straße mit allen Häusern darin unterbringen könnte.

Maggie parkt neben dem Eingangsportal des dreistöckigen Backsteingebäudes mit großen, weiß gestrichenen Sprossenfenstern. Es ist über und über von Glyzinien und Kletterrosen überwuchert und sieht aus wie ein Märchenschloss. Ich erinnere mich noch daran, wie Mam mit der Immobilienbeilage der Tageszeitung gewedelt und zu meinem Vater gesagt hat: *Hast du gelesen, wie viel das Haus gekostet hat, das die Hennessys sich gekauft haben?* Er hat ihr die Zeitung aus der Hand genommen und seine Lesebrille aufgesetzt. Im ganzen Ort wurde monatelang über nichts anderes mehr geredet. *Ihr seid richtig reich,* haben die anderen Kinder in der Schule zu Ali gesagt. *Meine Mutter sagt, dein Vater ist ein Millionär.* Ihr war das immer so peinlich, dass sie ganz unsicher wurde.

Ali weiß ihr Glück überhaupt nicht zu schätzen.

Wir kommen an einer aus Stein gemeißelten nackten Schwangeren vorbei, die sich an einen der Pfeiler schmiegt. Ich bin mir ziemlich sicher, dass die Frau Karen Hennessy ist, auch wenn Ali es bestreitet.

»Ich kann immer noch nicht fassen, dass ihr jetzt sogar auch noch einen eigenen Pool habt«, sagt Maggie, als Ali die Haustür aufschließt.

»Mom wollte ihn unbedingt.« Ali führt uns durch die Eingangshalle, in der es aussieht wie in der Lobby eines Luxushotels. An der hohen Decke ein gigantischer, glitzernder Kristalllüster und auf dem abgeschliffenen Dielenboden ein riesiger Perserteppich. *Das Ding ist handgeknüpft und war so teuer, dass es mir fast peinlich ist,* hat Karen zu uns gesagt, *aber ich musste ihn einfach haben.*

Ich gehe mit dem Badeanzug, den Ali mir gegeben hat, ins Gästebad und schließe die Tür hinter mir. Er steckt noch originalverpackt und mit Preisschild in einer kleinen Plastiktasche, auf der in Schnörkelschrift *Melissa Odabash* steht.

Mehr Geld als Verstand, sagt die Stimme meiner Mutter in meinem Kopf.

Mit den Fingerspitzen streiche ich über die blassgelbe Tapete, in die goldene Blüten eingeprägt sind, und bewundere die frei stehende Badewanne mit den goldenen Löwenpranken. Das Ende der Klopapierrolle wird von Magda, der Haushälterin der Hennessys, immer zu einer Spitze gefaltet. Die Flüssigseife und die Handcreme auf dem Waschtisch sind von Aveda, sämtliche Armaturen vergoldet. Auf einer blassgelb lackierten antiken Kommode steht eine Sammlung von Parfümflakons, unter anderem Coco Mademoiselle. Das wünsche ich mir schon seit einer Ewigkeit. *Entweder du wartest bis Weihnachten, Emma*, hat Mam gesagt, *oder du kaufst es dir selbst.*

Ich sprühe mir etwas davon aufs Handgelenk.

(Sie werden es nicht mal merken.)

Ich öffne meine Schultasche.

(Es ist nicht so, als könnten sie es sich nicht leisten.)

Und dann lasse ich das Fläschchen so blitzschnell darin verschwinden, dass ich es selbst kaum mitbekomme, wodurch es fast so ist, als wäre es nicht passiert. Danach betrachte ich mich im Spiegel. *Ich bin schön*, sage ich, ohne dass ein Ton über meine Lippen kommt. Das ist etwas, das Ali sich von all ihrem Geld nicht kaufen kann.

Wir gehen an der ebenfalls neu eingebauten Sauna vorbei und Ali öffnet eine weiße Tür, die in einen langen schmalen Pavillon mit Milchglaswänden führt. »Oh ...« Sie weicht einen Schritt zurück und ignoriert meinen Schrei, als sie mir dabei voll auf die Zehen tritt.

Auf den Stufen, die in den Pool führen, steht ein Fotograf bis zu den Waden im Wasser und schießt Bilder von Karen, die mit kräftigen Stößen auf ihn zuschwimmt. Als er langsam rückwärts aus dem Becken geht, stößt er beinahe gegen eine sehr große, sehr knochige Frau, die ihre blondierten Haare zu einem straffen J-Lo-Knoten hochgesteckt hat und an einer Kleiderstange aufgehängte Bikinis und Badeanzüge hin und her schiebt, von denen einer winziger ist als der andere. Ohne den Blickkontakt zum Fotografen zu unterbrechen, steigt Karen aus dem Pool, das Wasser rinnt ihr aus den kastanienbraunen Haaren, die sich wie eine eng anliegende Kappe um ihr fein geschnittenes Gesicht mit den hohen Wangenknochen schmiegen. Sie hat nichts an.

»*Mom*«, brüllt Ali und der Zauber ist gebrochen. Alle drehen sich um und starren uns an.

»Meine Güte, Ali. Erschreck mich doch nicht so. Was hast du denn?«

»Du ... du bist nackt.«

»Beruhige dich, Schatz«, sagt Karen. Ein verhuschtes Mädchen in Shorts und weißen Chucks springt hinter dem Kleiderständer hervor und reicht Karen ein flauschiges weißes Badetuch. »Ich trage einen Bikini.« Sie zupft am Stoff. »Hier, siehst du? Er ist nur hautfarben. Hallo, Mädchen!« Sie winkt uns zu.

»Aber Mom.« Alis Unterlippe zittert. »Ich dachte, du hättest mir versprochen ...«

»Och, Mäuschen«, seufzt Karen. »Jetzt sei nicht päpstlicher als der Papst. Das wird eine ganz normale Modestrecke.« Sie gibt der Assistentin ein Zeichen, woraufhin die zu einem Tisch mit Snacks und Getränken läuft, ihr eine Flasche Cola light mit Strohhalm bringt und sie ihr hinhält, während sie trinkt.

Karen verschwindet hinter einem Paravent und wirft ihren nassen hautfarbenen Bikini über den oberen Rand. Die Stylistin reicht ihr einen silberglänzenden Badeanzug, in dem sie kurz darauf wieder hinter dem Wandschirm hervortritt. Die Blonde geht, den Mund voller Sicherheitsnadeln, um sie herum und steckt den knappen Einteiler im Rücken fest, sodass er noch perfekter sitzt. »Schön, dich auch mal wieder hier bei uns zu sehen«, sagt Karen zu Jamie. »Wie geht es Liên?«

»Gut«, antwortet Jamie knapp.

»Sie hat sich seit Monaten nicht mehr beim Yogalates-Kurs blicken lassen, ich habe mir schon …«

»Meiner Mutter geht es gut, Mrs Hennessy«, sagt Jamie. »Aber ich richte ihr gerne Grüße von Ihnen aus.« Dann wirbelt sie herum und läuft ins Haus zurück.

»Jamie!« Ali stürzt ihr hinterher.

»Oje, das ging wohl nach hinten los«, seufzt Karen. »Ali wird mich nachher umbringen.« Sie beißt sich auf die Lippe. »Ich sage immer das Falsche, dabei wollte ich Jamie wirklich nicht verletzen.«

»Warum sollte sie verletzt sein?« Der Fotograf schaut von seinem Laptop auf.

»Eine echte Tragödie.« Alis Mutter senkt die Stimme. »Sie ist die Tochter von Christy Murphy.«

Der Fotograf sieht sie verständnislos an.

»*Christy Murphy*«, wiederholt Karen eindringlich. »Die Geschichte war wochenlang in den Nachrichten. Er hat in Immobilien gemacht, Hotels, alles Mögliche. Beim Börsencrash hat er alles verloren.«

Der Fotograf und die Stylistin schnappen dramatisch nach Luft.

»Ich weiß! Gott, könnt ihr euch das vorstellen? Ali hat mir erzählt, dass die arme Jamie jetzt nach der Schule sogar jobben muss, um ihre Eltern finanziell zu unterstützen. Ganz schrecklich, und natürlich auch schwierig für alle Außenstehenden. Ich weiß gar nicht, wie ich mich verhalten soll und ob Liên mich überhaupt sehen möchte. Wenn ich an ihrer Stelle wäre, würde ich mich wahrscheinlich nur noch verkriechen wollen.«

»Vielleicht könnte das Mädchen ein bisschen modeln, um Geld dazuzuverdienen«, schlägt die Stylistin vor.

»Wer?« Karen sieht überrascht aus. »Jamie?«

»Warum nicht?«, sagt die Stylistin. »Groß genug ist sie und asiatische Mädchen sind diese Saison absolut im Trend.«

Ich warte darauf, dass Karen sagt: *Jamie? Nicht doch. Wenn eines der Mädchen Model werden könnte, dann Emma*, aber sie zuckt nur mit den Schultern, drapiert sich auf einen gestreiften Liegestuhl und schaut mit Schmollmund Richtung Kamera.

Ich stoße Maggie in die Seite. »Komm, wir gehen auch wieder rein und suchen die anderen.«

»Verrückt«, sagt Maggie, nachdem die Tür zum Pool hinter uns zugefallen ist. »Glaubst du, das wäre was für sie?«

»Für wen? Für Jamie?«

»Na ja, hat die Stylistin doch gerade gesagt.«

»Das kann ich mir nicht vorstellen. So verzweifelt ist sie auch wieder nicht. Man will ja wenigstens einen Rest Würde behalten.«

»Aber sie könnte es mal probieren.«

»Hallo? Wer ist denn hier die große Feministin? Ich verstehe nicht, wie du ernsthaft denken kannst, das wäre was für sie. Die Modeindustrie ist doch nur ein Instrument des Patriarchats, um Frauen kleinzuhalten.«

»Schon gut, schon gut.« Maggie hebt besänftigend die Hände. »Kein Grund, sich so aufzuregen.« Sie legt den Kopf schräg und schaut mich mit dem gleichen Blick an, den ihre Mutter immer aufsetzt, wenn sie eine ihrer viel zu persönlichen Fragen stellt. »Alles okay bei dir?«

»Klar«, sage ich. »Alles super.«

»Hier können Sie nicht parken!«, brüllt ein sonnenverbrannter Wachmann in neongelber Sicherheitsweste, Shorts und Socken in Sandalen, als Maggie ihren Wagen direkt vor dem Eingang zum Footballstadion abstellen will. »Hier ist alles reserviert.«

Wir sehen Ali an, die aber nicht reagiert. Seit wir vorhin bei ihr losgefahren sind, hat sie nicht viel geredet.

»Hey.« Ich stupse sie an und nicke in Richtung des Mannes. »Der Typ da sagt, wir dürfen hier nicht parken.«

»Ach so, ja. Sorry.« Sie schüttelt sich aus ihrer Trance, greift in ihre Tasche und zieht einen pinkfarbenen Pass hervor, den sie dem Mann hinhält. »Hier. Mein Vater meinte, damit könnten wir hier parken.« Der Wachmann betrachtet den Pass skeptisch. »Und wer ist dein Vater?«

»... James Hennessy?«, murmelt Ali kaum hörbar, worauf er sich sofort überschwänglich entschuldigt und uns durchwinkt.

Das Stadion liegt in einer Talsenke und ist an drei Seiten von Hügeln umgeben, der Rasen mehr gelb als grün, so vertrocknet ist er. *Wie kann es in einem Land, in dem es so viel regnet wie bei uns, solch eine Dürre geben?*, sagen die alten Leute kopfschüttelnd, wenn sie mit ihrem Schnittkäse, Kochschinken und Toastbrot bei Spar an der Kasse stehen und trotz der Schlange hinter sich ewig mit der gelangweilten Kassiererin reden, die einfach nur will, dass alle schnell zahlen, damit sie weiter in ihrer Zeitschrift blättern kann. Neben dem Eingang steht eine Gruppe Zwölftklässler der St Michael's School in den blau-gelben Trikots unseres Teams, auf deren Brust mit rotem Faden »Hennessy's Pharmacies« eingestickt ist. Als ich mich an ihnen vorbeischiebe, stoßen sie sich gegenseitig in die Rippen.

Wir steigen links den Hügel hinauf und suchen uns einen Platz vor dem Vereinsheim. Ali zieht eine Kaschmirdecke von Avoca aus ihrem Weidenkorb. (*Sei bloß vorsichtig damit*, würde meine Mutter sagen, wenn es unsere wäre. *Nicht dass sie Flecken bekommt. Das ist was ganz Edles.*) »Hier, eine für euch und eine für mich.« Sie reicht mir eine Tube Sonnencreme Faktor 50 und stellt ein Ölspray mit LSF 6 vor sich.

»Ah, der gute alte Hautkrebs in der Flasche.«

Ali ignoriert meinen Kommentar, wirft uns eine Tüte saure Gummibärchen hin und behält die Schachtel mit den weichen Datteln für sich.

»Die Gummibärchen kann ich nicht essen«, sage ich.

»Und warum nicht?«, seufzt Jamie.

»Äh. Vielleicht wegen der Gelatine?«

»Oh mein Gott. Tust du etwa immer noch so, als wärst du Vegetarierin?«

»Wieso soll ich so *tun*, wenn ich …«

»Ich habe auch noch Popcorn mit«, mischt Ali sich ein. »Das kannst du ja wohl essen.«

Ich lasse mir die Tüte reichen. (Eigentlich sollte ich jetzt lächeln. Eigentlich sollte ich mich bedanken.) »Ja, das ist okay.«

Wir legen uns hin, stützen uns auf die Ellbogen und tun so, als würden wir interessiert verfolgen, wie der Ball von einer Seite zur anderen gekickt und Spieler ein- und ausgewechselt werden. Um uns herum wird leidenschaftlich geflucht, angefeuert und gejubelt.

»Unsere sind heute aber nicht so gut, oder?«, sagt Ali, als ein alter Mann neben uns, der trotz der Schwüle einen dunklen Tweedanzug trägt, die *unfähige Blechpfeife von Schiedsrichter* aufs Übelste beschimpft. »Reiß deine verdammten Glotzer auf, Campbell«, brüllt er. »Dann kriegst du Lusche vielleicht auch mit, was um dich rum passiert!«

Campbells Mutter, die zwei Meter neben uns steht, zuckt zusammen, sagt aber nichts. »Die sollen sich gefälligst mal Mühe geben«, sage ich. »Ich will, dass sie die Bezirksmeisterschaft gewinnen, damit ich wieder auf die Siegergala kann.«

»Du hast echt Glück gehabt, dass du letztes Jahr dabei sein durftest«, sagt Maggie. Sean Casey, der auch für das Team spielt, hatte mich gefragt, ob ich mit ihm hingehen will. Ich habe gesagt, dass ich vorher erst noch mit Ali sprechen muss. Natürlich wäre sie liebend gern selbst mit ihm hingegangen, konnte es mir aber schlecht verbieten, als ich sie gefragt habe. *Mach, was du willst,* hat sie gesagt und die Schultern hängen lassen.

Ich sehe, wie einer von unseren Spielern müde von der Hitze zum Unterstand trottet. »Was ist das für eine Drecksidee, in allerletzter Minute noch den jungen Dineen ins Spiel zu bringen?«, flucht der alte Mann und ich horche auf, als ich Jacks Namen höre. »Ich hab schon beim Freundschaftsspiel gegen die Nemo Rangers nichts von ihm gehalten«, schimpft der Alte weiter. »Wenn sich Ciarán O'Brien in all seiner Weisheit einbildet, Dineen würde noch etwas reißen, hat er sich …« Der Rest des Satzes geht im Gebrüll der Zuschauer unter. Ich sehe Jack, der im Slalom zwischen den erschöpften Verteidigern hindurchläuft und den Ball praktisch in derselben Sekunde, in der der Schiedsrichter das Spiel abpfeift, ins Tor drischt.

»Unglaublich! Dineen ist fantastisch …«, höre ich die Leute um uns herum kurz darauf sagen, während sie zum Vereinsheim strömen.

»… gehört, dass sie in Cork Interesse an ihm haben.«

»… total scharf auf ihn.«

»So guten Football habe ich seit Jahren nicht mehr gesehen!«

»Mädels?« Ich winke mit gekrümmtem Zeigefinger und warte, bis die anderen näher rutschen. »Morgen mache ich Jack Dineen klar.«

»Ob er will oder nicht«, sagt Jamie. »Aber wenn du dir das in den Kopf gesetzt hast, hat er sowieso keine Chance, oder?«

Ich warte einen Moment ab. »Ganz genau«, sage ich dann. »Nicht die geringste.«

Wir brechen prustend zusammen – auch Jamie – und einen Moment lang fühlt es sich an, als hätte sich nichts geändert.

Wir haben gerade unsere Sachen zusammengepackt und gehen Richtung Ausgang, da ertönt neben uns schrilles Kreischen. Dylan Walsh hat sich seine Freundin Julie Clancy über die Schulter geworfen, die auf seinen Rücken trommelt und *Lass mich runter!* fleht, gleichzeitig aber hysterisch lachen muss. Im nächsten Moment packt er sie mit beiden Händen am Hintern und lässt sie ein Stück herunterrutschen, sie schlingt die Beine um seine Hüften und die beiden knutschen hemmungslos.

»Dylan ist echt so was von ekelhaft.« Maggie, die mit Ali vor uns herläuft, sieht über die Schulter und zieht eine Grimasse. »Sorry, Jamie. Aber ich weiß wirklich nicht, was du dir dabei gedacht hast.«

Sie und Ali besprechen gerade, was sie auf Seans Party morgen anziehen könnten. »… so eine Art wilder Karo-Mustermix, was hältst du davon?«, fragt Maggie. Ich drehe mich zu Jamie um, die wie erstarrt stehen geblieben ist, während die Leute an uns vorbeilaufen.

»Komm schon«, sage ich und will nach ihrer Hand greifen. »Wir haben doch besprochen, dass es am besten ist, wenn du niemandem …«

»Lass mich bloß in Ruhe!«, zischt sie und zieht ihre Hand weg. Ich schaue schnell, ob die anderen etwas mitbekommen haben, aber die stehen schon vorne am Ausgang und unterhalten sich mit meinem Vater. Anscheinend ist er direkt von der Arbeit zum Spiel gekommen, denn er trägt noch seinen Anzug. Das Jackett hat er sich über den Arm gehängt. Mir fallen die großen Schweißflecken unter seinen Achseln auf. *Du solltest ihm ein besseres Deo kaufen. Es gibt welche, die so stark sind, dass man quasi gar nicht mehr schwitzt*, habe ich letzten Sommer zu Mam gesagt. *Ich bin mir ziemlich sicher, dass die Krebs verursachen*, hat sie geantwortet, als wäre das irgendein Argument.

»Ah. Da ist ja meine Prinzessin. Spannendes Spiel, was?« Er legt mir einen Arm um die Taille und drückt mir einen Kuss auf die Wange. »Hallo, Jamie. Wie gehts dir?«, erkundigt er sich dann. Sie murmelt etwas Unverständliches. »Jack Dineen ist in eurer Klasse, stimmts?«

»In der Oberstufe gibt es keine Klassen mehr, Daddy«, sage ich geduldig. »Nur noch Kurse.«

»Von mir aus. Dann eben in eurem Jahrgang.« Ich nicke.

»Der Junge ist wirklich gut.« Er zieht ein Taschentuch aus der Hose und wischt sich über die Stirn.

»Sean Casey ist auch in unserem Jahrgang«, mischt Ali sich ein.

»Schon, aber der ist ja nur Ersatzspieler«, sage ich.

Dad schaut lächelnd über meine Schulter. »Und da haben wir den Mann der Stunde ja auch schon!«

Ich drehe mich schnell um, aber es ist nur Ciarán O'Brien, der für sein Alter viel zu schwarze Haare hat. Sein Gesicht ist gerötet und von feinen Äderchen durchzogen.

»Gratuliere, Ciarán! Großartiges Match. Dein Junge hat toll gespielt.«

»Ja, ist gut gelaufen. Aber beim Angriffsspiel ist noch Luft nach oben«, sagt Ciarán. »Bryan haben wir wohl für immer verloren, was?«

Dad wirkt verlegen. »Sieht ganz so aus, ja. Er sagt, ihm reicht es im Moment, für die Mannschaft seiner Uni in Limerick zu spielen.«

»Hmm«, brummt Ciarán O'Brien. Als er Ali bei uns stehen sieht, wird sein Lächeln breiter und er erkundigt sich nach ihrem Vater.

»Und diese reizende junge Dame?«, fragt er dann. »Sag bloß, das ist deine Tochter?«

Dad fasst mich fester um die Taille. »Und ob. Das ist Emma, unser Nesthäkchen.«

Als Ciarán O'Brien mich von oben bis unten mustert, bereue ich, dass mein Top so einen tiefen Ausschnitt hat.

»Da habt ihr euch aber eine Herzensbrecherin herangezogen, Denis.« Er zwinkert Dad zu. »Wahrscheinlich musst du ihr die Verehrer mit dem Knüppel vom Leib halten.« Er nickt jemandem zu, der an uns vorbeigeht, und schüttelt ein paar Hände, die ihm entgegengestreckt werden, dann sieht er Dad an und macht eine Trinkgeste. »Kommst du noch mit auf ein Pint?«

»Gott, habt ihr mitgekriegt, wie Ciarán O'Brien mich eben mit Blicken ausgezogen hat?« Ich schüttle mich, als wir den beiden hinterhersehen.

»Na ja, wundert dich das, Prinzessin?« Jamie sieht mich mit hochgezogener Augenbraue an. »Deine Brüste haben ihn ja quasi angesprungen.«

(Jamie und ich, wie wir uns bei mir im Badezimmer für die Party fertig machen und sie nervös an ihrem Kleid zupft. *Oder ist es doch zu kurz?*, fragt sie und dreht sich, um sich von hinten anzuschauen. *Jetzt sei nicht bescheuert*, schimpfe ich und gieße ihr noch von unserer Wodka-Lemon-Mischung nach. *Bei deinen Beinen?*)

»Ich finde es echt süß, wie stolz dein Vater auf dich ist«, sagt Ali ein bisschen neidisch. »Die ganze Zeit nimmt er dich in den Arm und küsst dich. Meiner macht das nie.«

»Ich würde lieber von deinem als von meinem Vater geküsst werden«, sage ich. Mr Hennessy sieht echt verdammt heiß aus.

Sie gibt mir einen Schubs und prustet vor Lachen, als ich gegen ein Mädchen stolpere, das gerade vorbeigeht.

»*Entschuldige mal?*« Susan Twomey starrt mich empört an. Sie ist mit dem Trupp der anderen zehn Spielerfrauen unterwegs, die alle genauso schlank und gebräunt sind wie sie und natürlich auch alle lange, glatte Haare in unterschiedlichen Blondabstufungen haben. Alle tragen das Trikot unseres Teams – allerdings sieht es aus, als hätten sie es in der Kinderabteilung gekauft – und dazu ultraknappe Jeansshorts und Keilsandaletten.

»Da kommt Paul«, zischt eine von ihnen Susan zu.

Paul O'Brien schleicht sich an seine Freundin heran und packt sie um die Hüfte, wobei es mir ein Rätsel ist, wie er sie von hinten überhaupt von den anderen Klonen unterscheiden konnte. Er wirbelt sie herum, küsst sie auf den Mund und ruft: »Wir haben gewonnen!«, als hätten wir das nicht längst mitbekommen. »Warum seid ihr nicht im Vereinsheim?« Er wendet sich an eine der anderen Barbiepuppen. »Ben sucht dich schon überall.« Das Mädchen wirft Susan einen Blick zu und schaut dann schuldbewusst zu Boden.

»Wir würden lieber woanders hingehen, Baby«, sagt Susan. »Im Vereinsheim ist es voll eklig. Der Lappen, mit dem sie die Gläser spülen, sieht aus, als hätten sie ihn seit zwanzig Jahren nicht ausgetauscht.«

Er sieht sich lächelnd in der Runde um. Als sein Blick auf mich fällt, checkt er mich genau wie sein Vater eben von oben bis unten ab, grinst und streicht sich dann durch die kurz geschnittenen braunen Haare. Susan hat seinen Blick bemerkt, ihr Mund wird schmal. »Du heißt Emily, oder?«, fragt sie mich.

»Emma.«

»Dir muss *wahnsinnig* kalt sein, Emily.« Susan tut so, als

würde sie mitleidig frösteln, kommt auf mich zu und beugt sich so nah zu mir vor, dass ich den chemischen Geruch ihres Selbstbräuners riechen kann. Sie nimmt mir die Wolljacke ab, die ich mir um die Hüfte geschlungen habe, und legt sie mir so über die Schultern, dass sie meinen Ausschnitt verdeckt. Ihre Freundinnen kichern, und ich spüre, wie meine Ohren heiß werden.

»Echt lieb, dass du dir Sorgen um mich machst, *Sharon*.« Ich schüttle die Jacke mit einer Schulterbewegung ab, schlinge sie um einen Henkel meiner Tasche und ziehe mein Top noch ein Stückchen weiter runter. »Aber mir ist wirklich alles andere als kalt«, sage ich mit einem Lächeln in Pauls Richtung. Als ich weggehe, zittern mir die Knie, weil so viel Adrenalin durch meine Adern strömt, dass mir fast schwindelig ist.

»Ah, gut, dass du da bist!« Mam sitzt am Küchentisch und wischt verzweifelt auf ihrem iPad herum. »Ich will mir eine Sendung anschauen, aber die App für die Mediathek stürzt die ganze Zeit ab. Was kann das sein?«

»Hast du Bryan schon gefragt? Der kennt sich besser aus als ich.«

»Dem geht es ganz schlecht. Lebensmittelvergiftung.«

»Lebensmittelvergiftung?«, frage ich, als ich ein paar Minuten später ins Fernsehzimmer komme, nachdem ich vergeblich versucht habe, Mam zu helfen. *Das habe ich schon probiert*, hat sie geblafft, als ich ihr vorschlug, das iPad neu zu starten. *Und zieh dir bitte was über.* Sie hat mir Bryans Hoodie hingehalten. *Dein Bruder schämt sich für dich, wenn du so zu ihm reingehst.*

Bryan liegt, die rot karierte Patchworkdecke bis zum Kinn gezogen, auf dem schwarzen Ledersofa. Neben ihm steht ein Putzeimer. Er ist ziemlich fahl im Gesicht und seine dunklen Locken kleben ihm verschwitzt in der Stirn.

»Du siehst eher so aus, als hättest du gestern ein bisschen zu viel Spaß gehabt.«

»Billigfusel von Tesco«, krächzt er. »Ich hätte genauso gut Feuerzeugbenzin trinken können.«

Ich schiebe seine Füße zur Seite, damit ich mich neben ihn setzen kann, und ziehe die Decke ein bisschen zu mir her.

»Armes Kind«, sage ich und tätschle seine Beine. Er grunzt und wendet sich wieder dem Fernseher zu.

»Du siehst ganz schön abgemagert aus. Vielleicht sollte ich dich mal wieder in Limerick besuchen kommen, um für dich zu kochen und dich aufzupäppeln.«

»Damit ich am Ende wirklich noch eine Lebensmittelvergiftung bekomme? Nein danke.« Er reißt mir die Decke wieder weg, sieht jetzt aber immerhin ein bisschen munterer aus als vorher. »Außerdem hast du seit dem letzten Mal Hausverbot in unserer WG.«

»Ach komm. Deine Mitbewohner träumen wahrscheinlich immer noch von mir.«

»Irgendwie schaffen sie es, auch ohne dich weiterzuleben.«

Ali: Das war ein echt schöner Nachmittag.

Ali: Ich langweile mich so.

Ali: Hat vll jemand Lust zu skypen?

»Mach mal lauter«, sage ich zu Bryan, als Graham Norton in seiner Show *The Big Red Chair* ankündigt. Dabei setzt sich ein Freiwilliger aus dem Publikum in einen speziellen roten Sessel und muss den Stars, die an dem Abend in der Sendung sind, sein peinlichstes Erlebnis erzählen. Wenn die Story zu langweilig ist, kann Graham einen Knopf drücken und die Leute werden nach hinten katapultiert.

Das ziemlich hässliche Mädchen, das heute dran ist, hat gerade erst angefangen zu reden, als ihr Sessel auch schon umkippt.

»Die hätte ich aber auch rausgeschmissen«, sage ich. »Man kann ja wohl wenigstens vorher zum Friseur gehen, wenn man weiß, dass man ins Fernsehen kommt, oder?«

Mein Handy summt wieder. Ali hat mich in einem Foto markiert, das sie gerade bei Facebook hochgeladen hat, ein Selfie von uns vier. »Ich und meine Girlies – *fresh as fuck*«, hat sie dazugeschrieben. Ich zoome ins Bild und muss sagen, dass ich von uns allen definitiv am besten aussehe.

(Das hat sie nur gesagt, weil Jamie groß und schlank ist. Es gibt eben nicht so viele Mädchen mit Modelmaßen.)

(Und weil ihre Mutter Asiatin ist und Asiatinnen zurzeit im Trend liegen.)

Ich stelle mein Handy stumm und lege es umgedreht auf die Armlehne.

»Wie gehts Jen?«

»Das kannst du sie morgen selbst fragen. Da schläft sie hier.«

»Echt? Pyjamaparty, oder was?« Ich lache, aber er bleibt ernst. »Moment mal, das war also kein Witz? Wissen Mam und Dad schon von ihrem Glück?«

»Na klar.«

»Das ist total unfair. Mir würden sie niemals erlauben, dass ein Typ hier übernachtet.«

»Das ist nicht dasselbe, Emmie«, sagt er. »Außerdem sind sie gar nicht hier. Ich habe einen Deal für ein Zimmer in einem Viersternehotel in Killarney bekommen. Das war Jens Idee – sie, Sean und Aoife haben ihren Eltern auch eine Übernachtung in einem Hotel geschenkt, weil es John juniors Todestag ist.«

»Ach ja, stimmt. Sean hat heute im Park erzählt, dass seine Eltern übers Wochenende weg sind.« Ich schiebe die Unterlippe vor. »Trotzdem ziemlich leicht durchschaubares Manöver, oder? Warum solltest du Mam und Dad einfach so einen Hotelgutschein schenken?«

»Nicht einfach so.« Er schaltet den Fernseher leise. »Das ist mein Geschenk zu ihrem Hochzeitstag.«

»Was? Wann war der denn?«

»Heute, du Loserin. Die beiden sind jetzt fünfunddreißig Jahre verheiratet.«

»Ach, du Scheiße.« Ich überlege fieberhaft, wo ich jetzt noch auf die Schnelle ein Geschenk herbekommen könnte. »Darf ich mich beteiligen? Bitte, Bryan. Ich unterschreibe auf der Karte, das Geld bekommst du später.« Er sieht mich mit hochgezogener Augenbraue an, weil er mir ständig Geld leiht und ich meistens vergesse, es ihm zurückzugeben.

»Zu spät, Emmie. Ich hab ihr die Karte schon gegeben.«

Ich will gerade sauer werden, da kommt Mam ins Zimmer. Sie hat ihr Handy zwischen Ohr und Schulter geklemmt und trägt ein großes Tablett mit drei Teetassen und einem Teller Kekse.

»Ich weiß doch, Bernadette. Es ist lächerlich.« Sie stellt das Tablett auf den Couchtisch, richtet sich auf und nimmt das Telefon in die Hand. »Hör zu, ich muss jetzt leider Schluss machen. Bryan ist übers Wochenende von der Uni hier. Er ist so ein guter Junge. Ich weiß … ich weiß … ich weiß … Ja … ja … sicher … Bis bald. Ja. Ich dir auch.« Sie steckt das Handy weg, beugt sich über Bryan und legt ihm eine Hand auf die Stirn. »Hast du alles, was du brauchst? Soll ich dir eine Flasche Wasser bringen?«

»Mir gehts gut, Mam.«

»Ich habe dir deine Lieblingskekse gebacken.« Sie deutet auf das Tablett. »Haferplätzchen mit Rosinen.«

Ich würde sie gern darauf hinweisen, dass *ich* Rosinen hasse. Ich habe seit zehn Jahren keine einzige Rosine mehr gegessen.

»Hast du es geschafft?«, frage ich sie.

»Was denn?«

»Die App wieder zum Laufen zu bekommen?«

»Ach so, nein. Ich warte, bis euer Vater nach Hause kommt.« Mam sieht mich stirnrunzelnd an. »Emmie, setz dich doch bitte woanders hin, dein Bruder hat gar keinen Platz und es geht ihm nicht gut.« Sie lässt sich in den Ledersessel neben dem Sofa sinken, während Bryan, dessen Appetit auf wundersame Weise zurückgekehrt ist, sich über die Kekse hermacht.

»Wo ist Dad überhaupt?«, fragt er.

»Der ist nach dem Spiel noch mit Ciarán einen trinken gegangen.«

»Mit Ciarán O'Brien? Oder sollte ich ihn vielleicht eher Ciarán, den heimlichen Herrscher von Ballinatoom, nennen?«

»Jetzt sei doch nicht so nachtragend.« Mam nimmt eine Tasse vom Tablett und lässt zwei Zuckerwürfel hineinfallen.

»Mam ...?« Bryan sieht sie ungläubig an. »Ist das dein Ernst? Nach der Sache mit Eoin Sayers und ...«

Sie presst die Lippen zusammen. »Du warst selbst nicht ganz unschuldig, falls ich dich daran erinnern darf. Und wenn sich Ciarán nicht für dich eingesetzt hätte, wärst du genauso von der Schule geflogen.«

»Ja klar, ich bin mir sicher, dass er das aus purer Güte getan hat. Das hatte natürlich rein gar nichts damit zu tun, dass die Bezirksmeisterschaften bevorstanden und ich ...«

»Wenn Eoin Football gespielt hätte, hätte Ciarán für ihn sicher auch ein gutes Wort eingelegt.«

»Herrgott, Mam, aber genau davon rede ich doch ...!«

»Schluss jetzt.« Ihre Stimme ist so scharf, dass wir beide zusammenzucken. Mam wird mit Bryan normalerweise nie ungeduldig. »Ciarán O'Brien tut eine Menge für diese Stadt und ist ein sehr geachteter Mann. Du hast Glück gehabt, dass er für dich eingetreten ist.«

Sie deutet auf die Fernbedienung. Als Bryan sie ihr hinhält, greift sie danach und schaltet trotz unseres Protests auf einen anderen Sender.

»Und jetzt seid bitte ruhig«, sagt sie. »Ich würde gern *The Late Late Show* sehen.«

Wir verstummen.

»Ist das nicht schön?«, seufzt sie. »Ich kann mich nicht erinnern, wann wir alle das letzte Mal an einem Freitag so zusammensaßen. Das muss mindestens ein Jahr her sein. Ihr beide seid in der letzten Zeit immer so viel unterwegs. Ich …«

»Schhhh«, zische ich. »Ich würde gern *The Late Late Show* sehen.«

Samstag

Ali: Weißt du schon, was du anziehst?
Ali: Oh mein Gott, siehst du heiß aus. Das Kleid ist der HAMMER!
Ali: Kann ich früher zu dir kommen? Mom macht mich wahnsinnig.

Es ist fast acht. Ich liege auf meinem Bett und klicke mich bei Facebook durch Jack Dineens Profilfotos. Zwischendurch trinke ich immer mal wieder einen Schluck Wodka, der so scharf ist, dass er mir ein Loch in den leeren Magen brennt.

»Ist das etwa alles, was du heute isst?«, hat Bryan mich vorhin gefragt, als ich mir eine halbe Banane in eine kleine Schüssel Naturjoghurt geschnitten habe. »Mam hat uns doch extra was zum Aufwärmen dagelassen.«

»Wenn ich zu viel esse, knallt der Alkohol nachher auf der Party bloß halb so gut«, habe ich gesagt und er hat gelacht.

Unsere Eltern sind schon vormittags nach Killarney gefahren, aber vorher hat Mam noch bei ihrer besten Freundin Sheila Heffernan angerufen, um mit ihrem tollen Sohn anzugeben. *Ein 4-Sterne-Hotel, ist das zu fassen, Sheila? Ich kenne nicht viele Jungs in seinem Alter, die ihren Eltern solche Geschenke machen.* »Und was hast du heute Abend vor?«, hat sie mich gefragt, während Dad ihre Taschen im Kofferraum verstaut hat. Wenn sie mit mir spricht, ist ihre Stimme immer ein paar Grad kühler. Ich habe mich schon öfter gefragt, ob Dad und Bryan das auch merken oder ob ich es mir nur einbilde. »Och, nichts Besonderes«, habe ich gesagt und mich bemüht, gelangweilt zu klingen. »Wahrscheinlich treffen wir uns später noch bei Maggie und schauen irgendeinen Film oder so.« (Ich bin achtzehn, ich bin volljährig, was geht es dich an, was ich mache?) »Na gut …« Sie zögerte kurz, aber gegen einen Filmabend konnte nicht mal sie was einwenden. »Sei aber um Mitternacht wieder zu Hause. Ich möchte, dass du mich vom Festnetz aus anrufst, sobald du zur Tür hereingekommen bist.«

Auf den Anruf kann sie lange warten. Morgen werde ich einfach behaupten, ich hätte nur die Ansage ihres Providers gehört, dass der angerufene Teilnehmer gerade nicht verfügbar sei. »Wer kommt denn alles zu Maggie? Auch Jungen?« Gott, echt. »Ja, Mam. Eli ist sicher auch da.« »Eli? Ist das nicht der Afrikaner?«, mischte sich Dad ein. »Dad, er ist kein Afrikaner.« »Aber sicher ist er Afrikaner.« Dad lachte. »Ist das nicht der, dessen Vater Arzt an der Uniklinik in Cork ist?« Ich nickte. »Na bitte. Der Mann ist schwarz wie die Nacht.« »Ja, aber Elis Mutter ist Irin«, sagte ich müde. »Und Eli ist hier geboren und lebt schon immer in Ballinatoom. Conor und Fitzy sind wahrscheinlich auch da«, log ich, was Dad sichtlich beruhigte. »Ich weiß nicht, ob ich es gut finde, wenn du …«, begann Mam, aber Dad unterbrach sie und sagte, dass er mir vertraut, schließlich sei ich ein vernünftiges Mädchen. Bryan und ich standen in der Tür und sahen den beiden hinterher, als sie davonfuhren. *Freiheit.*

Ich zupfe mit beiden Händen an den schmalen Trägern meines Kleids, um den Stoff von meiner verschwitzten Haut zu lösen. Die Hitze kommt durchs offene Fenster hereingekrochen und windet sich um meinen Körper. Von draußen dringen die Stimmen der Kinder aus der Nachbarschaft herein, die Fangen spielen. »Hab dich!« Ich setze mich aufs Fensterbrett und sehe die beiden Mannix-Jungs und ein Mädchen, das ich nicht kenne. Sie und der ältere Junge sitzen auf der Schaukel und ignorieren den kleineren Bruder, der jammert, dass er auch mal schaukeln will. *Ihr seid gemein!* Genau wie Conor und ich, denke ich, als wir Kinder waren und Fitzy jedes Spiel, das ich vorgeschlagen habe, blöd fand, bis ich irgendwann in Tränen ausbrach. »Nicht weinen, bitte«, flehte Conor und sagte Fitzy, dass er mich in Ruhe lassen sollte. Er versprach mir, dass ich bestimmen dürfte, was wir spielen. »Aber du sollst bitte nicht mehr weinen, Emmie.«

Maggie: Hey, Süße. Wir sind gleich bei dir. Ich hoffe, du bist nicht sauer, dass ich Eli erzählt hab, dass wir uns vorher bei dir treffen. Er kommt auch mit. xx
Ich: Okay.

Maggie: Also bist du sauer?
Ich: Nein, natürlich nicht.

(Doch. Doch, bin ich. Aber nicht überrascht.)

Maggie: Yay. Danke, Baby. Ach so und ... bitte hass mich jetzt nicht, aber Fitzy ist auch dabei. Er hat von sich aus angeboten, uns zur Party zu fahren, und es wäre blöd gewesen, ihm zu sagen, dass er nicht mit zu dir kann. SORRY!!!!!! xxx Sind in 2 min da.

Ich knirsche mit den Zähnen. Jetzt muss ich Conor auch eine Nachricht schreiben.

Ich: Wir treffen uns heute Abend mit ein paar Leuten bei mir, bevor wir zu Sean gehen. Nichts Großes. Falls du nichts Besseres vorhast, kannst du ja rüberkommen.

Es ist fast peinlich, wie schnell er zurückschreibt.

Conor: Hey Emmie! Klar, sehr gerne. Danke für die Einladung. Dann bis gleich. X

Ich starre ein paar Sekunden auf das X. Warum macht er das?

»Bryan?« Ich klopfe an seine Tür und drücke sie auf, als von drinnen ein undefinierbares Brummen ertönt. Eine feuchtwarme Duftwolke aus alten Stinkesocken und Abercrombie

Fierce verschlägt mir kurz den Atem. Mein Bruder sitzt auf dem Bett und stemmt Hanteln. Vor ihm auf dem Boden stehen ein Teller mit angetrockneten Lasagneresten und ein Becher Tee. (*Wie oft habe ich dir schon gesagt, dass du in deinem Zimmer nicht essen sollst, Emmie? Legst du es darauf an, dass wir hier eine Ungezieferplage bekommen?*) Die grün-blau karierten Vorhänge sind zugezogen, die von der Decke baumelnde nackte Glühbirne taucht den Raum in grelles Licht.

»Ich wollte dir bloß sagen, dass noch ein paar Leute mehr kommen.«

»Wie viele sind ein paar mehr?« Er zieht eine Grimasse, als er die Hanteln hebt.

»Bloß Eli Boahen, Ethan Fitzpatrick und Conor von nebenan.«

»Na toll.« Er lässt die Hanteln aufs Bett fallen und wischt sich mit einem unserer guten Handtücher – apricotfarben mit weißen Schleifen – den Schweiß aus dem Gesicht. Ich würde ihm gern sagen, dass Mam ihn dafür umbringen wird, aber wir wissen beide, dass das nicht stimmt. »Du gehst aber nicht so zur Party, oder?«, sagt er.

Ich streiche über mein neues Kleid. Es ist schwarz, mit einem Ausschnitt bis zum Nabel und sehr, sehr kurz. »Was hast du dagegen?«

»Ich weiß nicht, Em.« Bryan trinkt einen großen Schluck aus seiner Wasserflasche. »Findest du nicht, dass es ein bisschen nuttig ist?«

Ich werfe einen vielsagenden Blick auf das FHM-Poster, das gegenüber vom Bett an der Wand hängt und ein barbusiges Mädchen zeigt, das sich lasziv einen Finger in den Mund steckt und die andere Hand in ihren Slip schiebt.

»Das ist was anderes.«

Es klingelt an der Tür, deshalb verdrehe ich nur die Augen.

»Hey. Du siehst heiß aus!« Maggie küsst mich auf die Wange, als ich aufmache. Eli, der einen Riesenkarton Bierdosen trägt, nickt mir zu und geht mit Fitzy gleich zur Küche durch. Als ich mich zu Jamie beuge, um sie zu küssen, dreht sie den Kopf zur Seite. Trotz ihres Parfüms nehme ich den leicht säuerlichen Geruch nach Erbrochenem wahr.

»Ihr seht aber auch alle extrem cool aus«, sage ich. Jamie und Ali tragen beide kurze Kleider wie ich, Jamie hat ihres mit Chucks und einer übergroßen Strickjacke kombiniert. Maggies enge Jeans steckt in schwarzen Ankle Boots, obenrum hat sie ein ziemlich durchsichtiges weißes Tanktop an, das so locker geschnitten ist, dass man unter ihren Achseln den schwarzen Spitzen-BH hervorblitzen sieht. Sie hat sich die Haare zu einem Knoten gesteckt und ist abgesehen von ihren tiefroten Lippen nicht geschminkt.

»Sind dir Alis Schuhe aufgefallen?«, fragt Jamie. »Sind die nicht absolut unglaublich?«

Habe ich da eben eine rote Sohle blitzen sehen? (*Du willst WAS zu Weihnachten? Wie viel, sagst du, kosten die? Oh nein, ich werde ganz bestimmt nicht so viel Geld für ein Paar Schuhe ausgeben, Emmie.*) »Echt schön«, sage ich und könnte kotzen. »Aber auch ganz schön ... hoch.«

»Meine Mutter zieht auch immer so hohe Absätze an«, sagt Ali. »Und sie ist noch größer als ich.«

»Die sind wirklich wunderschön«, sagt Maggie.

Ali sieht mich wieder an, ihr Blick ist fast flehend. Ich räuspere mich. »Hast du an den Hustensaft gedacht?«

»Klar.« Ali hält eine rot-weiße »Hennessy's«-Plastiktüte hoch. Sie hat erst gezögert, als ich sie gefragt habe, ob sie nicht ein paar Flaschen aus der Apotheke ihres Vaters mitgehen lassen kann. *Wenn ich erwischt werde, kriege ich richtig Ärger, Emma*, hat sie gesagt. Ich habe ihr einen Arm um die Taille geschlungen und meinen Kopf an ihre Schulter gelegt. *Bitte, Ali. Das wird witzig. Bitte?* Und ich konnte spüren, wie sie weich wurde.

»Cool«, sage ich, als es wieder an der Tür klingelt. Ich zeige in Richtung Küche. »Dann mischt mal los. Auf dem Tisch stehen ein paar Flaschen 7 Up, in denen ich schon Bonbons aufgelöst hab.«

»Wow.« Conor hält eine in Seidenpapier gewickelte Flasche in der Hand. »Du siehst ...« Er beendet den Satz nicht. Keiner von uns rührt sich, wir schauen uns nur an.

»Entschuldigung.« Er drückt mir die Flasche in die Hand, und ich bin froh, dass ich jetzt woanders hinsehen kann.

»Das wäre doch nicht nötig gewesen, Conor.«

»Ist bloß Wein, der bei uns im Kühlschrank stand.«

»Conor!«, ruft Jamie, als wir in die Küche kommen.

Sie streckt uns beiden jeweils einen mit dem violetten Drink gefüllten Shot-Becher hin. »Los. Auf ex!« Ich trinke meinen, aber Conor schüttelt den Kopf und gibt ihn Jamie zurück, die den Becher mit einem Schluck leert. Danach deutet sie auf Ali. »Kippe. Sofort.« Sie schiebt die Terrassentür auf und Ali, die in ihrer Chanel-Clutch nach der Packung wühlt, folgt ihr.

Maggie zieht sich auf die Arbeitsplatte neben dem Kühlschrank, lehnt sich an die mit Apfelmuster gekachelte Wand und baumelt mit ihren dünnen Beinen. »Diese Hitze macht mich total müde«, gähnt sie. Ich lächle, als Eli zu uns rüberkommt, aber er stupst Maggies Knie an, damit er sich dazwischenstellen kann, und achtet nicht auf mich.

Jamie grölt draußen so laut rum, dass Ali versucht, sie mit einem nervösen »Schsch!« zur Ruhe zu bringen.

»Himmel«, stöhne ich. »Wie kann sie denn jetzt schon so betrunken sein?«

»Sie war schon ziemlich hinüber, als wir sie abgeholt haben«, meint Maggie. »Ich glaube, ihre Eltern haben mal wieder gestritten und sie …«

»Wir haben alle unsere Probleme«, sage ich gereizt, als Jamie schon wieder aufdreht. »Aber wenn sie so weitermacht, krieg ich Stress mit den Nachbarn.«

»Meinst du, sie ist okay?«, fragt Conor. »Soll ich mal nachsehen, was sie hat?«

»Der gehts bestens«, sage ich. »Die legt es doch nur darauf an, dass alle sich um sie kümmern. Ignorier sie einfach.«

»Alter, ihr seid ganz schön fies zueinander.« Eli schüttelt grinsend den Kopf und Maggie stößt ihm den Ellbogen in die Rippen.

»Aber er hat recht, Em. Jetzt sei nicht so hart mit ihr«, sagt sie zu mir. »Sie ist nervös wegen heute Abend, weil Dylan und Julie garantiert auch da sind.«

»Dann hätte sie vielleicht nicht mit ihm ins Bett gehen sollen«, sagt Eli. »Warum hat sie sich an dem Abend auch so abgeschossen?«

Ich drehe den Kopf weg und betrachte mein Spiegelbild im nachtschwarzen Glas der Terrassentür.

Ali nimmt ihr iPhone von der Marmorarbeitsplatte und hält es Eli hin, damit er ein Foto von uns macht. »Moment«, ruft sie. »Fitzy und Conor müssen auch mit drauf.« Sie bildet sich ein, dass es cooler wirkt, wenn Jungs mit auf dem Bild sind, damit jeder sieht, wie beliebt sie bei allen ist. Mit vor Aufregung glänzenden Augen quetscht sie sich zwischen die beiden. Sobald Eli das Foto gemacht hat, rutscht Maggie von der Theke und beugt sich zusammen mit Ali über das Handy.

»Was ist mit dir? Willst du nicht auch schauen, wie es geworden ist?«, fragt Eli und lacht.

»Nö.« Ich sehe ihn einen Moment länger an als nötig. »Brauch ich nicht.« Eli verlagert sein Gewicht von einem Fuß auf den anderen und schaut weg.

Ali verzieht das Gesicht. »Ich sehe total scheiße aus.«

»Quatsch«, widerspricht Maggie. »Du siehst total schön aus.«

»Schön *fett* meinst du wohl.«

»Ali ...« Maggie seufzt. »Hör auf damit, okay? Du bist nicht fett.«

Ali besteht trotzdem darauf, das Foto noch mal zu machen und dann noch ein drittes Mal, bis sie endlich zufrieden ist und es bei Facebook postet. Danach scrollt Maggie mit Eli durch Alis Fotoalbum und wird jedes Mal rot, wenn er ihr sagt, wie süß sie aussieht. Plötzlich prustet sie los.

»Hey, was ist das denn? Die sind ja zum Totlachen! Warum hast du mir die nicht auch geschickt, Em?«

»Welche denn?«, frage ich. Ali macht einen Satz auf sie zu, um nach dem Handy zu greifen, aber es ist zu spät. Ich habe es Maggie schon aus der Hand gerissen und starre auf eine Serie von Fotos, die Ali anscheinend mit der Fat Booth App bearbeitet hat. Mein Gesicht ist so aufgedunsen wie das von Chloe Hegarty. Ich gebe Ali das Handy zurück. »Die hab nicht ich gemacht. Ali hatte wohl ein bisschen zu viel Zeit und hat sich gelangweilt.«

»Das war nur Spaß«, murmelt sie.

Es klingelt wieder an der Tür.

»Em!« Ali läuft mir hinterher, als ich in den Flur gehe. »Em, bitte. Das war wirklich nur ein Spaß.«

»Ja, saukomisch.«

»Es tut mir leid. Bitte sei nicht sauer auf mich. Es tut mir echt wahnsinnig leid. Hasst du mich jetzt?« Sie legt mir eine Hand auf den Arm.

Einen Moment lang schaue ich sie nur stumm an und sehe mit Genugtuung die Panik in ihrem Blick. Ich kann ihre Angst, sie könnte zu weit gegangen sein, beinahe schmecken.

»Nein«, sage ich schließlich.

»Wirklich nicht? Du siehst aber so aus, als wärst du sauer.«

»Gott, Ali.« Ich schüttle ihre Hand ab und deute zur Küche. »Geh wieder rein, ja? Ich muss die Tür aufmachen.«

Bryan kommt barfuß, jeweils zwei Stufen auf einmal nehmend, die Treppe herunter. Seine Haare sind feucht vom Duschen und er trägt ein Beatles-T-Shirt und Jeans.

Er reißt die Haustür auf und zieht Jen zu einem Kuss an sich. »Hey.«

»Igitt.« Ich schüttle mich, als die beiden sich voneinander lösen und sich anstrahlen.

»Hi, Emma.« Jen umarmt mich zur Begrüßung. Sie ist genauso groß wie Bryan und alles an ihr ist kantig und spitz, von den Zähnen bis zu den Ellbogen, aber gleichzeitig sendet sie mit ihrem durchscheinenden Porzellanteint so eine Art inneres Leuchten aus. »Na, schon in Aufbruchsstimmung? Ihr geht gleich zu meinem Bruder auf die Party, oder?«

»Ja. Wird bestimmt lustig.«

»Ich finde es ja gut, dass ihr euren Spaß habt, aber sag Sean, er soll gefälligst dafür sorgen, dass alles wieder sauber und aufgeräumt ist, wenn ich nach Hause komme. Ich putze nämlich bestimmt nicht hinter ihm her.« Ich nicke. »Tolles Kleid übrigens. Von Zara, oder?«

»Ja«, sage ich und strecke Bryan die Zunge raus. »Die hatten gerade Sale. Fünfzehn Euro.«

»Ach komm, ich hab mir das gleiche vor ein paar Monaten für den vollen Preis gekauft.« Sie dreht sich zu Bryan. »Weißt du noch? Das hatte ich an deinem Geburtstag an. Du fandst es auch toll.«

Ich verbeiße mir ein triumphierendes Lachen. »Okay, dann lasse ich euch mal allein.«

Als ich in die Küche zurückkomme, ist niemand mehr da. Die Terrassentür steht weit offen, Mücken sirren um die Deckenstrahler wie schwarze Sternkonstellationen. Ich gieße mir einen Drink aus dem Krug ein, kippe ihn in einem Zug runter und fülle den Becher noch einmal, bevor ich unsere Katze Precious von der Arbeitsplatte hebe, die orangeroten Haare wegwische, die sie darauf hinterlassen hat, und zu den anderen nach draußen gehe.

Maggie gibt mit ihrem jahrelangen Bodenturntraining an und schlägt Salti auf dem Trampolin. Ali hüpft halbherzig neben ihr auf und ab und umklammert krampfhaft den Saum ihres Kleids, damit es ja nicht hochgewirbelt wird. Jamie steht am Rand, sieht ihnen zu und leert noch einen Becher mit dem violetten Drink. Sie sollte es ein bisschen langsamer angehen lassen. Eigentlich müsste sie wissen, was passieren kann, wenn man zu viel davon trinkt.

»Das ist verdammt cool, Mann.« Conor schlägt Fitzy auf die Schulter und Eli hebt anerkennend seine Bierdose. Die drei sitzen auf unseren schmiedeeisernen Gartenstühlen, der Karton mit dem Bier steht aufgerissen auf dem Tisch.

»Was ist cool?«, frage ich.

Conor richtet sich auf. »Ethan ist an der Rhode Island School of Design angenommen worden.«

»Das ist eines der besten Colleges für Kunst und Design in den Staaten«, erklärt Eli, als ich mit den Schultern zucke. »Es ist höllisch schwer, da reinzukommen.«

»Wahnsinn. Das ist echt toll, Fitzy«, sage ich, aber er scrollt gerade auf seinem Handy herum und achtet nicht auf mich. Einen Moment lang herrscht unbehagliches Schweigen.

»Wer war das denn eben an der Tür?«, fragt Conor.

»Jen Casey. Bryan und sie wollen irgendeinen Film schauen.«

»Ach, Bryan ist hier?« Conor strahlt. »Wo sind sie? Oben bei ihm oder im Fernsehzimmer?«

»Fernsehzimmer«, sage ich.

»Fitz, kommst du mit?«

Fitzy sieht von seinem Handy auf. »Was?«

»Ob du kurz mitkommst, Hallo sagen? Bryan ist da.«

»Echt? Ja, klar«, sagt Fitzy. »Ich freu mich immer, Bryan zu sehen.«

Natürlich versetzt mir das einen eifersüchtigen Stich, aber ich lächle trotzdem, bitte Eli, auf mein Handy und meinen Drink aufzupassen, gehe zum Trampolin und ziehe mich hoch. Zusammen mit den anderen beiden hüpfe ich auf und ab, höher und immer höher, lege den Kopf in den Nacken und wünschte, ich könnte mitten in den tintenschwarzen Himmel hineinspringen und die Sterne schlucken.

»Jamie, warte«, ruft Ali, als Jamie plötzlich wieder in der Küche verschwindet. Sie sieht uns an. »Ich geh ihr lieber hinterher. Vielleicht fühlt sie sich nicht gut.« Sie setzt sich an den Rand des Trampolins, rutscht herunter und zieht ihr Kleid über die Oberschenkel. Ich strecke die Arme nach Maggie aus und will sie an den Händen fassen, aber sie schüttelt den Kopf und deutet auf meinen Oberkörper. Ich schaue an mir herunter und sehe, dass der Ausschnitt verrutscht ist und eine Brust rausschaut. Ich lache, aber Maggie wirft Eli einen Blick zu und sieht ziemlich sauer aus. Sie steigt vom Trampolin, trinkt den Rest von ihrem Drink und ignoriert Eli, der schwört, dass er gar nicht richtig hingeschaut hat.

Hat er hingeschaut? (Irgendwie fände ich es ja gut, wenn er geschaut hätte.)

Ich lasse mich rückwärts fallen, liege auf dem Trampolin, spüre dem abebbenden Zittern nach und starre zum Himmel hinauf. In den letzten Sommerferien habe ich meine Tante Beth in London besucht. Abends saßen wir in dem winzigen, nach Geißblatt duftenden Garten des Reihenhauses in Hammersmith, wo sie im Erdgeschoss wohnt, aßen Salat von Whole Foods und tranken Pimms mit Ginger Ale und Gurke, aber ich fand es total schade, dass man vor lauter Smog und Lichtern der Großstadt keine Sterne sehen konnte. *Das alles kannst du später auch haben*, sagte Beth. *Mit deinem Aussehen hast du schon mal einen Riesenvorteil gegenüber anderen. Und auf den Mund bist du auch nicht gefallen. Die Welt liegt dir zu Füßen, Emmie. Aber wenn du mehr vom Leben willst, musst du raus aus Ballinatoom. Du musst es so machen, wie ich es gemacht habe.* London. Die dröhnenden Schritte ihrer Nachbarn, wenn sie die Holztreppe zu ihrer Wohnung hinaufstapften, die vom Asphalt aufsteigende Hitze, die verschwitzten Achseln der Leute in der U-Bahn, der verdreckte Penner, der mich am Fußgelenk festgehalten und nach Geld gefragt hat, die ständigen Aufforderungen, irgendetwas zu wiederholen wegen meines irischen Akzents, kritische Blicke auf meine Skinny Jeans und die Ballerinas. »Hat es dir gefallen?«, fragte Ali, als ich wiederkam, und Maggie sagte: »Es war bestimmt genial, oder?« Ich erzählte ihnen, wie cool Beth ihre Wohnung eingerichtet hat, ganz im Shabby Chic, erzählte von der tannengrünen Tapete und dem Samtsofa, den Kissen mit Union-Jack-Aufdruck und ihrer Handtasche von Proenza Schouler und dass sie täglich zum Bikram-Yoga geht, vom Büro aus auf den Big Ben schaut und mir bei Topshop alles gekauft hat, was ich haben wollte. Ich sagte, dass London toll sei. Dass ich die beste Woche meines Lebens dort verbracht hätte.

Kann man sich wünschen, dass alles anders sein und trotzdem gleich bleiben soll?

Ich schließe die Augen. Die vibrierende Trampolinmatte versetzt alles in mir in Schwingungen, meine Kehle und meine Augen und mein Gehirn. Alles wird weich. Ich höre, wie die Terrassentür auf- und wieder zugeschoben wird, Schritte, schweres Atmen, als sich jemand aufs Trampolin zieht, und dann sacke ich ein Stück abwärts, als derjenige sich neben mich legt.

»Schläfst du?«

Conor.

Ich lasse mir ein paar Sekunden Zeit, bevor ich antworte. »Nein.« Ich öffne ein Auge und er liegt auf der Seite und schaut mich an.

»Ich brauch noch was zu trinken«, sage ich und versuche mich aufzusetzen, aber er legt eine Hand auf meine Schulter und hält mich zurück.

»Warte noch. Das Zeug ist echt stark, Emmie. Mach lieber eine Pause, bevor du weitertrinkst. Außer natürlich, du willst noch mal dasselbe erleben wie auf der Party bei Dylan.«

»Hör bloß auf.«

»Du warst so was von hinüber.« Er schüttelt den Kopf.

»Ein Glück, dass du mich nach Hause gebracht hast.«

Ich habe mich nie richtig bei ihm dafür bedankt.

»Gern geschehen. Wobei ich zugeben muss, dass es schwieriger war, als ich gedacht hätte. Du hast dich strikt geweigert, vom Bürgersteig auf die Straße zu treten, weil das ja keine Straße war, sondern die *schwarze Lagune*.«

»Hör auf.«

»Eine schwarze Lagune voller Haie.«

»Ich wusste nicht, dass die Trips so stark waren«, verteidige ich mich schwach, lege mich aber wieder hin.

Am nächsten Morgen bin ich in Conors schmalem Bett aufgewacht. Er selbst schlief neben mir auf dem Boden. Ich schaute mich suchend in seinem ordentlichen Zimmer um, obwohl ich nicht einmal genau wusste, wonach ich Ausschau hielt. Vielleicht nach einem Foto von uns beiden als Kindern? Egal was es war, ich fand es nicht. Irgendwann schlug ich die Decke zurück, stieg aus dem Bett, schlich mich auf Zehenspitzen zur Tür und ging, ohne mich zu verabschieden.

Wir liegen beide eine Weile still da. Ich ziehe die Beine an und streiche über die glatte Haut meiner Schienbeine. Conor schiebt seinen Arm näher zu mir hin und berührt ganz, ganz sacht meinen kleinen Finger mit seinem. Er lässt die Hand wandern, ich spüre sie zaghaft an der Taille und rücke aus irgendeinem Grund nicht von ihm ab, sondern drehe ihm das Gesicht zu. Er schaut mich an. Seine Augen werden dunkler, er beginnt mit quälender Langsamkeit Kreise auf meine Hüfte zu zeichnen. Wir sehen uns in die Augen und ich frage mich einen kurzen Moment, wie es wäre, ihm das T-Shirt über den Kopf zu ziehen und ihn zu küssen, einfach nur, um zu sehen, wie er reagieren würde. Seine Finger gleiten ein Stück weiter, jetzt sind sie auf meinem Hüftknochen und mein Atem geht schneller.

»Ich brauche wirklich noch einen Drink.« Ich klettere vom Trampolin und gehe davon, ohne zurückzuschauen.

»Wie wäre es, wenn du uns ein bisschen dichter an der Tür rauslässt?«, fragt Ali, als Fitzy den Wagen an der Einfahrt zur Farm der Caseys parkt.

»Tut mir leid, Ali.« Er gibt eine Mischung aus Schnauben und Seufzen von sich. »Aber wenn ich mich zu denen stelle, komme ich nachher nie mehr von hier weg.« Er deutet auf das Durcheinander der Fahrzeuge, die kreuz und quer vor dem Haus stehen.

Die Fensterscheiben klirren, als würden die Bässe von innen gegen die Scheiben hämmern. Vor der Eingangstür steht ein Grüppchen von Rauchern, rote Pünktchen glühen in der Dunkelheit. Der Geruch nach Kuhdung hängt schwer in der Luft und ich höre die Rinder im Stall brüllen. Ali und ich haben Schwierigkeiten, über den Viehrost zu kommen, ohne mit unseren Absätzen im Gitter stecken zu bleiben. Conor ist der Einzige, der noch mal zu uns zurückläuft, um uns zu helfen, während Maggie, Jamie und die anderen Jungs zuschauen und Witze reißen. Er packt mich um die Taille und hebt mich rüber.

»Danke«, sage ich, als er mich absetzt. Conor dreht sich zu Ali, aber da hat sie es schon allein rübergeschafft.

»Oh nein, Ali.« Ich deute auf ihre Schuhe.

»Macht nichts.« Sie bückt sich, um mit einem Taschentuch notdürftig den Schlamm abzuwischen.

Es *macht nichts*, dass sie ihre 500-Euro-Schuhe nach nur einmal Tragen wegwerfen kann? Mein Lächeln ist ziemlich schmallippig.

Wir gehen hintenrum durch eine Art Schmutzschleuse, die an das Farmhaus angebaut ist. Overalls hängen an Haken an der unverputzten Wand, darunter verdreckte Gummistiefel. Durch die Tür geht es in die Küche. Türen und Fenster sind geschlossen, der kleine Raum ist komplett zugequalmt.

»Gott!« Maggie wedelt keuchend mit der Hand vor ihrem Gesicht herum und zieht Eli mit sich in das Esszimmer nebenan. Die anderen gehen direkt hinterher.

»Scheiße, Leute! Tür zu.« Ein bleicher Typ, dessen Namen ich mir nie merken kann (Oisin? Eddie?), drängt sich vor mich und knallt sie zu. »Headshot?«, fragt er und winkt mit seinem Joint.

Als ich nicke, nimmt er ihn vorsichtig umgekehrt zwischen die Lippen und wartet, bis ich mich zu ihm vorgebeugt habe, damit er mir den Rauch in den Mund blasen kann. Ich behalte ihn ein paar Sekunden in der Lunge, bevor ich ausatme, und spüre, wie sich Nebel in meinem Gehirn ausbreitet, während ich ein Husten unterdrücke.

Kurz darauf gehe ich durchs Esszimmer ins Wohnzimmer rüber. Die Deckenlampen sind ausgeschaltet, es brennen nur ein paar kleinere Stehlampen, einige Jungs sitzen um eine Box herum, in der ein iPhone steckt. Vor ihnen steht schwankend ein Mädchen, das sich über irgendetwas aufzuregen scheint. Sie bewegen die Münder, aber ich kann wegen der lauten Musik nicht hören, worum es geht. Sämtliche Möbel sind an die Wände geschoben, auf den Sesseln und dem Sofa sitzen knutschende Pärchen. Drei Mädchen in engen Kleidern tanzen in der Mitte des Raums und rudern mit den Armen. Fitzy, Ali, Jamie, Maggie und Eli stehen neben einem großen Tisch, auf dem ein cremefarbener gehäkelter Läufer liegt, der schon jetzt Flecken und Brandlöcher hat. Maggie gießt den Rest von dem Mix, den wir mitgebracht haben, aus der 7-Up-Flasche in angeschlagene Emaille-Becher, Eli verteilt Biere an Fitzy und Conor.

»Emmie, möchtest du ein …«, fragt Conor, als jemand aus dem Flur die Tür aufstößt und ihn am Rücken trifft.

»Oh, Scheiße. Sorry, Alter.« Dylan klopft ihm auf die Schulter. »Ich wusste nicht, dass du direkt davorstehst.« Als er Jamie sieht, leuchtet sein Gesicht auf. »Hey, Jamie, wie gehts?« Er schiebt sich lächelnd zu ihr durch. Sie umklammert ihren Plastikbecher, leert ihn in einem Zug und starrt an ihm vorbei ins Leere.

»Jamie?«, versucht er es noch mal. »Hallo? Ich hab gefragt, wie es geht?«

»Dylan?« Julie Clancy hat ihre Freundin Sarah Swallows im Schlepptau. Ihre Augen sind fett mit Eyeliner umrandet und an ihren Ohren, in der Nase und den Augenbrauen glitzern Piercings. »Was soll das?«

»Nichts«, sagt er. »Hab bloß kurz mit ihr geredet.«

»Mit der Schlampe?« Julie baut sich vor Jamie auf und bohrt ihr den Zeigefinger ins Brustbein. »Was hast du für ein Problem? Hat es dir nicht gereicht, dass du meinen Freund einmal gevögelt hast, willst du noch mal, ja?«

»Hey, Jules«, schaltet sich Dylan ein. »Reg dich nicht auf, okay? Ich hab dir doch gesagt, dass …«

»Als ob ich freiwillig mit dem da schlafen würde. *Als ob*«, faucht Jamie.

»Was soll die Scheiße?« Dylan sieht sie mit schmalen Augen an. »Dafür, dass du es nicht wolltest, hat es dir aber verdammt Spaß gemacht.«

Eli lacht, verstummt aber sofort, als Maggie ihm einen wütenden Blick zuwirft. Julie schluchzt auf, rennt quer durchs Zimmer, fällt vor einem der Sessel auf die Knie, ohne sich um die Proteste des darauf sitzenden Pärchens zu kümmern, zieht ihre Tasche und ihren Mantel darunter hervor und stürzt Richtung Küche. Sarah Swallows läuft ihr hinterher, die beiden werden von einer Qualmwolke verschluckt und die Tür schließt sich hinter ihnen.

»Tu was, Dylan«, sagt Conor. »Wie soll sie denn nach Hause kommen?«

»Sie ist mit ihrem eigenen Wagen da.«

»Sie kann nicht mehr fahren. Du hast doch gesehen, wie dicht sie ist.«

Dylan sieht kurz so aus, als würde er ihr hinterhergehen, dann zuckt er mit den Schultern. »Egal. Ist nicht mein Problem.«

Ali legt Jamie einen Arm um die Taille, drückt sie an sich und flüstert ihr etwas ins Ohr. (Ich muss weg von alldem. Weg von ihr.)

Im Flur steht ein Holztischchen mit einem Stuhl, darauf ein Telefon, ein Block mit Stift und die Scherben einer zerbrochenen Vase. Links führt eine Treppe nach oben, rechts geht es zur Haustür. Vor mir ein schmaler Flur mit Türen zu beiden Seiten. Bad und Fernsehzimmer, an den Wänden Familienfotos, goldgerahmte kitschige Ölbilder.

»Da bist du ja.« Sean kommt aus dem Fernsehzimmer.

»Ah, Sean«, sage ich, als hätte ich ihn gesucht. »Hast du schon mitgekriegt, dass jemand die Vase im Flur kaputt gemacht hat?«

Er stöhnt. »Mam bringt mich um. Ich hab Laura extra gesagt, dass sie ...«

»Wie? Deine Schwester ist hier?«

Er lehnt sich an die Wand, neben ihm ein Foto von ihm und Jen als Kinder nackt in der Badewanne. Ich presse die Lippen aufeinander, um mir ein Grinsen zu verkneifen, aber er folgt meinem Blick und läuft rot an. »Ich hab Laura gesagt, sie kann bleiben, wenn sie unseren Eltern nichts von der Party erzählt.« Sean stellt sich so hin, dass er mit dem Rücken das Foto verdeckt. »Sie hat ein paar Freundinnen aus ihrer Schule eingeladen und ...« Er stößt sich von der Wand ab. »Ich weiß, dass es nicht so cool ist, einen Haufen Fünfzehnjährige hier rumtoben zu haben, aber ...«

»Casey.« Matt Reynolds kommt aus dem Fernsehzimmer gewankt. Er ist verschwitzt, die Bartstoppeln auf seiner Oberlippe glitzern. Ich spähe an ihm vorbei, ob Jack Dineen auch drin ist, sehe aber nur fünf andere Jungs. Zwei spielen Grand Theft Auto, die anderen schauen zu. Wo steckt Jack? Wenn er nicht da ist, habe ich mein tolles neues Kleid völlig umsonst angezogen und muss es erst mal eine Weile im Schrank lassen, weil es jetzt alle gesehen haben. Matt zieht sein T-Shirt hoch, um sich den Schweiß aus dem Gesicht zu wischen, und mir wird schlecht, als ich seinen teigigen Bauch sehe.

»Entschuldigst du dich etwa gerade für deine Schwester, Alter?« Matt schüttelt den Kopf. »Tu das nicht, mein Freund. Dazu gibts überhaupt keinen Grund. Laura ist verdammt süß. Und ihre Freundin …« Er denkt angestrengt nach. »Nicht die Fette, die andere, der Zwerg …« Er hält seine rechte Hand etwa einen Meter über dem Boden.

»Mia«, hilft Sean ihm auf die Sprünge.

»Genau! Mia!« Matt beginnt zu singen. »Mia, Mia, Mia …« Er hebt die Arme und schwenkt sie hin und her. »Eine echt heiße Schnecke.« Sean sieht mich an und ich grinse, weil ich nicht will, dass er mich für eine Spaßbremse hält.

»Und wer ist sonst so da?«, frage ich, nachdem Matt in die Küche gestolpert ist, um sich noch was zu trinken zu holen. »Vom Team, meine ich.«

»Keinen Plan.« Sean zieht mich an sich. »Ist doch auch egal, oder?«

»Sorry.« Ich schiebe ihn sanft von mir. »Ich muss mal schauen, was die anderen machen.«

»Wo hast du gesteckt?« Maggie sitzt auf dem Esstisch und hat die Beine um Eli geschlungen, der mit dem Rücken zu ihr steht. Sie lehnt sich zurück, zieht eine Dose Bier aus dem Karton hinter sich und hält sie mir hin. Fitzy, Jamie und Ali tanzen.

»Oh Gott, Jamie hat sich ja richtig abgeschossen«, sage ich, als sie stolpert und sich an Fitzy festhalten muss, der sie wieder hochzieht. So betrunken habe ich sie nicht mehr erlebt, seit ... einer ganzen Weile jedenfalls.

Maggie legt ihr Kinn auf Elis Schulter, schlingt einen Arm um seine Brust und streicht ihm über den Arm. »Wo ist eigentlich Conor?«, frage ich.

»Da drüben bei Mia Deasy.« Maggie deutet in die Ecke, wo die Anlage aufgebaut ist. Ich muss blinzeln, bis ich im Dämmerlicht überhaupt etwas erkennen kann. Jens und Seans jüngere Schwester Laura steht neben einem fetten, rot gelockten Mädchen. Beide halten sich unsicher an ihren Bierdosen fest und tuscheln miteinander. Conor unterhält sich mit Mia, die superhohe Schuhe anhat und trotzdem so winzig ist, dass er sich zu ihr runterbeugen muss. Sie hat riesige Kulleraugen mit absurd langen Wimpern, wodurch sie aussieht wie eine menschliche Bratz-Puppe.

Als Conor lachend den Kopf in den Nacken wirft, als hätte sie gerade etwas irre Witziges gesagt, zieht sich mein Magen zusammen. Ich greife hinter Maggie und nehme noch eine Dose Bier aus dem Karton. »Ich bringe ihm mal ein Bier rüber. Ich glaube, er hat keins mehr.«

»Hey.« Ich lege Conor eine Hand auf die Schulter und halte ihm die Dose hin. »Sieht aus, als würdest du Nachschub brauchen. Und du bist Mia, oder? Hallo.« Ich streife wie versehentlich Connors Oberkörper, als ich mich vorbeuge, um sie zur Begrüßung auf die Wange zu küssen. »Ich kenne dich aus der Schule. Hast du dich bei uns im Kloster gut eingelebt? Die Siebte ist ja ziemlich hart, weil man sich erst mal ganz neu orientieren muss.«

Conor sieht aus, als würde er sich vor Schreck an seinem Bier verschlucken.

»Ich bin in der Neunten«, sagt Mia schnell. »Ich bin in Lauras Jahrgang und werde bald sechzehn.«

»Oh, entschuldige. Das liegt wahrscheinlich daran, dass du so klein bist. Ich hätte dich für jünger gehalten. Aber das finde ich total süß. Du hast dadurch so was Kindliches.« Ich lasse mir meinen Triumph nicht anmerken, als Conor ein Stück zur Seite rückt. »Darum beneide ich dich richtig.«

»Was? Das meinst du nicht ernst, oder?« Mia sieht mich mit aufgerissenen Augen an. »Du bist *so* schön. Und dein Kleid ist übrigens der totale Wahnsinn.«

»Danke«, sage ich lächelnd. »Dabei habe ich lange überlegt, ob ich es überhaupt anziehen soll. Los, Conor, deine ehrliche Meinung: Wie findest du mein Kleid?«

»Kleid? Ich hab das für ein T-Shirt gehalten.«

»Idiot!« Ich schlage ihn spielerisch auf den Arm. »Du klingst wie Bryan. Der hat mir auch gleich gesagt, dass ich nuttig aussehe.«

»Wer? Dein Bruder Bryan?«

Ich nicke.

»*Der* Bryan, der sein Zimmer mit Postern von nackten Frauen tapeziert hat?«

»Ganz genau der!« Ich schiebe mich vor Mia. »Ich wusste, dass du mich verstehen würdest. Kannst du dich noch erinnern, wie Mam damals die Pornosammlung auf seinem Rechner entdeckt und gefragt hat, wofür die Abkürzung MILF steht?«

Wir brechen beide in Lachen aus. Conor steigt sofort in das Gespräch ein und scheint nicht mal mitzukriegen, dass Mia kurz darauf weggeht. Wir unterhalten uns so angeregt, dass ich irgendwann völlig vergessen habe, dass ich eigentlich nur vorhatte, mich kurz mal wieder in Erinnerung zu bringen. Überrascht stelle ich fest, dass ich mich großartig amüsiere und richtig Spaß habe. Dabei sind Partys für mich normalerweise eher anstrengend.

»Hey, *Dineen*!«

Die Musik ist gerade ziemlich leise, deshalb höre ich seinen Namen laut und klar.

»Und weißt du noch, wie ...«

»Was? Nein, weiß ich nicht mehr. Sorry«, unterbreche ich Conor, als Jack Dineen, gebräunt und in einem weißen Trägershirt, aus der Küche ins Wohnzimmer schlendert. Er ruft über die Schulter jemandem etwas zu und im nächsten Moment kommt hinter ihm Paul O'Brien ins Wohnzimmer. Mia und die anderen beiden beginnen zu wispern. *»Oh mein Gott!!«* »*... das gibts nicht, oder? ...« »... Ist das etwa ...?« »... ja ... ja, er ist es.«* Es ist, als wäre jemand Berühmtes in den Raum getreten, plötzlich breitet sich andächtige Stille aus, alle tuscheln, stoßen sich mit den Ellbogen an und kichern unterdrückt.

Ich verstehe das nicht. Jack sieht tausendmal besser aus, aber bei Paul schmelzen alle dahin, bloß weil er *Paul O'Brien* ist. Es gibt so Typen, die den Ruf haben »süß« zu sein, nur weil sie es früher mal gewesen sind. Jetzt ist der Lack ab, wie Mam sagen würde, aber irgendwie kriegen die Leute das nicht mit und finden ihn immer noch toll. Sean kommt hereingestürzt, geht, ohne mich überhaupt zu bemerken, begeistert auf die beiden zu und begrüßt sie mit einem Schlag auf die Schulter. Paul macht eine Geste, als würde er nach einem Bier fragen, und sieht sich suchend um. Sein Blick fällt erst auf Laura, dann auf ihre Freundin und zuletzt auf Mia, die er von oben bis unten abcheckt. Er zieht eine Augenbraue hoch, dreht sich zu Jack um und sagt irgendwas. Jack lacht und schaut sich Mia daraufhin auch genauer an.

»Hey.« Conor fasst mich am Ellbogen. »Sollen wir ein bisschen raus an die frische Luft? Hier drinnen ist es total stickig.«

»Echt?« Ich schiebe mich an ihm vorbei. »Ich hab kein Problem mit der Luft, aber ich brauche dringend noch ein Bier.«

Ich schleudere die Haare nach hinten und gehe zum Esstisch zurück, mitten durch Jacks und Pauls Blickfeld.

»Hey.« Ich lege Maggie den Arm um die Schulter. »Wo sind eigentlich Jamie und Ali hin?«

»Gerade eben haben sie noch getanzt.«

»Jetzt sind sie nicht mehr da.«

»Vielleicht sitzen sie im Wohnzimmer und quatschen oder sie sind rausgegangen«, sagt sie. Ihr Lippenstift ist total verschmiert.

»Dieses öffentliche Rumgeknutsche ist echt peinlich.« Ich beuge mich vor, um einen unsichtbaren Fussel von Elis Schulter zu zupfen, und ignoriere Maggies stirnrunzelnden Blick. Ich würde mich niemals an Eli ranmachen, natürlich nicht. Hallo? Er ist der Freund meiner besten Freundin. Aber ich teste gern aus, ob ich Chancen hätte, wenn ich wollen *würde*. »Sucht euch doch ein Zimmer«, sage ich. »Hier gibt es einige zur Auswahl. Sorry, darf ich mal?«, murmle ich dann und dränge mich zwischen Jack und Paul, um mir noch ein Bier aus dem Karton auf dem Tisch zu ziehen.

»Hey, Emma.«

»Ach, hallo Jack.« Ich lächle ihn an, als würde ich ihn erst jetzt bemerken.

Paul grinst. »Du siehst heute Abend verdammt gut aus, Emma.«

»Danke.« Ich winke ihm mit der Dose zu, drehe mich um und schlendere lässig davon, bevor sie noch etwas sagen können.

Auch im Garten fehlt jede Spur von Jamie und Ali. Ich sehe nur ein paar Kumpel von Sean unter den Chiletannen am wackeligen Gartentisch sitzen und Poker spielen. An der Hausecke knutscht ein Paar, der Typ rammt das Mädchen so fest gegen die Mauer, dass sie sich garantiert den Rücken aufschürft. Zwei blonde Mädchen in Jeans-Hotpants, aus denen ihre Arschbacken rausgucken, stehen herum und rauchen.

Ich gehe wieder zurück ins Haus. Es dauert einen Moment, bis ich im Dämmerlicht des Fernsehzimmers etwas erkennen kann, aber hier sind die beiden auch nicht. Obwohl die Mischung aus Rauch, Schweiß und billigem Männerdeo so heftig ist, dass ich durch den Mund atmen muss, weil mir sonst schlecht wird, setze ich mich auf einen freien Sessel. »Frierst du, Emma?«, fragt mich Matt Reynolds, der gegenüber von mir auf dem Sofa sitzt.

»Hä?«

»Ich hab bloß gefragt, ob dir kalt ist.«

»Kann ich eigentlich nicht behaupten, Matt. Draußen sind ungefähr dreißig Grad.«

Breitbeinig dasitzend beugt er sich vor und stützt die Ellbogen auf die Knie. »Bist du sicher?« Er deutet auf meine Brust. »Es sieht nämlich so aus, als wäre dir kalt.«

Die anderen Jungs brechen in dreckiges Lachen aus, der Typ neben ihm hält ihm die Handfläche hin und Matt klatscht ihn ab, während ich ihm am liebsten in seine bescheuerte Dumpfbackenfresse schlagen würde.

»Sehr lustig, Matt«, sage ich. »Echter Erwachsenenhumor.«

»Was gibts zu lachen?« Jack schaut zur Tür herein. (Ich wusste, dass er nach mir suchen würde.)

»Ach, nichts Besonderes«, sage ich cool. »Der arme Matt ist etwas überfordert, weil sich meine Nippel durch den Stoff drücken. Muss echt bitter sein, wenn man in seinem Alter noch Jungfrau ist.« Ich trinke einen Schluck Bier und ziehe ein mitleidiges Gesicht. »Klar, dass da die Hormone überschäumen.«

»Krieg dich wieder ein, Emma«, faucht Matt. »So unwiderstehlich bist du auch wieder nicht.« Und dann fängt er allen Ernstes an, die Namen von irgendwelchen Mädchen aufzuzählen, mit denen er angeblich schon Sex hatte. »... und dann war da Lauren und Saoirse und ...« Die anderen lachen noch lauter als vorher, klopfen auf die Armlehnen, stampfen mit den Füßen und grölen: »Jung-frau, Jung-frau, Jung-frau ...«

»Ist hier noch Platz?«

Ich trinke in aller Ruhe von meinem Bier, bevor ich hochschaue. »Aber hier sitze *ich* doch schon.«

»Ich glaub, ich passe auch noch hin.«

»Hm. Ich weiß nicht.« Ich lehne mich in dem Sessel zurück. »Eigentlich finde ich es hier so gerade sehr gemütlich.«

Jack verdreht die Augen, hockt sich auf die Lehne und tut so, als würde er den Typen zuschauen, die Xbox spielen.

»Scheiße, ich brauch mehr Lebensenergie. Das Level macht mich echt fertig«, stöhnt der eine und klickt wild auf seinem Controller herum.

»Such dir 'ne Nutte, die du knallen kannst, das gibt neue Energie«, schlägt Matt Reynolds vor und alle lachen.

»Warst du gestern auch beim Spiel?«, fragt Jack mich.

»Ja.« Ich gähne übertrieben. »Aber ich bin ungefähr zehn Minuten vor Schluss gegangen.«

»Schade«, sagt er. »Dann hast du das Beste verpasst. Ich hab das entscheidende Tor geschossen.«

»Echt? Toll. Gratuliere«, sage ich und klopfe ihm aufs Knie.

Jack greift nach meiner Hand und ich will sie wegziehen, aber er ist stärker als ich, und als er mit dem Daumen grinsend über meine Handfläche streicht und sich in seiner linken Wange dabei ein Grübchen bildet, schmelze ich dahin.

»Vielleicht kommst du ja zum nächsten Match.«

»Vielleicht mach ich das ja sogar.«

»Und vielleicht bleibst du dann bis zum Schluss.«

»Sollte ich mir vielleicht überlegen.«

Wir beugen uns weiter zueinander vor, unsere Stimmen werden leiser, und ich frage mich, wer von uns beiden den ersten Schritt machen wird. Die Situation ist so erregend, dass mir fast ein bisschen schwindelig wird, aber genau das liebe ich. Der Moment kurz vor dem ersten Kuss ist für mich beinahe besser als der Sex. Beim Sex kann ich mich nicht wirklich fallen lassen, weil ich mich zu sehr auf mein Aussehen konzentriere und darauf, wie ich dafür sorgen kann, dass der Typ mit mir den besten Sex seines Lebens hat und trotzdem hinterher nicht überall rumerzählt, was wir gemacht oder nicht gemacht haben.

»Emma?« Jemand rüttelt mich an der Schulter. Ich drehe den Kopf und sehe Ali, die sich über mich beugt.

»Was denn?«

»Tut mir echt leid, dich zu stören«, sagt sie. »Aber du musst mir mal kurz helfen.«

Ich stöhne innerlich, möchte aber auch nicht, dass Jack denkt, ich wäre eine schlechte Freundin, weshalb ich aufstehe und mit ihr rausgehe.

»Oh Mann, Ali. Was kann denn bitte so wichtig sein, dass du ...«

»Ich wusste es! Du bist also doch sauer auf mich.«

»Was?«

»Wegen vorhin.« Sie senkt die Stimme. »Wegen den Fotos.«

Ich verdrehe die Augen. »Die hatte ich schon längst vergessen. Jack war gerade kurz davor, mich zu küssen, als du …«

»Ich weiß und das tut mir ja auch total leid«, unterbricht sie mich. »Aber ich wusste nicht, was ich sonst tun soll.« Sie öffnet die Tür zum original 80er-Jahre-Badezimmer. Badewanne, Kloschüssel und Waschbecken haben das gleiche Avocadogrün wie der Vorleger auf dem weißen Linoleumboden.

»Gott«, sage ich, als ich Jamie sehe, die über der Kloschüssel hängt und würgt, aber anscheinend nichts mehr herausbringt. Als sie den Kopf dreht, läuft ihr nur ein dünner Faden Galle übers Kinn.

»Das habe ich gemeint«, sagt Ali. »Und jetzt? Ich könnte ihre Eltern anrufen, damit die sie abholen.«

»Bloß nicht«, sage ich schnell. Jamies Mutter kriegt einen Anfall, wenn sie ihre Tochter so sieht. »Was ist denn überhaupt los? Als ich sie zuletzt gesehen habe, ging es ihr doch noch relativ okay.«

»Sie hat mit Colin Daly rumgemacht.«

»Und?«

Ali beugt sich zu mir und flüstert: »Er wollte mit ihr schlafen und als sie Nein gesagt hat, hat er gesagt, Dylan Walsh erzählt überall rum, dass sie alles mitmachen würde.« Jamie stöhnt, als sie Dylans Namen hört, und würgt wieder.

Es klopft an der Tür.

»Hier ist besetzt«, rufe ich, aber das Klopfen hört nicht auf.

»Moment noch, *okay*?«, brüllt Ali.

»Alles in Ordnung da drin?«, fragt eine besorgte Stimme.

Ali sieht mich an. »Scheiße, das ist Sean.« Sie steigt über Jamies Beine, um zum Spiegel zu kommen, und zieht ein kleines Schminktäschchen aus ihrer blau gesteppten Clutch. »Sehe ich halbwegs okay aus?« Sie tupft mit einem Schwämmchen etwas Bronzer auf ihr übertrieben gebräuntes Gesicht und streicht sich hektisch die in der Mitte gescheitelten Haare glatt.

»Sorry, Sean. Ich bins nur. Ich komm gleich raus«, ruft sie, aber bevor sie zur Tür kann, verstelle ich ihr den Weg.

»Du lässt mich jetzt nicht mit ihr allein, Ali.«

»Bitte, Em. Ich flehe dich an. Bitte tu mir den Gefallen. Da draußen steht Sean.«

»Und was war eben mit Jack?«

»Ich hab dich noch nie um einen Gefallen gebeten«, sagt sie (und wir wissen beide, dass das stimmt). »Aber jetzt tu ich es. Bitte?« Sie zögert. »Ich mag ihn wirklich, Em.«

Er steht aber nicht auf dich, will ich sagen. Er steht auf mich.

»*Na gut*«, seufze ich. Sie quietscht, umarmt mich fest und schlüpft hinaus. Ich schließe die Tür hinter ihr ab und setze mich auf den Rand der Badewanne. Ali hat zum Glück noch daran gedacht, Jamies Haare zurückzubinden, sodass ich sie ihr wenigstens nicht aus dem Gesicht halten muss. Ich ziehe mein Handy aus der Tasche, schicke Maggie ein Snap, poste ein Selfie auf Instagram und schnaube, als Matt Reynolds sofort in den Kommentaren »Titten raus!« fordert. Jamie würgt noch mal so heftig, dass ich Angst habe, es zerreißt ihr den Magen, dann wischt sie sich mit dem Handrücken über den

Mund, steht schwankend auf und klammert sich am Spülkasten fest, um nicht das Gleichgewicht zu verlieren.

»Brauchst du Hilfe?«

Sie beugt sich übers Waschbecken, spritzt sich mit beiden Händen kaltes Wasser ins Gesicht, richtet sich auf und starrt mich im Spiegel an. Ihr Gesicht ist fleckig, der Eyeliner läuft über die Wangen.

»Ich bin dir doch sowieso egal.«

»Jamie …«

»Du hast gesagt, dass es so besser wäre.«

»Jamie, ich …«

»Es ist nicht besser gewesen, Emma. Überhaupt nicht.« Ihr Atem geht stoßweise. »Du hast gesagt, du hast gesagt …« Vor lauter Tränen bringt sie kaum raus, was sie sagen will. Sie sieht furchtbar aus und ich fühle mich scheiße, weil ich weiß, dass ich Mitgefühl haben sollte, aber nur Abscheu spüre. *Schau dich an*, will ich sagen. *Deine ganze Schminke läuft dir übers Gesicht, ist dir egal, wie du aussiehst?* Ich versuche, sie zu beruhigen. »Hey, Jamie, atme mal tief durch, okay? Du kannst jetzt nicht mitten auf Seans Party einen Heulkrampf kriegen.« Aber sie achtet gar nicht auf mich, sondern setzt sich aufs Klo, lässt sich nach vorn fallen und steckt den Kopf zwischen die Knie. Mit erstickter Stimme presst sie zwischen Schluchzern hervor: »… du hast gesagt … du hast gesagt, wenn ich nichts sage … dass Dylan dann … du hast mir gesagt, ich soll …«

»Hör auf, bitte.«

»Aber du hast *gesagt* …«

»Du bist nicht die Erste, der so was passiert. Das gibts ganz oft. Am nächsten Morgen wacht man auf und bereut es oder weiß nicht mehr so genau, was gelaufen ist, aber es hat doch keinen Sinn, deswegen einen Riesenaufstand zu machen ...«

»Aber so war es nicht.« Sie schaut mit tränenüberströmtem Gesicht zu mir auf. »Ich habe dir *erzählt*, was passiert ist.«

»Trotzdem war ich nicht dabei. Woher soll ich wissen, wie es genau ...«

»Aber ich habe dir *gesagt*, dass ich nicht ... dass ich es nicht wollte.«

»Du hast jedenfalls nicht *Nein* gesagt.« Ich hocke mich vor sie hin und lege ihr die Hände auf die Schultern. »Du hast mir erzählt, dass du nicht *Nein* gesagt hast.«

»Schon ...« Sie schüttelt meine Hände ab und sieht mich mit so viel Verzweiflung im Blick an, dass es mir kalt über den Rücken läuft. »Ich habe aber auch nicht *Ja* gesagt.«

Letztes Halloween: Mein Handy klingelt. Ich schaue aufs Display. (Jamie? Jamie ruft mich nie an.) *Kommst du mit auf Dylans Party?* Maggie war im Hockey-Trainingslager. Ali war auf den Bahamas. Nur wir beide. (Wir unternehmen nie nur was zu zweit, dazu stehen wir zu sehr in Konkurrenz zueinander. Wir brauchen die anderen als Puffer.) Wir haben getrunken. Ziemlich viel. Einen Shot nach dem anderen. Jamie kam in ihrem Sailor-Moon-Kostüm ziemlich gut an. *Du siehst echt heiß aus, Jamie*, sagten sie die ganze Zeit. Das hat mich genervt. Ich habe ihr über die Haare gestreichelt und sie geküsst. Ihr die Zunge in den Mund geschoben. Die Jungs haben uns angefeuert. (Ihre Haut war so weich.) Sie ist gestolpert und lag plötzlich auf dem Boden. Ich habe gelacht. Und dann hatte ich statt ihrer Hand die von Zachary auf der Hüfte, spürte seinen heißen Atem an meinem Hals. Wir haben uns geküsst, landeten auf irgendeinem Bett und zogen uns aus. Am nächsten Morgen hatte ich viel zu viele verpasste Anrufe auf dem Handy. (Jamies zitternde Stimme auf der Mailbox: Kannst du zu mir kommen?) An der Haustür habe ich den Zugangscode eingetippt. Ihre Mutter hat gesagt, dass ich einen schlechten Einfluss auf sie habe. Jamie saß auf dem Bett und weinte und weinte und weinte. (Ich fühlte mich unbehaglich.) (Gleichzeitig war es irgendwie aufregend, als würde ich in einem TV-Drama mitspielen.) *Sei bloß vorsichtig*, warnte ich sie. (Dylan kann zwar ein echtes Schwein sein, aber *so* ist er nicht, *das* würde er niemals tun.) *Wenn du das behauptest, bringst du damit etwas ins Rollen, was du nicht mehr rückgängig machen kannst.* Sie hat mich immer wieder gefragt: *Was soll ich machen? Was soll ich machen? Was soll ich machen? Was soll ich machen? Was soll ich machen?*

Wenn sie darüber geredet hätte, hätte sich alles geändert.

Ich wollte nicht, dass sich irgendwas ändert.

Tu einfach, als wäre es nicht passiert, habe ich ihr geraten. *Das ist einfacher. Auch für dich.*

»Jamie, bitte. Wir haben total lange darüber gesprochen und waren beide der Meinung, dass es so am besten ist. Dass es einfacher ist, wenn du keine große Sache daraus machst, besonders weil doch alle auf der Party noch minderjährig waren und wir totalen Ärger bekommen hätten, wenn rausgekommen wäre, was wir eingeworfen hatten. Dann wären alle sauer auf dich gewesen, weil sie deinetwegen Stress bekommen hätten, und du wärst von Dylan und seinen Freunden nie mehr auf eine Party eingeladen ...« Ich beende den Satz nicht, weil mir plötzlich einfällt, dass man uns draußen vielleicht hören kann. Hoffentlich nicht. »Hör zu«, sage ich ein paar Minuten später, nachdem ich mein Handy gecheckt habe. »Ich glaube, es wäre das Beste, wenn du jetzt nach Hause fährst.« Sie antwortet nicht, dreht sich nur von mir weg und versucht, sich wieder in den Griff zu bekommen. Ich schreibe Taxi-Danny eine Nachricht und bitte ihn, sie so bald wie möglich abzuholen.

»Emmie? Ist bei euch alles okay?« Das ist Conor, der vor der Tür steht. Seine Stimme klingt besorgt. »Ali meinte, du würdest vielleicht Hilfe brauchen.«

»Super, dass du da bist«, sage ich, als ich ihm aufmache. »Jamie geht es gar nicht gut. Ich habe ihr schon ein Taxi gerufen. Sie muss nach Hause.«

Conor hilft Jamie aufzustehen und legt ihr einen Arm um die Schulter.

»Welches Taxi hast du gerufen?«, fragt er und hält sie fest, als sie in den Knien einknickt.

»Danny.«

»Ich hab kein Geld für ein Taxi«, lallt Jamie und sieht Conor an. »Ich. Jamie Murphy. Hab nicht mal mehr genug Geld für ein Scheißtaxi.«

»Wir könnten Fitzy bitten, sie zu fahren«, schlägt Conor vor, aber ich schüttle den Kopf. Fitzy will ich nicht um einen Gefallen bitten. Ich greife nach meiner Clutch, die auf dem

Wannenrand liegt, und wühle zwischen dem Schminkzeug, den Wattestäbchen und dem Flachmann mit Wodka nach meinem Geld.

»Ich übernehme das«, sagt Conor.

»Wirklich?«, frage ich und er nickt.

»Danke.« Ich beuge mich vor und küsse ihn auf die Wange. »Das ist echt superlieb von dir, Conor. Ich würde selbst mitfahren, damit sie sicher nach Hause kommt, aber wenn du sowieso gehen wolltest …« Ich drehe mich zur Tür, damit ich sein enttäuschtes Gesicht nicht sehen muss. »Du weißt ja, wo sie wohnt, oder?«

Kurz darauf stoße ich die Tür zum Fernsehzimmer auf. »Hey, tut mir leid, dass …«

Ich klappe den Mund zu. Mia sitzt abstoßend winzig und püppchenhaft auf Jacks Schoß und schiebt halbherzig seine Hand weg, die auf ihrem Schenkel höher wandert.

»Ach so ist das. Ich wusste gar nicht, dass du auf Kindersex stehst, Jack«, rutscht es mir so laut heraus, dass es auch über die blechernen Soundeffekte der Xbox zu hören ist. Jack öffnet träge ein Auge, schaut mich an, zuckt mit den Schultern und schließt es dann wieder, als hätte er gerade beschlossen, dass er mehr Bock auf Mia hat als auf mich.

»Bitter, wenn man in deinem Alter schon durch eine Jüngere ersetzt wird, O'Donovan.«

»Halt's Maul, Matt«, stoße ich zwischen zusammengebissenen Zähnen hervor. Mia stöhnt leise auf.

Ich klappe meine Clutch auf, hole den Flachmann raus und trinke einen Schluck, der brennend meine Kehle runterläuft.

»Oh Mann, Alter. Ich hätte gestern bei der Hitze nicht spielen wollen.«

»Du warst echt hammergut. Stimmt es eigentlich, dass ein Scout aus Cork da gewesen ist?«

»Glaubst du, die holen dich ins Senior Team?«

»Die wären doch bescheuert, ihn nicht zu nehmen.«

Paul O'Brien fläzt sich in einer Ecke auf einem niedrigen Sessel. Er wird von drei Typen aus der Elften umlagert, die sich alle eifrig zu ihm vorbeugen und ihn fragen, ob er vielleicht noch ein Bier will oder eine Zigarette oder einen Zug vom Joint. Seine dunklen Augen ruhen auf mir.

»Bier wäre gut«, sagt er zu dem Typen, der auf der Armlehne hockt, und hebt kurz seine leere Bierdose in die Höhe, bevor er sich vorbeugt und sie auf den Boden stellt.

Auf dem Weg nach draußen lächelt der Elftklässler mir zu. Ich nehme meine Haare zusammen und lege sie mir so über die Schulter, dass die Spitzen meine Hüftknochen streifen, schlängle mich zwischen den Sesseln hindurch zu Paul und setze mich auf die frei gewordene Lehne.

»Darf ich?«, frage ich, nachdem ich schon sitze. »Ich kann nicht mehr stehen. Meine Füße brennen wie Feuer.« Ich schlüpfe aus den Schuhen, um meine Zehen zu massieren, und gebe ihm dabei Gelegenheit, meine Beine zu bewundern.

»O'Brien?« Der Torwart des Teams, Ben Coughlan, schaut zur Tür herein. Er ist wie Paul Ende zwanzig, mittelgroß und kräftig gebaut, mit kurzen roten Haaren. »Ich mach dann mal den Abflug.« Er wirbelt seinen Schlüsselbund um den Zeigefinger.

»Hast du etwa vor, noch zu fahren?«, frage ich ihn.

»Ja, stell dir vor.«

»Und wenn du von der Polizei angehalten wirst?«, sage ich. »Du hast doch sicher getrunken.«

Er verdreht die Augen und ich fühle mich plötzlich wie eine Zehnjährige. »Die kennen mich. Ich glaube kaum, dass die mir was anhängen würden. Also, was ist, Alter?«, sagt er zu Paul. »Ich bin jedenfalls gleich weg.«

»Ist okay«, sagt Paul, sieht aber nicht ihn, sondern mich an. »Ich bleib noch ein bisschen.«

»Aber die Mädchen warten im Reilly's auf uns. Aine hat gesagt, dass Susan schon stinksauer ist. Hast du mal auf dein Handy geschaut?« Paul zuckt mit den Achseln und Ben kann nicht anders, als zu grinsen. »Wie du willst. Ist ja deine Beerdigung. Hast du die ...?«

»Jep.« Paul stemmt sich aus dem niedrigen Sessel hoch, zieht etwas aus der Jeans und drückt es Ben in die Hand. Ben tippt sich grinsend an die Stirn, wirft mir noch einen Blick zu und brummt dann etwas Unverständliches, worauf Paul ihm auf den Arm boxt.

»Was hast du ihm gerade gegeben?«, frage ich, als er sich wieder in den Sessel fallen lässt.

»Nichts, was ein braves Mädchen wie dich interessieren würde.«

»Wer behauptet, dass ich brav bin?« Ich sehe ihn herausfordernd an. »Also, sag schon. Was war das?«

»Warum? Willst du auch was?« Er wartet darauf, dass ich einen Rückzieher mache. Als ich zögere, lacht er.

Ich habe es satt, dass alle Leute sich einbilden, mich zu kennen. Ich bin Emma O'Donovan, verdammt noch mal. Keiner ahnt, was in mir steckt.

»Ja.« Ich beuge mich näher zu ihm und weiß ganz genau, dass mein Ausschnitt aufklafft. »Ja, ich will was.« Sein Atem geht schwerer und das liegt an meiner Wirkung auf ihn. (Meine Mutter drückt meine Schultern nach hinten. *Stell dich gerade hin, Emma. Selbstbewusster Blick, als wüsstest du ganz genau, was du willst.*) »Komm schon, Paul. Sei ein guter Christ und teile mit deinen Nächsten.«

Er fährt sich mit der Zunge über die Lippen und vergewissert sich mit einem schnellen Blick in die Runde, dass niemand herschaut. Die anderen spielen inzwischen FIFA auf der Xbox und kommentieren grölend die Spielzüge der Typen an den Controllern. Paul greift in seine Hosentasche und zieht ein durchsichtiges Tütchen heraus. Sieht aus, als wären Knallerbsen drin. Kleine weiße Papierkügelchen, an einem Ende zusammengezwirbelt. Paul dreht sich leicht zur Seite, damit keiner mitbekommt, wie er mir eine gibt. Ich stecke sie mir schnell in den Mund. (Hoffentlich hat Jack das mitgekriegt. Er soll sehen, dass ich anders bin, als er mich eingeschätzt hat.) Paul hält mir die Handfläche hin, als würde er Geld erwarten.

Als ich sage: »Ich zahle nie für irgendwas«, lacht er und legt einen Zeigefinger an die Lippen. »Erzähl es aber nicht weiter, okay?«

»Klar, das würde nicht so gut kommen. Als Captain unseres Footballteams, der bald für Cork spielt, solltest du mit gutem Beispiel vorangehen, statt brave Mädchen zu verderben.«

»Das nächste Spiel ist erst in drei Wochen.« Er sieht mich an. »Halt einfach den Mund, verstanden?«

Da muss er sich keine Sorgen machen. Ich bin es gewohnt, Dinge für mich zu behalten.

»Nimmst du nichts?«, frage ich.

»Ich hab vorhin schon.«

»Wirklich? Merkt man dir gar nicht an.«

»Ich vertrage eben ziemlich viel.« Er zieht mich von der Lehne auf seinen Schoß.

Die Tür geht auf und ein Mädchen späht herein. »Hey, ist das da hinten nicht Paul O'Brien?«, sagt sie. Als ich mich aufsetze, sehe ich, wie ein Ausdruck von Ehrfurcht vermischt mit Neid über ihr Gesicht huscht. Ich schaue Paul noch mal genauer an. Irgendwie kommt er mir auf einmal begehrenswerter vor als vorher, als wäre der Neid der anderen so etwas wie ein besonders schmeichelhafter Instagram-Filter. »Aber hat der nicht eine Freundin?«

»Deswegen musst du dir keinen Kopf machen«, sagt Paul zu mir und ich würde gern antworten, dass das für mich kein Problem ist. Mir ist es sogar lieber, wenn die Typen vergeben sind, weil ich dann keine Angst haben muss, dass sie hinterher irgendwelche Storys erzählen. »Susan und ich haben eine Abmachung.«

Seine Hand wandert meinen Oberschenkel hinauf, aber das kriegt Jack leider nicht mit, weil er Mia gerade die Zunge in den Hals schiebt.

Paul sieht mich an, als würde er auf eine Antwort warten.

»Entschuldige, was hast du gerade gefragt?«

»Ob du gestern beim Spiel warst.«

»Ja, klar.«

»Es hat viel zu lang gedauert, bis wir reingekommen sind. War eine echt miese Leistung. Alle im Ort erwarten, dass wir die Meisterschaft wieder gewinnen, aber wie sollen wir das schaffen, wenn Typen wie dein Bruder aus dem Team ausscheiden, weil sie zum Studieren weggehen oder gleich nach Australien oder Kanada auswandern?« Er zieht sein iPhone aus der Jeanstasche. »Hier. Cian Healy zum Beispiel.« Er hält mir das Display hin, um mir ein Profil bei Facebook zu zeigen. »Unser bester Mittelfeldspieler. Er hatte die perfekte Größe.« Paul scrollt durch die Fotos. Cian sieht *hammermäßig* aus. Er ist so braun gebrannt, als würde er den ganzen Tag nur am Strand verbringen, und ist auf allen Bildern mit nacktem Oberkörper zu sehen. »Und wen haben wir jetzt? Kelly ist ein Bombentyp, keine Frage, aber er ist einfach zu klein. Als ich letztes Mal mit Cian Kontakt hatte, hat er gesagt, dass er viel zu viel Spaß hat, um jemals wieder nach Irland zurückzukommen. Die Brandung ist hier einfach besser, hat er gesagt. Die Scheißbrandung.« Er zeigt mir ein Foto von einem ziemlich heruntergekommenen Holzhaus und dann eins mit einer Gruppe von etwa fünfundzwanzig Typen, die sich dicht zusammendrängen, um alle aufs Bild zu passen. Ich kenne die Gesichter von den Spielen, von samstäglichen Saufgelagen im Casement Quay und von der Sonntagsmesse, wo sie verkatert in den Bänken hocken.

Paul schiebt das Handy wieder in die Tasche. »Kein Wunder, dass Cian nicht zurückkommen will. Ballinatoom ist ein elendes Kaff. Immer dieselbe Scheiße, jeden Samstagabend das Gleiche. Hier passiert nie irgendwas.«

»Warum ziehst du dann nicht auch weg?«, frage ich.

»Wohin denn?«

»Nach Australien.«

Er runzelt die Stirn. »Ich kann hier nicht einfach *weg*. Nächstes Jahr spiele ich für Cork, diesmal klappt es, da bin ich mir sicher. Darauf hab ich zu lange hingearbeitet.«

(Beziehungsweise gewartet, bis sein Onkel ins Auswahlkomitee kam.)

»Schon gut. Ich dachte nur, weil es sich eben so angehört hat, als würdest du gern auch mal was anderes sehen und reisen oder so.«

»Mach ich doch. Letztes Jahr war ich in Arizona, das war echt genial. Warst du da schon mal?«

»In Arizona?«

»Ja.«

»Nein, in Arizona noch nicht. Aber in Orlando. Und in San Francisco.«

»Das ist nicht das *wahre* Amerika.« Er schüttelt den Kopf. »Die wahren Amerikaner leben in Arizona. Das sind keine bescheuerten Großstadt-Hipster, sondern richtige Kerle.« Er erzählt mir von Arizona, wie schön es dort ist, von den Leuten, vom leckeren Essen.

»Klingt toll«, sage ich, als er eine Pause machen muss, um Luft zu holen. »Wie lange warst du denn dort?«

»Dreieinhalb Wochen. Das war der geilste Monat meines Lebens.«

Eine plötzliche Welle durchschauert meinen Körper, als hätte jemand einen Kieselstein in einen Teich geworfen. Sie beginnt an den Füßen und wandert langsam meine Beine hoch, setzt sich von einer Zelle zur nächsten fort und fühlt sich so gut an, so gut, *so gut*, dass ich gar nicht anders kann, als ihr schaudernd nachzuspüren, meine Füße und Zehen zu strecken und zu fühlen, wie mein ganzer Körper sich öffnet.

»Hey, hey.« Paul sieht mich grinsend an. »Das ging ja schnell. Fühlst du dich gut?«

Meine Lippen spannen sich zu einem Lächeln, meine Lider flattern. Er beugt sich zu mir. »Du bist mir schon letztes Jahr auf dem Ball aufgefallen«, flüstert er. »Du warst definitiv das schönste Mädchen dort.« Ich sauge die Sätze in mich auf und meine Lunge weitet sich, als wäre sie mit Helium gefüllt.

Einen Moment lang ist alles fast zu viel, zu überwältigend, der holzige Geruch seines Aftershaves, die samtige Weichheit seines T-Shirts an meinen Arm. Ich rekele mich und mein Rückgrat fühlt sich an, als würde es wachsen und immer länger werden, als würden die Wirbel jeden Moment meine Haut durchstoßen, um wie Feuerwerkskörper in der Luft zu explodieren.

»Komm mit.« Paul schiebt mich von seinem Schoß, steht auf und zieht mich mit sich hoch. Ich lasse den Kopf nach hinten fallen, mein Atem fühlt sich an wie der Beginn von etwas, das ich nicht in Worte fassen kann. »Lass uns mal schauen, wo wir noch ein Bier herbekommen.«

Er zieht mich hinter sich her, dabei will ich doch gar nicht weg. Ich will mich irgendwo hinlegen, wo es ruhig ist, und spüren, wie sich das Brausepulver in meinen Adern auflöst. Im Esszimmer drücke ich mein Gesicht an seine Schulter, während er eine Bierdose öffnet, aber dann greift der Rhythmus der Musik nach mir und ich kann gar nicht anders, als mit wiegenden Hüften in die Mitte des Zimmers zu tänzeln. Die wummernden Beats dringen durch jede Pore in mich ein, füllen die Hohlräume in meinen Knochen und beherrschen alles in mir.

»Gehts dir gut?« Maggie tanzt neben mir. Ich umarme sie und drücke sie so fest ich kann an mich, will mit ihr verschmelzen, will, dass unsere Herzen sich berühren, *bu-bumm, bu-bumm, bu-bumm*, Seite an Seite schlagen.

Ich umfasse ihr Gesicht mit beiden Händen und drücke meine Nase an ihre, damit ich ihr so tief in die Augen sehen kann, wie es nur geht.

»Du schwitzt«, sagt Maggie und windet sich. »Hast du … was genommen?«

Das ist nicht gut. Sie zieht mich runter, schwer wie ein Anker, also lasse ich sie los und sie driftet davon, bis sie mit den Schatten verschmilzt.

»… sie ist voll drauf …«
Ich biege mich nach hinten.
»Was sollen wir machen?«
Ich kann meinen Herzschlag hören und »Sollen wir bei ihr zu Hause anrufen?«. *Ich höre das Nichts, in das ich hineinfalle, und*

»Hat sie was eingeworfen?«. *Alles verschwimmt.* »Aber woher hätte sie …? Wahrscheinlich ist sie bloß betrunken.« *Alles in mir ist ganz weich.* »Aber sie würde sich sonst nie so gehen lassen, du weißt doch, was für ein Kontrollfreak sie ist.« *Ich streiche über seine Schultern, so breit, so stark, und er liebt sie so (Er küsst echt gut, hat sie kichernd erzählt. Ich will wissen, wie gut. Ich muss es einfach wissen), und ich presse meine Lippen auf seine. Er lässt es zu.* »Oh Mann, was machst du da?« *Was …?* »Emma.« *Was?* »Emma. Emma. Emma. Scheiße, was soll das? Emma? Emma?«* Höher. Immer höher und höher.* »Fuck, sie ist echt komplett hinüber.« *Tief in mir drin.* »Emma. Emma.«

»Emma.«

»Hey.« Auf einmal ist Paul da und der Nebel beginnt sich zu lichten, und ich spüre, wie die Musik aus meinen Füßen rinnt. (Ich spüre meine Füße.) (Ich stehe auf dem Boden.)

»Schalt mal einen Gang runter, ja?«, sagt er. »Oder willst du, dass alle mitkriegen, dass du was genommen hast?«

Conor taucht auf, hält mir ein Glas Wasser vor den Mund, führt mich zum Esstisch und drückt mich auf einen Hocker.

»Ich hab Jamie zu Hause abgeliefert«, sagt er zu Maggie *(Jamie, ich liebe dich, Jamie, es tut mir leid, ich mach das wieder gut, ich sorge dafür, dass für dich alles wieder gut wird)*, aber Maggie hört gar nicht zu, weil sie gerade Eli zusammenscheißt. Conor ist so nett (so viel netter als ich, und ausnahmsweise hasse ich ihn nicht dafür) und ich schlinge die Arme um ihn und schmiege mein Herz an seines. Ich küsse ihn. Lasse ihn wieder los.

Sein Gesichtsausdruck verändert sich irgendwie, aber ich

lege den Kopf in den Nacken und der Nebel senkt sich über mich.

»Na endlich«, sagt Paul, als ich mich umsehe und mein Blick wieder scharf wird. Ich hatte gar nicht mitgekriegt, dass er immer noch neben mir steht. Ich lächle ihn an, aber er lächelt nicht zurück und dann sehe ich über seine Schulter hinweg Jack und Mia Händchen haltend neben der Box stehen. Jack unterhält sich mit einem Typen, den ich nicht kenne. Mia starrt zu mir rüber. Maggie beschimpft Eli weiter, der beschwichtigend die Hände hebt. Jack nickt, als sein Kumpel etwas sagt, dabei wandert sein Blick durch den Raum und bleibt an mir hängen. Er neigt den Kopf, die Hand in Mias Rücken, und ich will ... ich will, dass er mich *sieht*.

Ich greife nach Pauls Hand.

»Du hast aber nicht gerade so ausgesehen, als hättest du gewollt, dass sie aufhört«, höre ich Maggie sagen, als Conor zu mir und Paul rüberkommt.

»Ich glaube nicht, dass das so eine gute Idee ist«, sagt er.

»Wer bist du, ihr Dad?«

»In ihrem Zustand ...«

»Weißt du, was?«, sagt Paul. »Verzieh dich.«

»Emmie? Ich finde, du solltest jetzt mit mir nach Hause fahren.« Conor versucht mich am Handgelenk zu packen, aber nein, nein, nein. Er ist nicht der Richtige. (Keiner findet Conor cool.) Ich schüttle seine Hand ab und ziehe Paul in den Flur hinaus, wo Sean und Ali stehen, die gerötete Augen hat. Ich stoße rechts eine Tür auf und kümmere mich nicht um Sean, der uns hinterherruft, »Nicht da rein, Leute. Das ist das Schlafzimmer von meinen Eltern«, sondern ziehe Paul mit mir hinein und schließe hinter uns ab.

»Hey.«

»Hey.«

Das Schlafzimmer von John und Deirdre Casey ist total aufgeräumt, den meisten Platz nimmt das riesige Ehebett ein, die Bettwäsche ist weiß mit großen rosa Rosenblüten. Farblich zusammenpassende Vorhänge und Teppich. An einer Wand ein langer weißer Einbauschrank, rechts und links vom Bett Nachttische. Auf dem neben der Tür stehen ein Bilderrahmen, Handcreme und eine Schachtel Kosmetiktücher. Auf dem anderen nur ein Plastikwecker mit rot glühenden Ziffern, 01:35. Paul stellt seine Bierdose ab, packt mich um die Taille, stößt mich aufs Bett, legt sich auf mich und küsst mich.

Ich brauche Wasser. Ich hab solchen Durst.

Die Schnalle von seinem Gürtel drückt auf meinen Hüftknochen. Alle Luft wird aus meiner Lunge gepresst und ich habe keine Chance, Atem zu holen. Paul rutscht vom Bett herunter und zieht sich sein T-Shirt über den Kopf. Sein breiter Brustkorb ist mit dunklen, rauen Haaren bedeckt. Er öffnet seinen Gürtel und schleudert die Flip-Flops von den Füßen. Dann steht er nur noch in Boxershorts da. Er beugt sich über mich und zerrt mir mit einem Ruck das Kleid herunter. Er dreht mich auf den Bauch, küsst meinen Nacken, fährt mit beiden Händen über meinen Körper und raunt mir ins Ohr, was er alles mit mir machen will und was ich mit ihm machen soll.

»Ich schieb ihn ...« (*Warum sollte ein Mann die ganze Kuh*

kaufen, wenn er die Milch umsonst bekommt, Emmie?) »... dir jetzt gleich rein ...« (*Bei Männern ist das was anderes als bei Mädchen.*)

»Mhmmm ... das fühlt sich gut an ...« (*Achte darauf, wie du dich ausdrückst.*)

»... das gefällt dir, ja? ...« (*Zieh dir um Gottes willen etwas über, Emmie.*) »... du dreckige kleine ...«

(Ich mag das Wort nicht ...)

Nicht dieses Wort. Warte noch. Nein.

(... aber ich sage nichts.)

Wieder erfasst mich eine Welle, aber längst nicht so intensiv, und sie ebbt wieder ab, als er die Hand auf meinen Hinterkopf legt und mein Gesicht in eine der Rosen auf der Bettdecke drückt. Es ist, als würde ich von der riesigen Blüte verschlungen werden. Ich versuche mich aufzurichten.

»Was?«, fragt er. »Was ist auf einmal los?«

»Vielleicht sollten wir ...« Ich schlucke, aber mein Mund ist komplett ausgetrocknet. »Paul, vielleicht sollten wir doch wieder zurück zur Party.«

»Jetzt fang nicht an rumzuzicken«, sagt er. (Ich habe ihn hierhergeschleppt. Es war meine Idee.) »Du kannst mich nicht erst heißmachen und dann einfach abblitzen lassen.«

»Warte ...«, stammle ich. »Warte, mir ist irgendwie ...«

Aber er drückt mich wieder aufs Bett und zerrt meinen Slip zur Seite und dann ist er auf einmal in mir und ich bin noch gar nicht bereit und es tut weh und mir ist schlecht und ich glaube nicht, dass er ein Kondom benutzt, und eigentlich sollte ich ihm sagen, dass er sofort aufhören und eins besorgen soll. Ich habe eins in meinem Portemonnaie. Aber wenn ich ihm das sage, hält er mich für eine Schlampe, obwohl in den Zeitschriften immer steht, dass man für alle Fälle ein Kondom dabeihaben soll, aber jetzt ist es zu spät und mir ist schlecht und ich ... ich weiß nicht, ob es einen Sinn hat, ihm zu sagen, dass er aufhören soll. Es ist sowieso zu spät.

(Was solls. Ist nicht so wichtig. Gibt Schlimmeres und eigentlich ist es auch egal. Total egal.)

Er wickelt sich meine Haare um die Hand und reißt meinen Kopf nach hinten. Jetzt sehe ich, was das für ein Foto ist, das auf dem Nachttisch steht. Es ist eine Aufnahme von John junior. Er sieht aus wie Sean in klein mit wilden rotblonden Locken, kurzen Latzhosen und verdreckten Knien. Wie das wohl damals war, als er in der Jauchegrube untergegangen ist, wie er um Hilfe schrie, aber nicht genug Luft bekam, weil ihm der Mund sofort mit Gülle volllief? Paul beißt mich so fest in die Schulter, dass es wehtut, *total* wehtut, und ich will ihm sagen, dass er damit aufhören soll, aber ich merke ihm an, dass er denkt, ich würde es gut finden (finden andere Mädchen das gut?), deswegen stöhne ich stattdessen, das mögen sie, dann werden sie schneller fertig. Er beugt sich über mich und beißt mich wieder, diesmal ins Ohr, und er sagt mit heiserer Stimme, dass ich eine Schlampe bin und dass er weiß, dass mir das gefällt – *das gefällt dir, Emma, was?* –, und dabei stößt er immer fester und fester zu, rammt seinen Körper in meinen. Ich will einfach nur, dass es vorbei ist. Und dann ist er endlich so weit und krallt die Finger in meine Hüfte, zieht ihn raus und brüllt wie ein Tier, während es heiß und nass auf meinen Rücken spritzt. Er lässt sich keuchend neben mich fallen.

Ich liege ganz still auf dem Bauch, den Kopf weggedreht. Von draußen höre ich Lachen, gedämpfte Unterhaltungen, plötzliche Stille, als jemand einen andern Song auf dem iPod sucht, dann wieder dumpfe Bässe.

»Scheiße, war das geil«, sagt Paul. »Bist du gekommen?«
»Ja, klar.«

Er tätschelt mir die Haare. »Mach dich mal lieber sauber.«

Das Bad ist winzig. Nur ein Klo und ein Waschbecken. Ich ziehe meinen Slip runter, nehme einen zusammengerollten Waschlappen aus einem mit rot-weiß kariertem Stoff ausgelegten Korb auf dem Spülkasten, halte ihn unter den Wasserhahn und wische das klebrige Zeug weg, das teilweise schon angetrocknet ist. Ich öffne den Schrank über dem Waschbecken und suche zwischen Zahnpasta, Hämorrhoidensalbe, Gleitgel, Mundwasser und Pillenpackungen nach einem Haargummi. Als ich eins gefunden habe, binde ich mir die strähnigen Haare zum Knoten. Meine Zunge fühlt sich geschwollen an und ich drehe den Hahn auf und halte den Mund unter den Wasserstrahl. Dann richte ich mich wieder auf, fahre mir über den Mund und schaue in den Spiegel. Irgendwie sehe ich verändert aus, als hätten sich die Knochen in meinem Gesicht verschoben. Mein Kiefer steht schief, meine Pupillen sind so riesig, dass meine Augen ganz schwarz aussehen, aber ich bin immer noch ich, *Emma O'Donovan, ich heiße Emma O'Donovan, ich bin Emma, Emma, Emma*. Übelkeit steigt in mir auf und ich presse die Stirn ans kühle Glas.

»Du nervst echt, Susan.« Pauls wütende Stimme trifft mich wie ein Peitschenhieb. Ich warte, bis es wieder still ist, bevor ich die Tür öffne. Er liegt auf dem Bett und hat sich schon wieder angezogen.

»Beziehungsstress?« Ich schließe die Tür hinter mir und lehne mich dagegen, präsentiere mich ihm.

»Aber vom Feinsten.« Er klopft neben sich auf die Matratze.

»Immer nur Ärger mit den Weibern«, sage ich und lege mich neben ihn. Er fährt mit beiden Händen über meinen Körper, als würde er einen Claim abstecken. Als würde er mich gern besitzen. »Was hat sie denn für ein Problem?«

»Sie will heiraten«, sagt er und lässt seine Hände auf mir liegen.

»Aber du bist doch erst … wie alt? Achtundzwanzig?«

»Bei Aine und Ben ist es bald so weit. Ben hat sogar schon einen Verlobungsring gekauft«, sagt er, ohne meine Frage zu beantworten. »Und bei ein paar anderen aus der Mannschaft sieht es ähnlich aus. Susan und ich sind seit sechs Jahren zusammen. Sie findet, es ist an der Zeit, ›den nächsten Schritt zu machen‹. Scheißweiber.«

»Ich will nie heiraten«, sage ich. »Gott, echt nicht.«

»Klar nicht.« Er zieht mich näher an sich, legt ein Bein über mich. »Du bist anders.«

Sein Handy klingelt. Er schaltet es auf stumm und wirft es auf den Nachttisch neben den Rahmen mit dem Bild von John junior. Wir küssen uns, seine Zunge groß und schwer in meinem Mund. Das Handy vibriert auf der Holzplatte. Er greift fluchend danach und drückt den Anruf weg. »Gib mir mal deine Nummer.«

»Wozu? Das ist doch bloß ein One-Night-Stand.« Das sage ich immer, wenn ein Typ meine Nummer haben will.

»Komm schon.« Er sieht mir nicht in die Augen, streicht nur über meinen nackten Körper. »Susan ist ziemlich oft weg.« Ich lache.

»Echt jetzt«, sagt er. »Ich würde das sehr gern wiederholen.«

Anscheinend war ich gut. Es muss ihm wohl Spaß gemacht haben, wenn er mich wiedersehen will.

Ich diktiere ihm meine Nummer, und mein Handy leuchtet kurz auf, als er mich anruft. »Jetzt hast du meine auch«, sagt er.

»Hey, hey. Schaut mal, wen wir hier haben!«

Ich springe schreiend aus dem Bett und wickle die Bettdecke um mich. Paul steht auch auf. Laura und ihre Freundin, die gerade an der offenen Tür vorbeigehen, schnappen nach Luft, als sie mich nackt mit der Decke am Boden kauern sehen. Dylan lehnt am Türrahmen. Er und Paul schauen mir seelenruhig dabei zu, wie ich hektisch nach meinem Kleid suche und es schließlich unter dem Bett finde.

»Macht die verdammte Tür zu!« Ich ziehe mir das Kleid über den Kopf und zerre es über meine Schenkel.

»Hey, Leute.« Sean kommt reingestolpert und schlingt einen Arm um Dylans und einen um Pauls Nacken. Er hat einen Schluckauf. »Hattet ihr Spaß?« Er sieht mich an und versucht zu lächeln. »Hattest du Spaß, Emma?«

»Kannst du *bitte* die Tür zumachen?«, flehe ich. »Wie seid ihr reingekommen? Ich hatte doch extra abgeschlossen.«

Paul schaut gespielt schuldbewusst zu mir. »Du bist einfach zu heiß, um nicht ein bisschen mit dir anzugeben.« Er packt mich am Arm und zieht mich hoch. »Seht sie euch an.«

Das ist der Preis meiner Schönheit, und ich bin bereit, ihn zu zahlen. Bereit und willig.

Dylan schnaubt (aber das ist mir egal. Er interessiert sich nur für Jamie. Es gibt nun mal Typen, die stehen einfach auf Asiatinnen).

Obwohl mir mein Arm wehtut, weil Paul so grob war, lächle ich. Ich setze mich aufs Bett. »Und? Haben wir was verpasst?«

»Nicht wirklich.« Dylan nimmt einen Schluck aus einer Flasche Cola, in der garantiert noch irgendwas anderes drin ist, und reicht sie an Paul weiter. Er sieht mich an. »Wo ist eigentlich Jamie?« Er versucht so beiläufig wie möglich zu klingen, scheitert aber. »Ist sie schon nach Hause?«

»Sie will nichts von dir, Dylan. Vergiss es.«

»Wer sagt, dass ich was von ihr will?« Dylan verdreht die Augen. »Ich hab bloß eine Frage gestellt.« Er nimmt Paul die Colaflasche wieder ab und trinkt noch einen großen Schluck. »In der Stadt soll noch eine andere Party steigen. Hat jemand Bock mitzukommen?« Er hält Paul wieder die Flasche hin, aber in dem Moment greift Sean danach und schlägt sie ihm versehentlich aus der Hand. Die Flasche fällt zu Boden und läuft aus.

»Scheiße.«

»Ganz toll, Casey«, schimpft Dylan. »Vielen Dank. Jetzt sitzen wir auf dem Trockenen.«

Er dreht sich um und will rausgehen, als Sean ihn zurückruft. »Warte. Meine Mam müsste eigentlich was hier haben.«

»Was meinst du mit *was hier haben*?«

Sean geht zum Nachttisch und streicht kurz über den Bilderrahmen, bevor er ihn umklappt. Dann macht er die Schublade auf und wühlt darin herum, bis er ein cremefarbenes Schminktäschchen aus Stoff findet. Er zieht den Reißverschluss auf und zeigt uns die fünf Pillenfläschchen, die darin sind.

»Hey, hey …« Paul steht auf, geht zur Tür und drückt sie zu. »Was haben wir denn da?«

Er nimmt Sean den Beutel ab und murmelt etwas, während er den Inhalt begutachtet und schließlich eines der Fläschchen öffnet. Dylan streckt ihm die Hand hin, kriegt eine blaue Pille und schluckt sie sofort runter.

»Hier.« Paul gibt mir auch eine. »Für dich, meine Süße.«

Ich weiß nicht, ob ich will.

»Komm schon«, sagt er. »Die werfen wir uns noch schnell ein, bevor wir fahren.«

Dylan kichert, als wäre er sich hundertprozentig sicher, dass Emma O'Donovan niemals irgendwelche Pillen einschmeißen würde, noch nicht mal welche aus der Apotheke. Er glaubt, dass er mich kennt. Er hält mich für ein langweiliges, braves Mädchen, das für die Abschlussprüfung lernt, um zu studieren und einen guten Job und einen vernünftigen Mann zu finden. (*Alle reden immer von Liebe und Romantik*, seufzt meine Mutter. *Das Wichtigste ist doch, dass man die gleichen Wertvorstellungen und einen ähnlichen kulturellen Hintergrund hat. Gemeinsamkeiten, nicht Gegensätze schweißen zusammen. Nur so kann eine Beziehung wirklich funktionieren.*) Er denkt, dass ich später sowieso Kinder kriegen und mich in meine Mutter verwandeln werde. In das Abbild meiner Mutter.

Ich habe es so satt, dass alle in diesem beschissenen Kaff sich einbilden, sie würden mich kennen.

Also nehme ich die Tablette, schlucke sie ohne Wasser und muss würgen, weil sie so bitter schmeckt.

»Alles klar ...« Ich grinse Dylan an. »Hat gerade jemand was von einer anderen Party gesagt?«

Sonntag

»Emmie. *Emmie!*«

Ich will nicht, Mam. Ich kann heute nicht in die Schule. Mir geht es irgendwie nicht gut. Ich versuche mich aufzurichten, aber die Müdigkeit zieht meinen Kopf unter Wasser. Ich ertrinke. Ich …

Luft.

»Denis, hilf mir. *Hilf* mir doch, um Gottes willen. Wir müssen sie ins Haus schaffen.«

Sie drückt zu, zu fest, so fest, dass sie mir den Arm quetscht. *Du tust mir weh.*

»Emma, was sollen die Nachbarn denken? Steh auf. *Steh auf*, habe ich gesagt.«

Ihre Stimme ist zu laut.

Sie fasst mir ins Gesicht. *Wach auf, Emma,* flüstert sie wütend. *Wach auf wach auf wach auf.* Ich will die Lider öffnen, aber ich schaffe es nicht, es fühlt sich an, als wären da viel zu viele Hautfalten, die aneinanderschaben.

»Wir müssen sie aus der Sonne holen. Schau doch, sie hat

schon … Das sind Brandblasen!« Meiner Mutter klingt panisch. »Fühl ihre Stirn, Denis. Fühl doch, wie heiß sie ist. *Denis, ich habe gesagt: Fühl ihre Stirn.* Sie hat einen richtig schlimmen Sonnenbrand, davon wird sich die Haut nie mehr erholen.«

Daddy? Daddy, hilf mir, will ich sagen, aber man hat mir die Zunge aus dem Mund geschnitten. Alles tut so weh.

Dad sagt nichts. Ich höre, wie die Haustür aufgeschlossen wird, wie sie knarrend aufschwingt und Mam sagt, er soll schnell ein Fieberthermometer holen. Hände schließen sich um meine Taille, hieven mich mit einem Ruck hoch. Der Stoff meines Kleids streift über brennende Haut und ich schreie fast. Ich sehe die offene Tür, unseren Flur, dann das Dach über dem Eingang, bevor alles sich in gleißendem Rot auflöst und die Erde schwankt. Die Erde schwankt und ich schwanke mit ihr, stürze, schlittere auf dem rauen Beton, fange mich ab, schaue auf meine Handflächen, sehe dünne rote Linien auf der weißen Haut, sehe winzige Tröpfchen Blut hervorsickern. »Denis! Steh nicht einfach so da. *Hilf mir.*«

Dad beugt sich mit merkwürdigem Ausdruck im Gesicht über mich. Wörter brodeln in meiner Kehle und quellen als unverständlicher Brei aus mir heraus. Er weicht zurück.

»Denis, bitte. Sie muss ins Haus. Um Gottes willen, nun mach endlich!«

Er nimmt mich auf den Arm und trägt mich über die Schwelle. Mam sagt, er soll auf den Teppich aufpassen. Er legt mich auf den Holzboden. Ich schmecke Erbrochenes.

»Hey, was …?« Bryan kommt die Treppe heruntergestolpert, die Augen noch vom Schlaf verquollen. Jen hinter ihm in seinem alten Ballinatoom-Trikot, die langen Beine nackt. Sie schaut mit offenem Mund auf mich herunter, so entsetzt, dass ich weiß, es muss etwas ganz Schlimmes passiert sein.

»Großer Gott, Jennifer. Zieh dir sofort was an!«, zischt Mam.

»Lass sie in Ruhe.« Bryan stellt sich schützend vor sie. »Warum seid ihr überhaupt schon so früh wieder zurück?«

»Es ist vier Uhr nachmittags.« Mam steht am Fuß der Treppe, die Hand ums Geländer gekrallt.

»Ich dachte, ihr kommt erst heute Abend wieder.«

Ich schließe die Augen.

»Ja, das sehe ich, dass du das dachtest.« Ihre Stimme wird lauter. »Ich hatte nur eine einzige Bitte an dich. Eine einzige Bitte. Du solltest auf deine Schwester aufpassen.« Schuhsohlen quietschen auf dem Boden, als sie sich zu mir dreht. »Und schau sie dir an. Schau dir an, in welchem Zustand sie ist.«

»Sie ist achtzehn, Mam.«

»Es ist mir egal, wie alt sie ist. Das hier ist ein *anständiges* Haus, und ich erwarte, dass ihr euch an meine Regeln haltet, solange ihr unter meinem Dach lebt. In der Sonntagsmesse wart ihr sicher auch nicht.« Bryan lacht schnaubend auf – was meiner Meinung nach ziemlich dumm von ihm ist – und prompt explodiert sie: »Wag es nicht, mich auszulachen!«

Nicht schreien, bitte nicht so schreien, bitte nicht schreien.

»Denis! Wie kannst du zulassen, dass er so mit mir redet?« Dad murmelt etwas, schaut zu Boden. »Hältst du das etwa für witzig?«, fragt Mam Bryan.

Mir wird schlecht. Richtig schlecht.

Nein, bitte nicht das auch noch. Ich will jetzt auf gar keinen Fall kotzen. Bitte nicht. Bitte.

»Du solltest auf sie aufpassen und was ist? Wir kommen nach Hause und sie liegt draußen vor der Haustür. Ich dachte, sie wäre tot. Tot! Verstehst du?« Ich versuche mich aufzusetzen, aber alles um mich herum dreht sich, als würde ich Karussell fahren. »Du hattest die Verantwortung.«

Oh nein, gleich passiert es. Mein Magen krampft sich zusammen und sein ganzer Inhalt schießt mir die Kehle hoch. Ich versuche, es wieder herunterzuwürgen, aber als ich mich hochstemme (ich muss ins Bad, warum hilft mir denn niemand? Ich muss ins Bad), schmelzen die Wände, der Boden gibt nach, alles löst sich auf und ich falle, *tiefer und immer tiefer und tiefer ...*

»Ich dachte, wir könnten dir *vertrauen*, Bryan. Ich dachte ...«

Mein Körper krümmt sich, gallebittere Flüssigkeit schießt aus meinem Mund auf ihre flachen Pumps (gelbe Applikationen auf weißem Leder) und auch auf den Teppich, oh mein Gott, das wollte ich nicht, es tut mir leid, es tut mir so leid.

Und im nächsten Moment ist da nur noch lautes Brausen und Schwärze um mich herum und ich falle mitten hinein.

Montag

Meine Augäpfel versinken in meinem Kopf wie in Treibsand. Es ist viel zu hell. (Was ist heute für ein Tag?) Die Vorhänge sind offen, Sonnenlicht fällt durchs Fenster und brennt mir Löcher ins Gehirn. Staubkörnchen flimmern durch die Luft. Meine Haut fühlt sich an wie Folie, die um Knochen und Fleisch gespannt ist. Ich stemme mich hoch, weißes Rauschen flutet meinen Kopf. (Wie viel Uhr ist es?)

Ich falle wieder nach hinten.

»Was machst du denn für Dummheiten, Emma?« Dr. Fitzpatricks Gesicht taucht kurz über mir auf, eine faltigere Version von Fitzy, nur die Nase ist anders, flach und schief, zu oft beim Rugby gebrochen und wieder gerichtet.

Mam ist neben mir, lächelt die anderen Patienten im Wartezimmer verkrampft an.

»Wahrscheinlich ein Sonnenstich«, erklärt sie Mrs Ryan, einer älteren Dame mit einem Muttermal am Kinn, aus dem ein einzelnes Haar sprießt, der Körper von Arthritis verkrüppelt. »Sie ist in der Sonne eingeschlafen.« Mam verdreht die

Augen zu einem stummen *Typisch, die jungen Leute!* »Oh, ja. Die Sonne ist im Moment wirklich stark. Aber ich will mich nicht beklagen, wir bekommen sonst genug Regen ab.« Ich schwanke in meinem Stuhl, Mam stützt mich unauffällig, nur mit den Fingerspitzen. Dr. Fitzpatrick ruft mich ins Behandlungszimmer und ich sehe mir selbst dabei zu, wie ich aufstehe und ein paar Meter stakse, bis meine Knie unter mir nachgeben und ich wieder hinfalle. Stuhlbeine quietschen über Fliesen. *Setzen Sie sich hin, lassen Sie ihr Zeit, wieder zu sich zu kommen.* Und dann: Nichts.

Die Vorderseite meines Körpers ist vom Sonnenbrand gezeichnet. Flammendes Rot, das Arme und Beine bedeckt und nach hinten in mein normales Alabasterweiß übergeht. Ich lege eine Hand auf meine Brust, dann beide Hände an die Wangen, meine Haut glüht. Ich schwinge die Beine über die Bettkante, fluche, als ich ein Glas Wasser umschmeiße, greife hektisch nach meinem iPhone, damit es nicht nass wird. Ich habe zwei neue Nachrichten.

Bryan: Weißt du, was, Emma? FICK DICH.

Ich lege das Handy schnell wieder weg, Übelkeit windet sich in meiner Kehle wie ein Wurm. Wenn ich nicht hinschaue, verschwindet das, was ich gerade gelesen habe, vielleicht einfach.
Ich greife wieder nach dem Handy.

Bryan: Mam und Dad sind stinksauer auf mich. Sie haben mir die Kohle gekürzt und ich bekomme die nächsten zwei Monate den Wagen nicht. Das geht echt überhaupt nicht, dass du dich so abschießt und ich dann den ganzen Ärger kriege.

Ich lese die Sätze noch einmal. Was da steht, verwirrt mich, die Wörter kommen mir falsch vor, als wären die Buchstaben nicht richtig zusammengesetzt.

Da sind auch Nachrichten, die ich selbst gestern Nacht noch an die anderen geschrieben habe. Voller Tippfehler und vergessener Buchstaben. Mehrere Nachrichten an Jamie ohne Inhalt. Keine einzige Antwort.

Warum haben sie nicht reagiert? Sind sie sauer auf mich?

Facebook, Instagram und die anderen Apps zeigen Dutzende von Benachrichtigungen an, aber da schaue ich jetzt nicht rein. Dazu fehlt mir die Energie.

Wieso haben die anderen nicht geantwortet? Ich versuche angestrengt, die losen Fetzen in meinem Kopf zu sortieren. Was ist Samstag auf der Party passiert? Aber die Erinnerungen rutschen mir weg, sobald ich danach greifen will.

Das hat nichts zu bedeuten. Ich habe zu viel getrunken. *Wie bin ich überhaupt nach Hause gekommen?* Ich hätte nicht so viel trinken sollen. *Warum habe ich so einen Sonnenbrand?* Es war bescheuert von mir, dass ich das Zeug von Paul genommen habe. Warum habe ich das gemacht? *Warum kann ich mich an nichts erinnern?* Moment mal, hatte später nicht irgendwer noch ein Täschchen mit Pillen? Blaue, gelbe und rosa Pillen oder … was war das? Es fühlt sich an, als hätten sich Traumsequenzen in meinen Erinnerungen verheddert und ich könnte sie nicht entwirren.

Stimmen. Gelächter. Hände, die nach mir greifen, mich durch den schwarzen Filz der Nacht stoßen, keine Körper, keine Gesichter, bloß Hände, leuchtend hell gegen das Dunkel. *Was ist passiert?*

»Ach, sieh an.« Sheila Heffernan sitzt an der Küchentheke, die kurzen, knallrot gefärbten Haare zu harten Spitzen gegelt. Mam und sie trinken Tee aus den feinen Porzellantassen, zwischen ihnen steht ein halb aufgegessener Madeirakuchen. Sheila neigt den Kopf und bietet mir ihre gepuderte Wange zu einem Begrüßungskuss an, den sie nicht bekommt. Ihr Parfüm ist so durchdringend, dass ich die Luft anhalte.

»Warum bist du noch im Schlafanzug?«, fragt Mam.

»Mir gehts nicht gut.«

»Du Ärmste. Deine Mutter hat mir gerade erzählt, dass sie mit dir bei Dr. Fitzpatrick war.« Sheila schüttelt den Kopf und ihre hässlichen, selbst gebastelten grünen Perlenohrringe aus Silberdraht klirren. »Wie ist das denn passiert?«

»Das habe ich dir doch erzählt«, sagt Mam. »Sie hat sich in die Sonne gelegt und ist dabei eingeschlafen.« Sie deutet auf den Kuchen. »Nimm dir ein Stück, Emma.«

Ich drehe mich unauffällig zur Seite und atme tief ein. Mam wird nie wieder mit mir sprechen, wenn ich jetzt vor Sheila auf den Küchenboden kotze. »Oder nimm dir von dem Knuspermüsli in der Blümchendose.« Sie lächelt Sheila an. »Natürlich selbst gemacht.«

»Ich habe keinen Hunger.«

»Das ist aber gar nicht gut, Emma.« Sheila hebt warnend den Zeigefinger. »Das Frühstück ist die wichtigste Mahlzeit des Tages! Ich weiß ja, dass ihr Mädchen alle auf dem Diättrip seid, wobei ich mir um meine Caroline in der Beziehung zum Glück keine Sorgen machen muss, sie ist schon immer sehr zierlich gewesen. Das hat sie von …«

»Emma hatte noch nie Gewichtsprobleme«, schaltet sich Mam ein und sieht in meine Richtung, obwohl ich das Gefühl habe, dass ihr Blick einen Zentimeter über meinem Kopf ins Leere geht. »Sie ist von Natur aus schlank – wie wir alle.« Sheila, die sich gerade noch ein Stück Kuchen in den Mund schieben wollte, hält jetzt mitten in der Bewegung inne und legt es doch wieder auf den Teller.

»Wir sollten langsam mal los, Nora.« Sie zupft an ihrer türkisen Tunika herum. »Der Kurs fängt in zwanzig Minuten an, und wenn wir uns nicht beeilen, macht sich Bernadette Quirke wieder in der ersten Reihe breit. Übrigens war sie richtig angesäuert, als ich sie letzte Woche angerufen habe, um zu sagen, dass ich diesmal keine Zeit habe, ihr mit dem Blumenschmuck in der Kirche zu helfen. Dabei hatte ich ihr vorher noch erzählt, dass Aidan mit Grippe im Bett liegt. Ich wusste nicht mehr, wo mir der Kopf steht.«

»Ich weiß, Sheila, das hättest du unmöglich auch noch geschafft.«

»Ich glaube, ich kann heute nicht in die Schule«, sage ich. »Mir geht es wirklich nicht gut.«

»Selbstverständlich gehst du in die Schule«, sagt Mam und

ich sehe, wie es unter ihrem linken Auge zuckt. »Wo bleibt denn überhaupt Maggie? Sie müsste doch längst hier sein.«

Auf meinem Handy ist keine neue Nachricht. Ich stelle mich mit dem Rücken zur Küche in die Tür und rufe bei ihr an, danach versuche ich es bei Ali und zuletzt bei Jamie. Keine geht dran. Ich probiere es noch mal bei Maggie, dann bei Ali, dann noch einmal bei Maggie und lasse es jedes Mal ewig klingeln. Nichts.

»Gibt es irgendein Problem?« Sheila steht plötzlich hinter mir und sieht mir über die Schulter.

»Irgendwie ist der Empfang total schlecht«, lüge ich und trete einen Schritt zurück.

»Wirklich?« Sie wirft einen Blick auf ihr Uralt-Nokia. »Bei mir sind alle fünf Balken zu sehen.«

»Mam ...« Ich sehe sie bittend an. »Ich fühle mich wirklich immer noch richtig krank. Darf ich zu Hause bleiben?«

»Ich dachte, das hätten wir schon geklärt.« Ihre Lippen sind fast unsichtbar, als sie sich ein Lächeln abpresst. »Geh ruhig schon mal vor, Sheila, der Wagen ist nicht abgeschlossen. Wir kommen gleich nach.« Mam wartet, bis sie draußen ist, bevor sie zischt: »Also? Was ist mit Maggie?«

»Sie geht nicht ans Telefon.«

»Wahrscheinlich will sie nichts mehr mit dir zu tun haben, weil du dich am Samstag so betrunken hast. Das kann ich ihr nicht verdenken.«

»Bitte, Mam. Ich flehe dich an, bitte lass mich ...«

»Du hast zwei Minuten, um dich anzuziehen und in den Wagen zu steigen. Ende der Diskussion, Emma.«

Als ich die Tür des Klassenzimmers öffne, in dem wir Irisch haben, klingt es, als würden alle gleichzeitig nach Luft schnappen. Rechts und links sind jeweils drei Tischreihen aufgebaut, dazwischen ein schmaler Gang, in dem Mr O'Leary auf und ab gehen kann. Sämtliche Mädchen in unserem Kurs drehen den Kopf und starren mich an. Lachend sage ich: »Wusstet ihr schon? Verbrennungen dritten Grades sind in dieser Saison *der* heiße Scheiß.« Ich lege mir die Hände unters Kinn, als wäre ich auf dem Titelblatt der *Vogue*. Niemand lacht, also lasse ich die Hände wieder sinken. Aisling Leahy stupst Catherine Whyte an und schiebt die Zunge in die Backe, als würde sie jemandem einem blasen. Beide kichern.

»*Bí ciúin!*«, blafft Mr O'Leary sie an. Ich richte den Blick auf den abgetretenen Teppich und warte auf meinen Anschiss.

»Um wie viel Uhr fängt Ihrer Meinung nach der Unterricht an?« O'Leary lehnt sich in seinem Stuhl zurück, sieht mich über den Rand seiner halbmondförmigen Brillengläser an und schaut dann vielsagend zu der Uhr, die über der Tafel an der Wand hängt.

»Tut mir leid, Mr O'Leary, ich …«

»Ich habe keine Lust, mir Ihre Ausreden anzuhören. In der Mittagspause melden Sie sich zum Nachsitzen.«

»Aber …«

»Wenn Sie mir noch mehr von meiner Unterrichtszeit rauben wollen, können Sie gern auch den Nachmittag hier bleiben, Miss *Ní Dhonnabháin*.« Er schnipst mit den Fingern. »*Suigh síos*. Setzen Sie sich.«

Ich sehe Ali, Maggie und Jamie in unserer Ecke hinten

links, aber der Platz am Fenster – *mein* Platz – ist besetzt. Chloe Macken sitzt dort und starrt aus dem Fenster, wo die Sonne auf den grünen Kunstrasen des Spielfelds strahlt.

»Hören Sie schlecht, Emma?« Mr O'Leary stemmt sich aus seinem Stuhl und kommt auf mich zu, so nah, dass ich die feinen Äderchen sehe, die sich wie Fadenwürmer über seine Wangen und seine Nase ziehen. »Habe ich Ihnen nicht gerade gesagt, dass Sie sich setzen sollen?«

»Mein Platz ist besetzt«, sage ich und deute in die Ecke, wo die anderen sitzen.

»Das interessiert mich nicht«, sagt er betont langsam und bestimmt.

»Aber ...«

»Setzen Sie sich woanders hin. Sie vergeuden wertvolle *scrudu*-Zeit.«

»Wie bitte?« *Scheiße, Scheiße, Scheiße.* »Was denn für eine Prüfung?«

»Sie stellen meine Geduld auf eine harte Probe, Miss Ní Dhonnabháin. Wir schreiben heute den Grammatik-Test, der fünfunddreißig Prozent Ihrer Halbjahresnote ausmachen wird und den ich am Freitag angekündigt habe. Setzen. Sie. Sich. Endlich.«

Es gibt nur noch einen freien Platz in der ersten Reihe neben Josephine Hurley, von der jeder weiß, dass sie die totale Lesbe ist, weil sie in Sport in der Umkleidekabine immer ganz genau hinschaut, wenn wir uns umziehen. Chloe musste sich letztes Jahr auf unserer Klassenfahrt nach Rom das Zimmer mit ihr teilen und hat mir danach erzählt, dass

Josephine »zufälligerweise« immer genau dann ins Bad kam, wenn sie gerade unter der Dusche stand. Als ich mich neben sie setze, seufze ich übertrieben laut, was normalerweise für Lacher sorgen würde, aber diesmal bleiben alle still und sogar Josephine rutscht ein Stück von mir weg und flüstert mit Lisa Keane, die neben ihr sitzt. Die beiden kichern unterdrückt. Ich richte meinen Blick starr auf die Landkarte von Irland an der Wand mit den unterschiedlich eingefärbten Seen und Flüssen und Bergen und versuche meinen Atem unter Kontrolle zu bringen.

Ich bin Emma O'Donovan.

Ich bin Emma O'Donovan.

Ich bin Emma O'Donovan.

Ich bin Emma O'Donovan.

Irgendwann gongt es und mir bleibt nichts anderes übrig, als ein leeres Blatt abzugeben.

»Nicht vergessen, Miss Ní Dhonnabháin.« O'Leary packt seine Unterlagen und Stifte zusammen. »Nachsitzen in der Mittagspause. Und kommen Sie in Zukunft pünktlich zu meinem Unterricht. *A dhéanann tú a thuiscint?*«

»Ja, Mr O'Leary, ich habe verstanden.« Er sieht mich strafend an. »Entschuldigung. Ich meinte natürlich ... *Tuigim.*«

Er geht. Ein paar Mädchen, die im Grundkurs Englisch sind, trotten ihm hinterher. Als die Tür hinter ihnen zugefallen ist, stehe ich auf und stoße dabei aus Versehen Josephines Mäppchen auf den Boden, tue aber so, als hätte ich es nicht gemerkt. Soll die blöde Kuh es doch selbst aufheben.

»Hey.« Ich gehe zur letzten Reihe. »Wo wart ihr denn heute

Morgen? Ich hab ungefähr eine Million Mal versucht euch zu erreichen.«

Maggie drückt das Kinn an die Brust, Ali schaut gar nicht erst auf. Jamie ist die Einzige, die mir in die Augen sieht.

»Ich nehme an, bei Eli hast du es auch versucht«, sagt sie.

»Bei Eli? Nein. Warum hätte ich bei Eli anrufen sollen?«

»Samstag auf der Party hatten wir alle das Gefühl, dass du ihn ziemlich unwiderstehlich findest.«

»Jamie.« Maggie hebt ruckartig den Kopf. »Lass es.«

»Ist das dein Ernst?«, fragt Jamie. »Du willst, dass wir so tun, als wäre nichts dabei, dass deine sogenannte beste Freundin deinem Freund die Zunge in den Hals gesteckt hat?«

Ich? Eli? *Scheiße.*

»Ich hab ihm nicht ...« (Habe ich? Ich kann mich nicht erinnern.) »Gott, Jamie, wir waren alle ziemlich betrunken und haben Scheiß gemacht. Wenn, dann war das bloß aus Witz und das weiß Maggie genau. Stimmt doch, Maggie, oder?«

Sie sieht mich erschöpft an. »Ja, das weiß ich, Em. Es hatte nichts zu bedeuten. Ich würde es nicht mal als richtigen Kuss bezeichnen.«

»Maggie!« Jamie sieht sie entsetzt an. »Es geht hier um deinen *Freund*. Sie hat sich an deinen Freund rangemacht!«

Ich verschränke die Arme vor der Brust. »Warum bist du dir eigentlich so sicher, dass das von mir ausging? Vielleicht hat Eli ja angefangen.«

»Emma.« Maggies Stimme ist scharf. »Pass auf, was du sagst. Eli hat null Interesse an dir.«

(Was?)

(Warum nicht?)

»Weiß ich doch.« Ich versuche zu lachen. »Ich habe ja auch gar nichts anderes behauptet.«

»Du denkst echt, dass alle Typen scharf auf dich sind, was, Emma?«, zischt Jamie. »Einer reicht dir nicht.« Hinter mir höre ich ein Mädchen kichern.

»Warum machst du eigentlich so ein Riesendrama daraus?«, frage ich sie. »Maggie regt sich längst nicht so auf wie du.«

»Als ob du nicht genau wüsstest, worum es geht«, stößt Jamie zwischen zusammengepressten Zähnen hervor. »*Als ob*, Emma.«

»Ich habe keine Ahnung, wovon du redest«, sage ich und mache mir bewusst, dass ich *Emma O'Donovan* bin und Emma O'Donovan es nicht nötig hat, sich von einer dummen Pute wie Jamie Murphy ans Bein pinkeln zu lassen. »Hör zu, Jamie.« Ich richte mich auf und straffe die Schultern. »Ich weiß nicht, was du für ein Problem hast, aber ich habe zwei richtige Scheißtage hinter mir und es passt mir überhaupt nicht, dass du mich hier so anzickst. Du hast keine Ahnung, was ich zu Hause für einen Stress bekommen habe. Meine Eltern …«

»Deine Scheißeltern sind mir scheißegal!« Maggie legt ihr beruhigend die Hand auf den Unterarm, aber Jamie schüttelt sie ab. »Nein, Maggie. Jetzt hör auf, immer so zu tun, als wäre das, was sie macht, nicht schlimm. Ich meine, was war denn damals mit dem Volvo? Dafür hat sie sich doch auch nie entschuldigt, oder?«

»Das hatte nichts mit dir zu tun. Außerdem habe ich mich sehr wohl bei Maggie entschuldigt.« Ich drehe mich kurz um und sehe, dass sämtliche Mädchen in der Klasse uns mit offenem Mund zuschauen. »Stimmts, Maggie?«

»Hast du.« Maggie beißt sich auf die Unterlippe. »Aber ich habe richtig krass Ärger bekommen und du hast so getan, als wäre das Ganze nichts weiter als ein Riesenspaß gewesen. Ich hätte mich bei dem Regen niemals hinters Steuer gesetzt, wenn du nicht gesagt hättest, dass ich dich abholen soll.«

»Aber ich habe dich doch nicht gezwungen. Du warst meine letzte Rettung. Ich saß bei Aaron fest, und in der Taxizentrale haben sie gesagt, dass sie ihre Fahrer bei dem Hochwasser nicht losschicken. Meine Mutter hat alle zehn Minuten bei mir angerufen. Das war die totale Notsituation. Was hätte ich denn tun sollen?«

Jetzt hebt Ali den Kopf und sieht mich kalt an. »Wie wäre es, wenn du nicht immer gleich mit jedem ins Bett hüpfen würdest, Emma? Nur mal so als Vorschlag.«

Mir bleibt kurz die Luft weg, als hätte sie mir in den Magen geboxt. »Was?« Mein Kopf dreht sich. Hat Ali das eben wirklich gesagt? *Ali?* »Du weißt genau, dass ich an dem Tag nicht mit Aaron geschlafen hab, egal was er danach erzählt hat. Wir haben bloß ...«

»Ach, hör doch auf zu lügen.« Ali schlägt mit der Faust auf den Tisch, und sowohl Maggie als auch Jamie zucken zusammen. »Das ist das Einzige, was du kannst«, sagt sie, »*lügen, lügen und noch mal lügen.*«

»Warum sagst du so was?« Meine Stimme klingt erbärmlich dünn. »Was habe ich denn bitte so Schlimmes getan, Ali?«

»Wo soll ich anfangen? Damit, dass du gesagt hast, du kannst mir dein rotes Top von River Island leider nicht leihen, weil es danach ausgeleiert wäre? Oder wie du mir eine Stunde lang vorgeschwärmt hast, wie schön meine Mutter ist, und zehn Minuten später gesagt hast, wie schade es ist, dass ich ihr so überhaupt nicht ähnlich sehe? Oder als du Maggie erzählt hast, Eli hätte dich total angebaggert, und sie fast mit ihm Schluss gemacht hätte. Oder als …«

»Okay.« Ich spüre, wie sich hinter meinen Augenlidern ein Prickeln breitmacht. »Ich verstehe. Ich bin eine miese Bitch. Ich bin die beschissenste Freundin, die man sich nur vorstellen kann. Aber du müsstest mich doch inzwischen kennen, warum machst du jetzt auf einmal so ein Theater?«

»Du hast mit ihm geschlafen«, sagt Ali und blinzelt Tränen weg.

»Mit Aaron?« Ich bin verwirrt. »Oder … Moment mal … meinst du *Paul O'Brien* …? Was geht dich das an?«

»Nicht *Paul*. Obwohl der eine Freundin hat, aber das spielt ja keine Rolle. Wenn Emma O'Donovan beschlossen hat, sich einen Typen unter den Nagel zu reißen, lässt sie sich von solchen Nebensächlichkeiten nicht abhalten.« Sie stößt ein ersticktes Schluchzen aus. »Ich kann immer noch nicht glauben, dass du mit Sean geschlafen hast.«

»Mit Sean?« Ich muss fast lachen. »Sean Casey …? Wovon redest du?«

»Ach hör doch auf, Emma.« Ali dreht sich einen Moment zum Fenster, als müsste sie sich sammeln, dann wendet sie sich wieder mir zu und es ist, als würde ich in das Gesicht einer Fremden schauen. »Du bist echt ekelhaft, weißt du das? Vier Typen in einer Nacht? Hast du auch nur einen Funken Selbstrespekt, Emma?« Ich stehe da wie erstarrt und warte darauf, dass irgendjemand mich verteidigt. Ali ist komplett verrückt geworden, oder? Aber um mich herum bleiben alle still. Ihre Blicke sind fast triumphierend, so als hätten sie die letzten achtzehn Jahre auf genau diesen Moment gewartet. »Paul hat dir wohl nicht gereicht, was?«, stößt Ali hervor. »Nein, du musstest es ja auch noch mit Sean treiben und mit diesem Oberarschloch *Dylan Walsh* ... Was stimmt nicht mit dir, Emma? Du bist krank. Ich glaube ganz ehrlich, dass du *krank* bist.«

»Julie wird sich so was von an dir rächen«, mischt sich Sarah Swallows von hinten ein. »Kannst dich schon mal darauf vorbereiten.«

»Ich habe keine verdammte Ahnung, wovon ihr redet.« Ich klammere mich an der Tischplatte fest.

»Maggie.« Meine Stimme bricht und ich hasse mich dafür. »Maggie. Bitte.«

Sie legt ihre Hand auf meine. »Emma.« Sie wartet, bis ich sie ansehe, Tränen brennen in meinen Augen, aber ich darf jetzt nicht weinen. Ich kann nicht vor dem ganzen Kurs in Tränen ausbrechen. »Sag ehrlich, hast du auf der Party irgendwas genommen?«

»Klar hat sie was genommen.« Jamie verdreht die Augen.

»Du hast sie doch selbst gesehen. Sie hat so mit den Kiefern gemahlen, dass ich Angst um ihre Zähne hatte.«

»Jamie!«, sagt Maggie warnend und drückt meine Hand. »Okay, Emma, jetzt sag. Hast du was genommen?«

»Nein, natürlich nicht ... Ich ...«

»Bitte, Emma.« Sie zieht ihre Hand weg und reibt sich die Schläfen. »Sag mir einfach die Wahrheit. Hast du es deswegen gemacht? Weil du nicht mehr wusstest, was du tust?«

»Aber ich hab doch gar nicht ... Ich weiß nicht, wovon ihr redet. Das ist ...«

»Es hat keinen Sinn, es zu leugnen.« Maggies Stimme klingt jetzt gereizt. (Sie hat genug von mir. Sie haben alle genug von mir.) »Eli hat mir alles erzählt. Wenn du lügst, machst du es nur schlimmer.«

»Aber ich lüge nicht. Ich gebe zu, dass ich mit Paul geschlafen habe, aber ...«

»Oh Mann, Emma. Er hat eine Freundin. Und du wusstest ganz genau, dass Ali total in Sean verliebt ist. Das hättest du ihr nicht antun dürfen.«

»Aber ich *habe* nicht mit ihm geschlafen. Und abgesehen davon kann doch ich nichts dafür, dass er nichts von ihr will. Ich meine, ich habe ihm gesagt, dass sie ...« Ich beiße mir gerade noch rechtzeitig auf die Zunge.

»Was hast du ihm gesagt?« Ali sieht total geschockt aus. »Was, Emma? Was hast du ihm über mich gesagt?« Ich schaue sie nicht an. »Du hast ihm gesagt, dass ich in ihn verliebt bin, ja? Ist es das?« Als ich nicht widerspreche, sieht sie aus, als würde sie mich am liebsten erwürgen.

»Vielleicht sollte ich ihm raten, möglichst schnell zum Arzt zu gehen, um sich auf Geschlechtskrankheiten testen zu lassen«, faucht sie. »Heutzutage lassen sich Chlamydien ja ganz leicht behandeln, oder?«

Sie sieht einen Moment lang aus, als hätte sie das lieber nicht gesagt, aber dann wird ihr Blick wieder kalt. Vielleicht habe ich mir ihre Reue auch nur eingebildet.

»Fick dich«, zische ich und höre, wie die ganze Klasse vor Begeisterung kollektiv die Luft einzieht. Ich höre, wie in Taschen nach Handys gekramt wird und Nachrichten eingetippt werden. Lisa Keane richtet ihre iPhone-Kamera auf uns. »Wenn du es wagst, das zu filmen, wirst du es bereuen, das schwöre ich dir.« Ich mache einen Satz auf sie zu, aber sie lacht nur. Lisa Keane lacht *mich* aus.

»Was hast du denn dagegen, Emma?«, Jamie grinst. »Du lässt doch sonst auch möglichst viele an dem teilhaben, was du so treibst. Frei nach dem Motto: *Emma ist für alle da.*«

Ich hole tief Luft. »Ich glaube nicht, dass es uns irgendwie weiterbringt, wenn wir jetzt anfangen, uns gegenseitig zu beleidigen«, sage ich mit der Therapeutinnen-Stimme von Maggies Mutter. »Vielleicht sollten wir lieber woanders hingehen und ganz in Ruhe über alles reden.«

»Nein.« Ich habe Ali noch nie so entschlossen gesehen und plötzlich bekomme ich Angst. »Kein Bedarf, Emma«, sagt sie. »Du wusstest ganz genau, dass ich in Sean verliebt bin, aber das war dir scheißegal. Weil Emma O'Donovan sich einfach nimmt, was Emma O'Donovan will.«

»Aber ich habe nicht …«

»Dir reicht es nicht, dass dich sowieso alle Typen immer toller finden.« Ihre Unterlippe beginnt zu zittern und Jamie legt einen Arm um sie. »Nein. Du musstest mir unbedingt beweisen, dass auch Sean nicht gegen deinen legendären Zauber immun ist.«

Ich beuge mich vor, bis unsere Augen auf einer Höhe sind. »Ali, ich ...«

»Hau ab und lass uns in Ruhe«, sagt Jamie.

»Aber ...«

»Emma.« Maggies Stimme ist fest. »Ich glaube, es ist wirklich besser, wenn du erst mal Abstand hältst.«

»Oh Mann, echt.« Ich richte mich auf und gehe zu meinem Platz in der ersten Reihe. »Das ist mir wirklich zu blöd. Als könnte ich irgendwas dafür, dass Sean nichts von dir will. Vielleicht steht er ja einfach nicht auf Walküren.«

Niemand lacht. Sonst lachen immer alle über meine Witze.

»Ich bin froh, dass er nichts von mir will«, sagt Ali. »Jetzt hat er wahrscheinlich sowieso Tripper.«

»Ich habe dir doch gesagt ...« (Wer ist dieses Mädchen? Ali würde so was niemals sagen, erst recht nicht zu mir. Ali ist total lieb und nett und hält immer zu mir.) »Ich habe nicht mit ... Ich kann mich nicht mal mehr daran erinnern, was am Samstag passiert ist, aber ich habe garantiert nicht ...«

»Was willst du damit sagen, Emma?« Jamie sieht mich mit verengten Augen an.

Es wird still, irgendwie wirken alle Geräusche plötzlich gedämpft, so wie wenn man morgens aufwacht und merkt, dass es über Nacht geschneit haben muss.

Ich weiß nicht. Ich weiß nicht, was ich damit sagen will.

»Genau«, sagt Jamie. »Sei lieber still. Mit Mädchen, die hinterher einen Aufstand veranstalten und so tun, als hätten sie es nicht gewollt, will niemand was zu tun haben, sagst du ja selbst auch immer.«

10:00 Uhr

Ich warte gefühlte Stunden, bevor ich das nächste Mal einen Blick auf die Wanduhr riskiere.

10:04 Uhr

Als es zur kleinen Pause gongt, bilden Maggie und Jamie einen schützenden Kreis um Ali, deren Augen gerötet sind. Sie ist das Opfer, mit dem alle Mitleid haben.

»Sie wissen, dass Sie in der Pause nicht im Klassenzimmer bleiben dürfen«, ruft Ms O'Regan mir aus dem Flur zu. »Raus mit Ihnen.«

Ich gehe alleine zur Cafeteria und ärgere mich, dass ich heute Morgen vor lauter Hektik mein Handy vergessen habe. Ich würde jetzt gern Sean und Dylan eine Nachricht schreiben und fragen, was sie erzählt haben und warum sie solche Lügen verbreiten. (Aber ich erinnere mich an nichts, ich erinnere mich einfach nicht.) Die Cafeteria ist ein großer dunkler Saal mit altmodischem braunen Linoleumboden und eichenholzgetäfelten Wänden, die alles Licht schlucken. Runde Resopaltische, eine Theke mit Glasvitrine im hinteren Bereich und ungefähr hundert kichernde, lachende und streitende Mädchen.

Ich stelle mich in die Schlange an der Essensausgabe. Zwei

Achtklässlerinnen drehen sich kurz zu mir um und verkneifen sich ein Grinsen. Sie stoßen ihre Freundin an, eine Dicke mit geflochtenen Zöpfen. »Was denn?«, fragt sie und dann werden ihre Augen groß, als die anderen in meine Richtung nicken. Ich nehme mir einen Apfel aus dem Korb neben dem Tablettstapel, gehe zur Kasse, an der heute Mr O'Flynn sitzt, und lege ihm kommentarlos einen Euro hin.

»Du hast am Wochenende wohl ein bisschen zu viel Sonne abgekriegt, was?« Er gibt mir lachend das Wechselgeld.

»Mhmm.« Ich bin heute nicht in Flirtstimmung.

Ich sehe mich im Saal um und habe das Gefühl, dass alle mich anstarren, mit dem Finger auf mich zeigen und hinter vorgehaltener Hand tuscheln. Ali, Maggie und Jamie sind die Einzigen, die mich keines Blickes würdigen.

»Hey.« Als ich Chloe Hegarty sehe, setze ich mich schnell neben sie, stelle meine Tasche auf den Boden und poliere den Apfel an meinem Rock. »Gott, ich hab in dem Irischtest eben so was von versagt. Wie konnte ich nur vergessen, dass …«

»Du kannst hier nicht sitzen«, sagt sie und verzieht ihr Vollmondgesicht, als würde sie etwas Unappetitliches riechen.

»Was?«

Chloe Hegarty versucht mindestens drei Mal pro Woche mich anzurufen und glaubt mir, wenn ich behaupte, dass ich leider nicht drangehen konnte, weil ich gerade »unter der Dusche« stand. Chloe Hegarty hat mir etwas zu meinem achtzehnten Geburtstag geschenkt, obwohl ich sie nicht mal zu meiner Party eingeladen hatte. Chloe Hegarty backt mir jedes Weihnachten extra Mini-Apfelküchlein, weil sie weiß, dass ich Mince Pies mit Rosinen hasse. Chloe Hegarty hat mir mal gesagt, ich wäre ihre beste Freundin.

»Sorry«, sagt sie. »Aber du kannst hier nicht sitzen.«

Ich weiß selbst nicht, warum, aber ich stehe tatsächlich auf und gehe weg.

Ich bin Emma O'Donovan, sage ich mir immer und immer wieder stumm vor, als ich zur Toilette gehe, mich in einer Kabine einschließe und versuche meinen Apfel zu essen, während ich auf den Gong warte.

Der Tag kriecht vorbei. Im Unterricht kann ich mich auf die Lehrer konzentrieren und die anderen sind still, keine kann *Schlampe, Lügnerin, Hure, Nutte, Dreckstück* flüstern, solange ein Lehrer da ist.

Aber sobald es zum Ende der Stunde gongt, verlassen die Lehrer den Raum, und während wir auf den nächsten Kollegen warten oder zu einem anderen Klassenzimmer wandern, werde ich angerempelt, werden meine Bücher vom Tisch gefegt ... wird geflüstert. Um mich herum nur noch leises Zischen und Raunen.

Schlampe, Lügnerin, Hure, Nutte, Dreckstück ...

Wir warten auf unsere Erdkundelehrerin. Es ist die letzte Stunde. Danach kann ich endlich nach Hause, kann mich im Bett zusammenrollen, mir ein Kissen übers Gesicht legen und die Welt ausblenden. Dann kann ich einschlafen und vergessen, dass es diesen Tag jemals gegeben hat. Morgen ist dann alles wieder normal. Sean und Dylan werden zugeben, dass sie Müll erzählt haben, und Eli wird Maggie sagen, dass alles bloß ein Witz war, und sie wird mich anrufen und sich bei mir entschuldigen und Ali und Jamie dazu bringen, sich auch zu entschuldigen, und allen wird es leidtun. Ich tue so, als würde ich mir den Essay über den Klimawandel anschauen, den wir für heute vorbereiten sollten. Wo bleibt Miss Coughlan? Kann sie vielleicht langsam mal kommen? Wenn sie hier wäre, würden die anderen aufhören zu tuscheln und ich könnte aufhören, so zu tun, als würde ich die an- und abschwellenden Stimmen um mich herum nicht wahrnehmen, das schrille Lachen und ... den plötzlichen Moment totaler Stille, in dem jemand meinen Namen sagt. »Emma O'Donovan?« Scharfes Luftholen, alle halten den Atem an und drehen sich in meine Richtung, um zu sehen, wie ich reagiere. Nervöses Kichern.

Sie lachen über mich.

Die lachen alle über mich.

Ich springe auf und laufe los, laufe weg von ihnen, weg von dem Getuschel und Gelächter und den Stimmen, laufe zur Tür hinaus, an Julie vorbei durch den Flur, *Emma O'Donovan? Emma O'Donovan? Emma O'Donovan?*, hallt es in meinen Knochen. Ich sitze auf dem Klo, drücke die Handballen auf meine Augen und versuche mich daran zu erinnern, wie man atmet.

Versuche mich überhaupt zu erinnern. (Ich kann nicht, kann mich an nichts erinnern.)

Emma O'Donovan? Emma O'Donovan? Emma O'Donovan?

Sie wartet schon auf mich, als ich die Tür der Kabine wieder aufdrücke, die kupferroten Haare in einem hässlichen Pferdeschwanz aus dem Gesicht gebunden.

»Julie ...«

»Spar dir dein Gelaber.« Sie kommt auf mich zu, stößt mich so heftig rückwärts in die Kabine, dass ich gegen die Tür falle und auf der Kloschüssel lande, beugt sich über mich, das Gesicht nur Zentimeter von meinem entfernt. »Dylan hat mir genau erzählt, was abgelaufen ist.«

»Aber das ist gelogen ...«

»Du bist erledigt, hast du verstanden? Erledigt.« Sie legt mir so fest die Hände auf die Schultern, dass sich ihre Fingernägel in meine Haut graben. Ich will aufstehen, aber sie drückt mich mit aller Kraft nach unten. »Hab ich gesagt, dass du aufstehen darfst?«, faucht sie.

»Hey, das ... das kannst du mit mir nicht machen.« Ich bin so geschockt, dass ich kaum Luft bekomme, aber sie lacht mir ins Gesicht.

»Ach ja? Und was willst du dagegen tun?«

Wenn das letzte Woche passiert wäre, wären die anderen jetzt hier bei mir, sie würden Julie von mir wegziehen und ihr sagen, dass sie mich gefälligst in Ruhe lassen soll. Letzte Woche wäre ich nicht allein gewesen.

»Julie – ich weiß nicht, was Dylan dir gesagt hat, aber es ist nicht ...«

»Ach, halt die Fresse.« Jetzt verliert sie ihre Gelassenheit. »Lüg mich nicht an. Ich hab doch alles auf Snapchat ...«

»Gibt es hier ein Problem?« Miss Coughlan steckt den Kopf zur Tür herein und zieht ein strenges Gesicht.

»Nein, alles gut«, sagt Julie. »Emma ist bloß schlecht. Ich bin ihr hinterher, um zu schauen, ob ich helfen kann.«

»Indem Sie sie anschreien?«, Miss Coughlan sieht sie skeptisch an. »Ist alles in Ordnung, Emma?«

»Ja, Miss Coughlan.« Ich versuche zu lächeln. »Mir gehts schon wieder besser.«

Nach der Schule stehe ich vor dem Schulgelände und schaue zu, wie Maggies Fiesta schwarzen Qualm furzend vom Parkplatz fährt. Ich lege mir eine Antwort zurecht, falls jemand fragt, warum ich nicht bei ihr mitgefahren bin. *Ich hatte Lust zu laufen. Bisschen frische Luft schnappen.*

Aber niemand fragt.

Ich gehe zum Tor und fädle mich zwischen den Grüppchen der jüngeren Schülerinnen hindurch, die sich an den Riemen ihrer voll bepackten bunten Rucksäcke festklammern, die so schwer sind, dass sie rückwärts umzukippen drohen. Ich warte darauf, dass sie mich grüßen, mich fragen, welches Shampoo ich benutze und warum meine Haut so rein ist, oder mir sagen, dass ich Model werden könnte, *du bist echt voll schön, Emma*. Aber heute spricht mich keine an, kilometerweit nur toter Raum um mich herum.

Jemand ruft meinen Namen. Ein Wagen schießt raketenschnell auf mich zu, aber ich rühre mich nicht von der Stelle, sondern warte auf den harten Aufprall. Warte darauf, dass er in mich hineinkracht wie ein gebrochenes Versprechen. Die noch nicht geöffnete Coladose fällt mir aus der Hand. Julie Clancy lehnt sich aus dem Fenster von Sarahs himmelblauem Mini Cooper und streckt mir den Mittelfinger entgegen, während der Wagen mit quietschenden Reifen an mir vorbeirast.

»Was glaubst du eigentlich, wie viel Uhr es ist? Du hättest schon vor einer Stunde zu Hause sein müssen! Ich habe dich mehrmals angerufen. Warum bist du nicht drangegangen?«, schimpft Mam, als ich mich zur Haustür reinschleppe. Sie sitzt auf der Treppe und wartet auf mich.

»Ich habe mein Handy vergessen.«

»Das ist mir egal. Ich habe dir gesagt, dass du sofort nach der Schule nach Hause kommen sollst.« Ich starre auf den neuen gelben Fleck auf dem weißen Flauschteppich. Mam schnappt nach Luft, als ich den Kopf hebe. »Was ist mit deinem Gesicht passiert?«

»Ich war in Gedanken und bin gegen eine offene Schließfachtür gelaufen.«

»Warum bist du so durchnässt?«

»Weil es regnet?« Ich öffne die Haustür, um ihr den Nieselregen zu zeigen, der alles jenseits von unserer Veranda in neblige Trübnis taucht. »Siehst du.«

In der Einfahrt neben uns hält ein Wagen. Conors Mutter steigt aus. Sie hält sich schützend eine Zeitung über den Kopf, winkt und läuft Richtung Haustür.

»Sieht so aus, als wäre es vorbei mit dem schönen Wetter, Dymphna!«, ruft Mam und lächelt, bis ich die Tür wieder schließe. »Und wie hast du es geschafft, auf dem Weg von Maggies Wagen zur Haustür so nass zu werden? Ich bin nicht doof, Emma. Du warst ganz offensichtlich noch mit den Mädchen im Park, obwohl ich dir gesagt habe, du sollst gleich nach Hause kommen.« Als ich darauf nichts sage, packt sie mich am Arm. »Emma?«

Ihre Finger bohren sich in meine verbrannte Haut. Ich schüttle sie ab. »Ich bin zu Fuß gegangen.«

»Den ganzen Weg von der Schule hierher?« Sie zieht die Augenbrauen so hoch, dass sie fast unter ihrem Haaransatz verschwinden. »Im Regen? Aber warum denn? Ich verstehe nicht, was mit dir los ist. Du bist auf einmal so verändert. Ich kann dir gar nicht sagen, wie enttäuscht ich bin, dass du ...«

Ich schiebe mich an ihr vorbei und gehe die Treppe hoch, obwohl sie mir hinterherbrüllt, dass ich sofort wieder runterkommen soll. *Ich bin noch nicht fertig, junge Dame.*

Ich schäle mich aus meiner feuchten Schuluniform und werfe die Sachen in den Hello-Kitty-Wäschesack, den Ali mir als Witzgeschenk aus Japan mitgebracht hat. Ganz oben liegt das Kleid, das ich Samstag anhatte. Ich ziehe es heraus. Es ist total versaut und voller Kotzflecken, weshalb ich es in den Papierkorb stopfe. Ich will es sowieso nie wieder anziehen. Ich gehe nackt ins angrenzende Badezimmer, schließe die Tür ab und stelle mich vor den langen Spiegel neben der Dusche. Der Sonnenbrand auf meinem Dekolleté ist so stark, dass die Haut fast lila schimmert. Auf der Stirn und an den Handgelenken habe ich richtige kleine Brandblasen. Ich betrachte mich im Spiegel und entdecke an meinem Hals und an meiner Hüfte Blutergüsse. Als ich mich zum Pinkeln aufs Klo setze, ziehe ich scharf die Luft ein, weil es immer noch brennt. Eigentlich sogar fast noch schlimmer als gestern. Als ich fertig bin, stelle ich mich noch mal vor den Spiegel und schaue mich untenrum ganz genau an. Alles ist wund und aufgescheuert, die Innenseite meiner Oberschenkel mit kleinen blauen Blutergüssen gesprenkelt.

Paul war anscheinend ziemlich grob.

Wasser prasselt auf meine gespannte Haut. Ich arbeite das Shampoo in meine Haare und versuche gleichzeitig den Druck wegzumassieren, der sich unter meiner Schädeldecke ausbreitet. Der nach Kokosnuss duftende Schaum läuft mir in die Augen und ich blinzle.

Ich hatte Sex mit Paul O'Brien.

Ich öffne den Mund, Wasser rinnt über meine Zunge und die Kehle hinunter.

Warum kann ich mich nicht daran erinnern? Scheiße, versuch dich zu erinnern, Emma.

Eiskristalle wachsen um meine Augäpfel. Wirbeln durch meinen Körper. Hände pressen meine Knochen tief in mich hinein, als würden sie versuchen, mich ganz klein zusammenzudrücken. *Ich weiß nicht, ob wir das wirklich machen sollten, Leute.* Lachen. Etwas Feuchtes klatscht auf meine Haut.

Als ich aus der Dusche komme, klingelt mein Handy.

»Hallo?« Ich setze mich aufs Bett und stelle das iPhone auf Lautsprecher, damit ich mir gleichzeitig mit dem Handtuch meine Haare trocknen kann.

»Sag mal, hast du sie noch alle, Emma?«

»Bryan?« Ich schalte den Lautsprecher wieder aus und halte mir das Handy ans Ohr. »Bist du das?«

»Natürlich bin ich es. Du kennst doch meine Nummer.«

»Hey.« Meine Augen brennen und ich blinzle. »Warum regst du dich so auf? Ich habe Mam und Dad gesagt, dass du überhaupt nicht wissen konntest, dass ich auf der Party war, weil ich dir erzählt hätte, ich würde bei Ali übernachten.«

»Das ist mir im Moment scheißegal. Warst du heute schon auf Facebook?«

»Nein, ich hatte mein Handy ...«

»Okay, dann wirf mal einen Blick rein. Sofort.« Ich denke, er hat aufgelegt, aber dann sagt er noch: »Ich habe mich noch nie in meinem ganzen Leben so geschämt.«

Die Leitung ist tot und das Handy gleitet mir aus den zitternden Fingern und landet erst auf dem Bett und dann mit dumpfem Schlag auf dem Boden. Das Handtuch rutscht mir vom Kopf, als ich aufstehe, mich an den Schreibtisch setze und meinen Laptop aufklappe.

630 Benachrichtigungen. Ich höre meine eigenen Atemzüge, höre, wie ich einatme und wieder ausatme, ein und aus und ein und aus, bis der Raum um mich herum schrumpft und sich in meinem Atem auflöst, ein, aus, ein, aus, ein, aus, mehr ist da nicht. *Ein. Aus. Ein. Aus.*

Jemand hat mich auf einem Profil markiert, die ich nicht kenne. Es heißt »Easy Emma – eine für alle« und das auf dem Profilbild bin ich. Es ist das Foto, das ein Reporter vom *Ballinatoom Opinion* letztes Jahr auf dem Ball zur Feier der gewonnenen Bezirksmeisterschaft von mir geschossen hat und das dann als Titelbild verwendet wurde. Im Januar hing es sogar eine ganze Woche lang als Riesenplakat am Ortseingang. Es ist ein tolles Foto. (*Ich mag deine Haare offen ja lieber, Emma,* hat Mam gesagt. *Wenn du sie hochsteckst, sieht man, dass deine Ohren ein bisschen abstehen.*)

Die Seite hat Hunderte von Gefällt-mir-Angaben und eine 5-Sterne-Bewertung. Ich bin auf allen Fotos markiert.

Während ich weiter ein- und ausatme, fühlt es sich an, als würden sich meine Rippen in meinen Magen bohren. Unter dem ersten Foto kommt ein neues Like dazu und dann gleich noch eins und noch eins. *Pling. Pling. Pling.* 234 Likes für ein einziges Bild. So viele habe ich noch nie bekommen, noch nicht mal für das Bikinifoto von mir an der Côte d'Azur. Maggie hatte es auf ihre Seite gestellt und dazugeschrieben: »Lasset uns alle einen Moment ehrfürchtig innehalten und der Herrlichkeit von ›The Body‹ aka Emma O'Donovan huldigen«. Eli hat den Kommentar damals gelikt (und ich habe mich gefragt, was genau er gut daran findet).

345 Likes.

Ich scrolle weiter.

Blasse, schlaffe Arme und Beine, lange Haare, der Kopf ist nach hinten aufs Kissen gerollt. Die Fotos zeigen erst nur das Gesicht und arbeiten sich dann langsam den Körper hinab, halten auf dem nackten Fleisch inne, das auf den mit Rosen bedruckten Laken ausgebreitet liegt.

Das bin nicht ich.

Dylan kniet auf dem Mädchen (*auf mir, mir, aber das kann nicht ich sein, das bin nicht ich*), legt die Hände auf das (auf mein ... nein, ihr) Gesicht, als wollte er es verdecken. Sie hat kein Gesicht. Sie ist nur Körper, eine lebensgroße Spielpuppe.

Sie ist ein Es. Ein Ding (*ich, ich, ich, ich, ich*).

Ich erinnere mich aber an nichts, ich ...

Jetzt reckt Dylan beide Daumen in die Kamera. Auf dem

nächsten Foto stecken seine Finger im Körper des Mädchens (*in mir, mir, oh Gott, mir wird schlecht*), aber sie rührt sich nicht. Sie liegt immer noch genauso reglos da wie vorher, ihr Kopf und ihre Schulter hängen über die Bettkante. Dylan drückt ihre Beine auseinander und winkt die Kamera näher, die nächsten Fotos zeigen rosig entblößtes Fleisch und ich denke an die Hunderte von Likes von all den Menschen, die das gesehen haben, die dieses Mädchen so gesehen haben.

Mich.

Mein Atem geht schneller.

Wer hat die Fotos gemacht?

Fitzy, ich dachte immer, du ... Er steht am Bildrand, sieht aus, als wäre ihm übel (aber warum hat er eine Bierdose in der Hand? Wollte er nicht nüchtern bleiben, um die anderen zu fahren?). Paul hebt die Beine des Mädchens hoch, spreizt sie in der Luft und hält sie, während Dylan sich vorbeugt und seinen Kopf zwischen ihre Schenkel schiebt. Nächstes Foto. Er schaut in die Kamera und verzieht das Gesicht, als würde das Mädchen, *also ich, das bin ich* (*das kann nicht ich sein*), stinken. Als ich die Kommentare unter dem Foto lese, steigt heiße Scham in mir auf und versengt mich.

Als Nächstes Sean. (*Hier, ich habe dir eine Valentinskarte gebastelt.* Wie verlegen er geschaut hat, mit seinen fehlenden Schneidezähnen und den hochstehenden Haaren. Wir sind erst acht, aber er sagt mir, dass er mich heiraten will, wenn wir groß sind, und Conor ist sauer, weil er mich auch heiraten will. Und meine Mutter umarmt mich. *Du wirst mal eine ganz schlimme Herzensbrecherin und alle Jungs werden hinter dir her sein.* Sie sagt mir, dass sie mich lieb hat.) Sean stolpert, auf dem nächsten Bild liegt er am Boden, zieht sich am Rosenbettzeug hoch, grinst mit glasigem Blick in die Kamera, klettert aufs Bett und …

Nein. Nein. Klick das weg, Emma. Klick es weg.

Es ist, als hätte mir jemand eine Klinge in den Körper geschoben und würde mir von innen heraus das Fleisch abschälen.

Wieder Sean. Sein Gesicht zu einer Grimasse verzogen, auf dem nächsten Bild quillt Kotze aus seinem Mund, spritzt mir aufs Gesicht und auf die Haare. Und alle lachen. Im nächsten Foto hat er sich von mir runtergerollt und kniet auf allen vieren immer noch kotzend neben dem Bett. Fitzy geht auf die Kamera zu, streckt die Hand danach aus. Das nächste Bild ist verschwommen, man sieht nur sein Shirt. Dann wieder Sean, der mit dem Gesicht nach unten daliegt, Paul und Dylan krümmen sich neben ihm vor Lachen.

Matt Reynolds hat das Bild kommentiert: »Haha. War der Soundtrack dazu ›Rape me‹ von Nirvana?« Zwanzig Leute haben seinen Kommentar gelikt. Ich scrolle durch die Namen, die ich alle kenne. Snapchat-Screenshots, eine ganze Serie.

Das nächste Foto ist draußen aufgenommen. Im Hintergrund sieht man die Farm der Caseys, der Himmel ist blassviolett, gleich bricht die Dämmerung an.

Das Mädchen liegt auf der Erde. Liegt einfach da. Nächstes Foto. Dylan steht breitbeinig vor ihr, seinen Schwanz in der Hand. Ein dünner gelber Strahl spritzt auf ihr Gesicht.

»Manche Leute verdienen es einfach, angepisst zu werden«, hat jemand kommentiert. Das finden fünf Leute gut. Nein, sechs. Jetzt zehn, zwölf, fünfzehn. Zwanzig. Fünfundzwanzig.

»Emmie?« Die Stimme reißt mich aus meiner Lähmung und ich schlage den Laptop zu, als an meinem Türknauf gerüttelt wird. »Warum hast du dich eingeschlossen?«

»Ich habe geduscht und zieh mich gerade um.« Wie normal meine Stimme klingt. So als hätte sich nichts geändert.

»Komm runter. Das Abendessen steht auf dem Tisch.«

»Ich habe keinen Hunger.«

Mam seufzt resigniert. »Na gut.«

Ich warte, bis ich ihre leisen Schritte auf der Treppe höre und dann das Klackern ihrer Absätze unten auf dem Parkett.

Danach rolle ich mich im Bett zu einer Kugel zusammen und will einfach nur, dass es aufhört.

Dienstag

»Oh Mann, ich sehe heute so scheiße aus.«

»Tust du nicht, Süße. Ehrlich nicht. Wenn du …«

»*Gott*, du musst mich nicht anlügen. Ich weiß doch genau, dass ich …«

»Wenn hier überhaupt irgendwer scheiße aussieht, dann ja wohl ich. Ich krieg diese Pickel einfach nicht …«

»Ich schwör euch, ich hab genau gesehen, wie Lucy mich vorhin angeschaut hat, und ich so zu ihr: Ich weiß, dass ich zum Kotzen aussehe, Lucy, okay? Ich hab letzte Nacht keine Sekunde geschlafen. Und sie: Hä? Wovon redest du überhaupt? Ich hab dich doch gar nicht angeschaut. Dabei war es so was von offensichtlich. Mir wäre es ja egal, aber ausgerechnet Lucy? Ich meine, habt ihr gesehen, was sie …«

»Hallo.« Eine dritte Stimme. Schritte. Die Tür der Kabine neben mir wird aufgestoßen. Das leise Plätschern, als das Mädchen pinkelt. Das Ratschen eines Klettverschlusses, als sie ihre Tasche aufreißt und darin herumkramt. Unterdrücktes Fluchen. »Hat eine von euch vielleicht einen Tampon für mich? Scheiße, warum kriege ich denn jetzt auf einmal meine Tage?«

»Besser zu früh als zu spät.«

»Oh Gott. Ich würde sofort in die nächste Fähre nach England steigen und es wegmachen lassen.«

Eins der Mädchen kommt zu den Kabinen und bleibt zögernd stehen. Im Spalt unter meiner Tür sehe ich Ledermokassins von Dubarry und kurze graue Socken. Ich ziehe die Beine an, umklammere die Lunchbox in meinem Schoß und drücke die Fußsohlen gegen das Sperrholz, auf das jemand mit pinkem Marker einen Penis gemalt hat.

»In welcher Kabine bist du denn?«

»Hier.« Lautes Klopfen. »Ich strecke meinen Fuß raus.«

»Okay. Da, bitte.«

Kurz darauf höre ich die Spülung rauschen, die Tür geht auf, am Waschbecken wird ein Hahn aufgedreht.

»Was gibts Neues?«

»Nicht viel«, sagt die erste Stimme laut, um das Dröhnen des Händetrockners zu übertönen. »Wir haben nur gerade über Lucy Dineens neue Frisur geredet.« Lautes Lachen. »Nicht zu fassen, oder?«

»Als würde irgendwer auf ihre Haare achten – bei den Titten! Da ist jede einzelne schon so groß wie ihr ganzer Kopf.«

»Wenn ich solche Glocken hätte, würde ich nur noch Burka tragen. Habt ihr das Top gesehen, das sie am Samstag anhatte?«

»Schlimm!« Schnauben. »Ich hab zu ihr gesagt, du weißt

aber schon, dass wir nicht mehr fünfzehn sind und in die *Attic* Disco gehen, oder?«

»Die Typen haben natürlich trotzdem alle gegeiert.«

»Ja klar. Was für eine Schlampe.«

»Gutes Stichwort«, sagt die erste Stimme. »Du bist doch mit dieser Emma O'Donovan aus der Elften befreundet, oder?« Mein Herzschlag verlangsamt sich. Soll ich auf die Spülung drücken, damit sie merken, das noch jemand da ist? Soll ich einfach rausgehen, mir die Hände waschen und so tun, als hätte ich nicht gehört, dass sie meinen Namen erwähnt haben? Aber dann wüssten sie, dass ich mich in der Mittagspause auf dem Klo verstecke, weil niemand mit mir an einem Tisch sitzen möchte.

(Hier ist schon besetzt.)

»Also *befreundet* wäre jetzt übertrieben«, sagt die dritte Stimme. »Ihre Mutter ist die beste Freundin von meiner Mutter, deswegen kennen wir uns.« Jetzt weiß ich, warum mir die Stimme bekannt vorkam. Sie gehört Caroline Heffernan, Sheilas Tochter. Wir haben früher immer zusammen gespielt, wenn unsere Mütter sich getroffen haben, um Kaffee zu trinken und über Bernadette Quirke herzuziehen. Wenn sie kam, habe ich Conor immer sofort stehen lassen, weil ich begeistert war, ein Mädchen zu haben, mit dem ich Barbie spielen konnte. Aber als sie in der Siebten auf die weiterführende Schule wechselte, traf sie sich mit ihren neuen Freundinnen immer im Ort und ich war noch in der Grundschule und damit zu uncool, um sich mit mir abzugeben.

»Habt ihr die Fotos gesehen?«, fragt das zweite Mädchen.

»Hallo?«, kreischt die erste. »Wer hat die denn bitte *nicht* gesehen?«

Ich beuge mich vor und schlage die Hände vors Gesicht. *Das passiert gerade nicht, es passiert nicht, es passiert nicht, es passiert nicht, es passiert nicht.* Ich sage es mir immer und immer wieder vor, als könnte ich es dadurch wahr werden lassen.

»Was für eine Nutte.«

»Aber echt. Abartig. Ich meine, wer macht so was? Das ist so ... krass? Und dann lässt sie sich auch noch dabei *fotografieren*?«

»Na ja, anscheinend war sie ja total hackedicht«, sagt das erste Mädchen. »Olivia hat gestern erzählt, sie hätte sich schon den ganzen Abend voll an Paul O'Brien rangemacht. Er hat ihr zwar gesagt, dass er eine Freundin hat, aber sie hat nicht lockergelassen und ihn praktisch gezwungen, mit ihr ins Bett zu gehen. Gott, die hält sich echt für so was von unwiderstehlich. Erinnert ihr euch noch an den Siegerball letztes Jahr? Schon da hat sich an alle Spieler rangemacht, obwohl sie damals erst in der Zehnten war.«

»Aber gut aussehen tut sie. Das muss man ihr lassen.«

»Ja, aber sie weiß es auch.«

»Was wollte Paul O'Brien überhaupt auf der Party?«, fragt Caroline. »Der ist doch mindestens zehn Jahre älter als alle anderen.«

»Olivia hat gesagt, dass er ...«

»Olivia, Olivia. Wieso weiß die so viel?«, unterbricht Caroline sie.

»Äh ... vielleicht weil ihre Schwester Mia auf der Party

war?«, sagt das erste Mädchen langsam. »Hör mal, ich hab mitgekriegt, dass du deine Tage hast, aber das ist kein Grund, so zickig zu reagieren, okay?«

»Tut mir leid«, entschuldigt sich Caroline. »Ich dachte nur …« Sie zögert. »Keine Ahnung, die Fotos sind irgendwie komisch, oder? Ich meine, Emma sieht darauf aus, als wäre sie komplett weggetreten. Was war denn da los?«

»Keine Ahnung«, sagt das zweite Mädchen.

»Weiß ich auch nicht. Olivia hat nur gesagt, dass Emma sich schon den ganzen Abend komplett danebenbenommen hat, also definitiv so, als hätte sie was eingeschmissen. Sie hat stundenlang getanzt und irgendwann ist ihr das Kleid über die Schultern gerutscht und ihre Titten hingen bestimmt fünf Minuten lang raus, bis Maggie Bennet es mitgekriegt hat und ihr das Kleid wieder hochgezogen hat.« Etwas zersplittert in meinem Inneren. Schartige Scherben zerschneiden mich. »Na ja, und dann hat sie Paul ins Schlafzimmer von Sean Caseys Eltern gezerrt.«

»Ach komm, ins Schlafzimmer von seinen *Eltern*? Das ist ja wohl voll widerlich.«

»Gott, echt!«

»Ja, schon.« Caroline klingt immer noch zweifelnd. »Aber auf den Fotos sieht es aus, als wäre sie bewusstlos.«

»Ich bitte dich, Car«, sagt das erste Mädchen ungeduldig. »Niemand hat sie gezwungen, zu saufen oder irgendwelche Scheißpillen einzuwerfen. Und man kann ja wohl kaum von einem Typen erwarten, dass er sie von der Bettkante stößt, wenn sie sich ihm so an den Hals schmeißt, oder?« Sie lacht.

»Selbst schuld, würde ich sagen. Sie hat es ja quasi herausgefordert.«

Ich stelle die Füße auf den Boden, so laut ich kann, knalle den Klodeckel zu und drücke auf die Spülung. Die drei sind schlagartig still, dann werden die Stimmen leiser, Schritte, entfernen sich, Gelächter, als sie draußen im Flur sind. Das Gelächter folgt mir, egal wohin ich gehe.

Ich will das nicht mehr. Es soll aufhören.

Ich habe Angst, einzuschlafen. Habe Angst vor meinen Träumen. Gesichter im Dunkeln, Hände, lauter Hände überall. (Das gefällt dir, was?) (Na los, mach schon.) Ich sehe die Fotos vor mir und die lange Liste der Kommentare, zu denen immer wieder neue dazukommen. (*Manche Leute verdienen es einfach, angepisst zu werden.*)

Heute Morgen bin ich im Schlafanzug runter und habe Mam gesagt, dass ich lieber zu Hause bleiben möchte. Dad war schon zur Arbeit gefahren. Ich musste mich an der Rückenlehne von ihrem Stuhl festklammern, weil ich das Gefühl hatte, sonst davonzuschweben, als würde mein Ich sich aus meinem Körper lösen und nur die leere Hülle zurücklassen. *Ich glaube, ich bin krank*, habe ich geflüstert. *Du siehst auch krank aus*, hat Mam gesagt und mir mit besorgtem Blick die Haare aus der Stirn gestrichen. Als ich klein war, hat sie mir immer die Haare gekämmt und über meine Wange gestreichelt und mir gesagt, wie hübsch ich bin. Ihre Stimme klang dabei immer so glücklich. Wann hat sie damit aufgehört?

Bitte mach, dass alles wieder gut wird, Mam, hätte ich gern gesagt. *Bitte mach, dass es wieder so ist wie früher.*

»Aber du bist selbst schuld, dass es dir schlecht geht«, hat sie im nächsten Moment mit harter Stimme gesagt. »Zieh dich an. Du gehst zur Schule.«

Und ich wusste, dass sie mir nicht helfen kann.

Ich packe die Lunchbox wieder ein. Das Ziegenkäse-Rucola-Sandwich ist genauso unberührt wie die Weintrauben und das Bio-Himbeerjoghurt, alles ordentlich verpackt mit zwei Papierservietten und einem Löffel. (Ich habe keinen Hunger.) Ich checke mein Handy. Ungefähr zehn verpasste Anrufe in der letzten halben Stunde, alle von unterdrückten Nummern. Die Nachrichten auf der Mailbox höre ich mir nicht an. Auf Facebook kommen ständig neue Freundschaftsanfragen. Genau wie bei Twitter. Alle von Accounts ohne Profilbild und mit Namen wie XYZ89u4.

Schlampe ... Hure ... Nutte ... Flittchen ...
Wir wissen, was du für eine bist ...
Schlampe ... Hure ... Nutte ... Flittchen ...
Wir wissen, was du getan hast.

Eine SMS von Mam, die fragt, ob es mir besser geht. Kein Wort von Bryan. Dann noch eine Nachricht von einer unbekannten Nummer. Ich lösche sie, ohne sie zu lesen.

Es gongt, die Türen werden aufgestoßen und zugeklappt, auf und zu und auf und zu, in der Kabine nebenan wird eine Essgestörte ihren Lunch los, die Spülung rauscht, die Wasserhähne werden auf- und zugedreht, ein Mädchen fragt nach einem Lippenpflegestift, panische Vorbereitungen auf einen Mathetest. *Oh mein Gott, lässt du mich bitte abschreiben? Ich hatte gestern keine Zeit zu lernen.* Jemand hat eine Aufgabe nur halb gelöst. Ms Harrington ist eine fiese Kuh, weil sie einem Mädchen im Deutschtest bloß fünfundvierzig Prozent gegeben hat. *Mein Vater bringt mich um, wenn er mitkriegt, dass der teure Sprachkurs in Deutschland nichts gebracht hat.* Dann endlich Stille. Ich komme aus meiner Kabine und stelle mich ans Waschbecken. Die Bilder von der Easy-Emma-Seite flimmern vor mir über den Spiegel, *entblößtes Fleisch, weiße Schenkel, Körperteile* tanzen übers Glas (*Manche Leute verdienen es einfach, angepisst zu werden*). Ich wasche mir die Hände, lasse immer wieder Seife über die Finger fließen, reibe und spüle, seife sie neu ein, sehe zu, wie die gerötete Haut unter Schaumblasen verschwindet, reibe die Hände fest aneinander und reibe und reibe.

»Wie schön, dass Sie uns heute auch noch beehren«, sagt Ms O'Regan, als ich ins Klassenzimmer schleiche und nach einem freien Platz suche. Sie ist jung und hübsch und hat sich die blonden Haare zum Pferdeschwanz gebunden. Als ich nicht antworte, sagt sie: »Warum setzen Sie sich nicht?«

Reihen ausdrucksloser Gesichter. Augen wie glänzende Knöpfe, zugenähte Lippen.

Habe ich es wirklich mal genossen, im Mittelpunkt zu stehen?

»Ich kann mich nicht setzen. Wohin denn?«

Sie sieht sich um. »Sie haben recht«, sagt sie verwirrt. »Da scheint ein Stuhl zu fehlen.« Sie wendet sich an die Klasse. »Hat eine von Ihnen einen Stuhl weggenommen und woanders hingebracht? Normalerweise gibt es hier in diesem Zimmer vierundzwanzig Plätze. Sechs Reihen, jeweils vier Stühle pro Reihe.« Niemand sagt etwas. »Los, Mädchen, Sie sitzen hier im Leistungskurs Mathe. Sechs Reihen mit jeweils vier Stühlen macht vierundzwanzig. Ich zähle aber nur dreiundzwanzig.« Schweigen. »*Na schön*. Emma, dann holen Sie sich bitte einen aus der Aula und kommen Sie so schnell es geht zurück. Sie haben schon genug vom Unterricht verpasst.«

Ich lege die Hand auf die Klinke, als ich durch das schmale Fenster in der Tür ein Gesicht sehe.

»Entschuldigen Sie bitte die Störung, Ms O'Regan«, sagt Ms McCarthy, nachdem ich sie reingelassen habe. »Ich würde mich gern kurz mit Emma O'Donovan unterhalten.«

Normalerweise würde man jetzt mindestens ein »*Oh-oh*« hören, aber alle bleiben still.

Ms O'Regan nickt und die beiden tun so, als würden sie sich kaum kennen, obwohl wir alle wissen, dass sie zusammenwohnen. Jeden Freitagabend treffen sie sich mit Miss Coughlan, kaufen im Off-Licence drei Flaschen Weißwein, einen Pinot Grigio und zwei Sauvignon Blanc, und holen im »Ahoy Matey's« Backfisch, große Pommes und Erbsenpüree zum Mitnehmen, aber nur zwei Portionen. Miss Coughlan isst nichts, weil sie genau wie die Mutter von Sarah Swallows bei den Weight Watchers mitmacht und Samstagvormittag offizielle Wiegezeit ist. Miss Coughlan muss bis Oktober nämlich sieben Kilo abnehmen, weil sie auf der Hochzeit ihrer Schwester Brautjungfer ist und in ein Kleid von Vera Wang reinpassen muss, das die Schwester günstig bei eBay für sie gekauft hat und das es nur noch in achtunddreißig gab.

»Kommst du bitte, Emma?«, fragt Ms McCarthy mich leise und ich sehe den Gesichtern der anderen aus dem Kurs an, dass sie dasselbe denken wie ich. Sie hat die Fotos gesehen (entblößtes Fleisch) und die Kommentare gelesen (*Manche Leute verdienen es einfach, angepisst zu werden*) und jetzt wird sie mir gleich sagen, dass ich von der Schule verwiesen werde, weil ich einen schlechten Einfluss auf die anderen habe und man an der St Brigid's keine *Schlampen … Huren … Nutten … Flittchen …* unter den Schülerinnen duldet. Ich meine zu spüren, wie sich die Luft im Raum verdichtet, wie sich ein geräuschloses statisches Summen aufbaut, als ich Ms McCarthy aus dem Zimmer folge.

Sie wendet sich nach links und geht die fünf Stufen hinunter, die zum Seitenausgang in Richtung Sporthalle führen, öffnet dann aber die Tür zum Andachtsraum rechts. Als ich in der siebten Klasse war, hing hier noch ein Kruzifix an der Wand und neben dem Lichtschalter an der Tür war ein Weihwasserbecken angebracht, doch beides ist mittlerweile abmontiert worden. In der Mitte des Raums stehen rote Stühle im Kreis, in einer Ecke zwei schlaffe Sitzsäcke, eine schmale Bank unter den drei Fenstern vor der Heizung. Auf der Bank liegt ein Stapel Bücher über die verschiedenen Weltreligionen, daneben steht ein uralter CD-Player und eine Auswahl von CDs: Meditationen und grauenhafte Panflötenmusik, die aufgelegt wird, wenn wir Entspannungsübungen machen. An den übrigen Wänden hängen Zeichnungen und Collagen, Projekte zum Thema Rassismus und Toleranz und Menschlichkeit, aus Zeitschriften herausgeschnittene und aufgeklebte Bilder, dazu in Bubbleschrift irgendwelche Schlagwörter.

»Setz dich doch«, sagt Ms McCarthy. Sie hat sich ihre dunklen Locken mit einer rosa Spange zurückgesteckt, die zu ihrem billigen rosa Blazer passt. Sie klopft auf den Stuhl neben sich und sieht mich mit ihren seltsam milchig blauen Augen prüfend an. Ich bin mir sicher, sie trägt farbige Kontaktlinsen. »Ich wollte dich fragen, wie es dir geht, Emma«, sagt sie. »Möchtest du vielleicht etwas trinken? Ich könnte schnell ins Lehrerzimmer gehen und dir eine Tasse Tee holen.« Sie kommt aus Cork und spricht normalerweise in dem für die Gegend typischen Singsang, aber jetzt klingt ihre Stimme merkwürdig flach.

»Nein danke. Nicht nötig. Mir gehts gut.« Ich spüre, wie meine Handflächen feucht werden, und wünschte, sie würde zum Punkt kommen, damit wir die Sache schnell hinter uns bringen.

»Sicher?« Sie legt mir eine Hand auf die Schulter. »Du würdest es mir doch erzählen, wenn dich irgendetwas bedrückt, oder? Du weißt, dass du mir vertrauen kannst.«

»Mir geht es gut«, wiederhole ich und betrachte ein Plakat mit aus Zeitschriften ausgeschnittenen Fotos von Magermodels, über dem quer »Würdest du auch dein Leben dafür geben, so dünn zu sein?« geschrieben steht.

»Emma.« Sie räuspert sich. »Emma. Ich habe vorhin zwei Achtklässlerinnen dabei erwischt, wie sie sich auf Facebook Bilder angeschaut haben, die mich sehr erschreckt haben.« Die Knochen meines Skeletts ordnen sich neu, bilden einen

Käfig um mein Herz und drücken alle Luft aus meinen Lungen. »Weißt du, wovon ich rede?«

Die Wände stürzen in sich zusammen. Alles fällt auseinander.

(Entblößtes Fleisch.) (Gespreizte Beine.)

Mein Körper gehört mir nicht mehr. Sie haben überall ihre Namen draufgestempelt.

Easy Emma.

»Ja.« Das Wort liegt schwer wie eine fette, schleimige Schnecke auf meiner Zunge.

»Kannst du verstehen, dass ich mir Sorgen um dich mache?«

Ich weiß nicht, warum sie es mir nicht einfach sagt. Warum sie nicht einfach sagt, dass sie mich rausschmeißen, dass ich auf eine dieser Privatschulen in der Stadt gehen muss, wo man den Abschluss extern machen kann, dass es aber gut sein kann, dass die mich dort auch nicht aufnehmen, weil dort garantiert jemand wen aus Ballinatoom kennt, der ihm einen Link von der Easy-Emma-Facebookseite schicken wird, der Seite mit den Fotos und den Kommentaren, zu denen im Sekundentakt neue dazukommen. Es ist wie ein außer Kontrolle geratener Waldbrand und ich stehe mittendrin. *Ich will nicht, dass das irgendjemand liest.* (Manche Leute verdienen es einfach, angepisst zu werden.) In der neuen Schule wird es genauso sein wie hier. Alle werden schlagartig verstummen, sobald ich ein Zimmer betrete, werden mich anstarren, werden verstummen, wenn ich an einem Tisch vorbeigehe, in Gelächter ausbrechen, nachdem ich einen Raum verlassen habe. Wenn ich daran denke, möchte ich mich nur noch auf dem Boden zusammenrollen und einschlafen und nie wieder aufwachen.

»Emma?«

»Niemand redet mehr mit mir.«

»Niemand redet mehr mit dir?«

»Ich darf mich beim Essen nicht mehr zu ihnen setzen und im Unterricht will auch niemand neben mir sitzen. In der Pause verstecke ich mich auf der Toilette. Wenn ich den Flur entlanggehe, flüstern alle und ich weiß nicht, ob ich das noch länger aushalte, ich ... ich weiß es wirklich nicht.«

»Verstehe.« Sie scheint nach den richtigen Worten zu suchen. »Tja, das ... das ist bestimmt sehr hart für dich, aber gibt es vielleicht noch etwas *anderes*, worüber du gern mit mir reden würdest?«

Ich zupfe an meinem perfekt gebügelten Faltenrock und blinzle die Tränen weg.

»Um noch mal auf die Fotos zurückzukommen ...« Sie wickelt sich eine ihrer Locken straff um den Zeigefinger und verzieht das Gesicht, als sie versucht, ihn wieder rauszuziehen. »Ich möchte, dass du weißt, dass du mit mir über alles reden kannst. Das ist ein geschützter Raum. Nichts von dem, was hier besprochen wird, wird jemals nach draußen dringen.« Sie sieht mich abwartend an. Ich wünschte, ich wüsste, was sie hören will.

»Werde ich von der Schule geworfen?«

Sie beugt sich so weit zu mir vor, dass ich ihren Atem riechen kann, ich tippe auf Thunfisch-Sandwich. »Was? Nein, Emma. Nein. Natürlich nicht.«

Meine Beine beginnen zu zittern, aufgestautes Adrenalin flutet meinen Körper.

»Ich habe vorhin in deinen Unterlagen gesehen, dass du schon achtzehn bist.«

Ich hatte vor zwei Wochen Geburtstag. Als ich morgens aufwachte, saßen Mam und Dad an meinem Bett und Dad hat mir gesagt, dass ich immer sein kleines Mädchen bleiben werde, ganz egal wie alt ich bin. Mam hat mir Blaubeerpfannkuchen gebacken, die ich im Bett essen durfte, und hat keinen Ton darüber verloren, dass die Krümel Ungeziefer anlocken könnten; stattdessen hat sie mir vom Tag meiner Geburt erzählt und wie glücklich sie gewesen sei, als die Hebamme ihr sagte, sie hätte eine Tochter bekommen, weil sie sich immer einen Jungen und ein Mädchen gewünscht hatte und in diesem Moment wusste, dass ihre Familie komplett war. Sie gab mir eine kleine, in Silberpapier gewickelte Schachtel. *Gefällt es dir?*, fragte sie, als ich Nanas goldenes Medaillon herausnahm. *Ich liebe es*, antwortete ich und das war ausnahmsweise sogar die Wahrheit. Diesmal hatte ich keinen Grund, nach der Quittung zu fragen, und sie hatte keinen Grund, sich darüber zu beklagen, wie undankbar ich bin. Zum allerersten Mal hatte ich das Gefühl, dass sie mich vielleicht doch versteht. Neben meinem Bett lagen noch mehr Geschenke. In dem größten, einem rosa-weiß gestreiften Karton, waren die Schuhe von Jeffrey Campbell, die ich mir so gewünscht hatte. Dazu ein Umschlag mit Handyguthaben im Wert von zwanzig Euro von Bryan und ein 500-Euro-Gutschein für Topshop von meiner Tante Beth aus London. Um sieben klingelten

Maggie und Ali, um mich abzuholen. *Wo ist Jamie?*, fragte ich. *Die kann leider nicht*, sagte Maggie, *sie muss arbeiten*, und ich tat so, als wäre ich enttäuscht. Ich bekam zwei mit Gas gefüllte Ballons, auf die jeweils eine Eins und eine Acht aufgedruckt waren, und einen Riesengeschenkkorb voller Süßigkeiten von Auntie Nellie's Sweet Shop. Dann zogen wir total aufgestylt los und fuhren ins Zentrum, wo wir uns im *Corleone* zwei Pizzas teilten und den Kellner überredeten, meine *Happy Eighteenth!*-Schärpe und das Krönchen als Altersnachweis für uns drei zu akzeptieren und uns eine Flasche Wein nach der anderen zu bringen. Wir ließen Maggies Wagen stehen und schwankten die Hauptstraße hoch, aber ins *Voodoo* wollten sie uns nicht reinlassen, weil die anderen beiden noch minderjährig waren. Also schlichen wir uns in die Seitenstraße, nahmen unsere hohen Schuhe in die Hand und kletterten über die zwei Meter hohe Natursteinmauer, um in den Raucherbereich im Hof zu springen. Innerhalb von Minuten waren wir von Typen umringt, alle um die Ende zwanzig, Anfang dreißig, also richtige Männer. Wir setzten ihnen mein Plastikkrönchen auf, hängten ihnen meine Schärpe um, ließen uns Tequilas ausgeben und kümmerten uns nicht um die Frauen, die uns gehässige Blicke zuwarfen und zischten, dass wir ins *Attic* gehen sollten, wo wir hingehören. Als ich am nächsten Morgen aufwachte, lag ich quer über meinen Kissen mit dem Kopf auf dem Nachttisch. Maggie und Ali schliefen neben mir, beide noch komplett angezogen und geschminkt. Mam rief aus der Küche, sie hätte uns zum Frühstück Würstchen und Spiegeleier mit Bohnen und Tomaten gebraten, könne aber gerne auch French Toast, Pfannkuchen oder ein Omelett machen, falls uns das lieber wäre. Ich war glücklich.

»Ja«, sage ich zu Ms McCarthy. »Ich bin achtzehn.«

Sie runzelt die Stirn. »Das macht es juristisch betrachtet natürlich … Ach, Emma … Ich wollte dir nur sagen, dass mich diese Fotos wirklich sehr beunruhigt haben. Verstehst du, warum sie mich so beunruhigen?«

Schweigen. In der Stille höre ich das Ticken einer Uhr und suche die Wand über Ms McCarthys Kopf ab, bis ich sie gefunden habe. Eine weiße Scheibe mit schwarzen Zeigern. Ich beobachte, wie der Sekundenzeiger seine Runde dreht … wieder und wieder und wieder.

»Der Grund, weshalb …«, sie räuspert sich wieder, »… weshalb ich so alarmiert bin, ist, dass du auf diesen Fotos so völlig …«, sie holt tief Luft, »… unbeteiligt wirkst.«

Ich wische verstohlen meine Handflächen am Polster ab.

»Erinnerst du dich, wie die Fotos entstanden sind, Emma?«

Ich erinnere mich nicht.

Ich erinnere mich nicht.

Ich will mich nicht erinnern.

»Ich will nicht darüber sprechen.«

»Das respektiere ich«, sagt sie. »Aber ich habe meinen Schülerinnen gegenüber auch eine Fürsorgepflicht.«

»Es ist ja nicht in der Schule passiert.«

»Ich verstehe, dass das nicht leicht für dich ist.«

»Hören Sie auf, ständig *ich verstehe dich, ich verstehe dich, ich verstehe dich* zu sagen. Haben Sie das so beigebracht bekommen? Ist das ein Text aus irgendeinem beschissenen Ratgeber, den Sie auswendig lernen mussten?« Ich schlage mir erschrocken die Hand vor den Mund. »Tut mir leid«, flüstere ich und warte darauf, dass sie mich zurechtweist und sagt, dass ich zu weit gegangen bin.

»Emma ... könnte es vielleicht sein, dass dir jemand etwas in dein Getränk gemischt hat?«

Ja, klar hat ihr jemand was in den Drink gemischt. Und zwar noch mehr Alkohol, als sowieso schon drin war, hat Ali letztes Jahr höhnisch gesagt, als ein Mädchen aus unserem Jahrgang genau das behauptet hat.

»Nein.«

»Verstehe. Es ist nur, dass du auf diesen Fotos, na ja, du siehst ...«

Hören Sie auf, von den Fotos zu reden. (Gespreizte Beine.) (Entblößtes Fleisch.)

»Ich habe nur so getan.«

»Nur so getan?«

»Ja genau.« Ich werfe über die Schulter einen Blick zur Tür. »So als würde ich schlafen und nichts mitkriegen. Wir haben die Bilder aus Spaß gemacht.«

Keine von uns beiden sagt etwas. Ich umklammere die Kanten der Sitzfläche meines Stuhls, die Beine leicht angehoben, auf Zehenspitzen, als würde ich auf den Startschuss warten, um loszurennen. Bitte, lieber Gott, lass es gongen, damit ich endlich nach Hause gehen und mich in meinem Bett verkriechen kann. Ich stecke auch fünf Euro in die Spendenbox vom christlichen Missionsdienst bei Spar, wenn du es jetzt sofort gongen lässt. *Bitte, bitte, bitte.*

»Na gut, Emma. Wenn du willst, kannst du jetzt gehen.«

An der Tür fällt mir noch etwas ein.

»Ms McCarthy?«

»Ja?« Sie dreht sich im Stuhl zu mir um.

»Bleibt das zwischen uns?«

»Diese Facebookseite ist öffentlich«, sagt sie. »Ich bin mir ziemlich sicher, dass einige Leute sie inzwischen gesehen haben und dass darüber gesprochen wird.«

Mam und Dad haben keine Ahnung von Facebook, ich hake aber trotzdem noch mal nach. »Ja, schon. Trotzdem müssen Sie ja mit niemandem darüber reden, oder? Bitte versprechen Sie es mir.«

»Das kann ich nicht, Emma. Das weißt du.«

Ich stelle mir vor, wie Dad die Fotos sieht. Erst Schock, dann Abscheu. (Er würde mich eklig finden.) Er würde immer an diese Fotos denken, wenn er mich anschaut. (Gespreizte Beine.) (Entblößtes Fleisch.) Er würde sich wünschen, dass ich ihm nie mehr unter die Augen trete.

Das hätte ich niemals von dir gedacht, würde er sagen. *Ich habe dich immer für ein anständiges Mädchen gehalten.*

»Bitte nicht!« Ich laufe zu ihr zurück und kauere mich vor sie hin. »Sie müssen es doch niemandem erzählen, oder? Auch nicht meinen Eltern. Was würde das bringen?«

»Ich habe leider keine andere Wahl, Emma. Wenn ein begründeter Verdacht auf ein strafrechtlich relevantes Verhalten vorliegt, ist es meine Pflicht, das dem für solche Fälle zuständigen Kollegen zu melden.« Sie sieht meinen verwirrten Blick. »An unserer Schule ist das Mr Griffin.«

Mr Griffin? Sie will es Mr Griffin erzählen? Sie will Mr Griffin die Fotos zeigen?

»Bitte, nicht. Ich flehe Sie an. Ich bin bereit, alles zu tun, aber Sie dürfen nicht mit Mr Griffin darüber sprechen oder ihm die Fotos zeigen.« Wenn sie das macht, bin ich endgültig geliefert.

»Ich habe keine andere Wahl«, sagt sie noch einmal. »Außerdem weiß er es schon. Ich glaube, er hat sich sogar schon mit deinen Eltern in Verbindung gesetzt. Wahrscheinlich werden wir die Polizei einschalten müssen, Emma.«

Einen Moment lang vergesse ich meine Panik und muss fast lachen. Die Polizei? Was hat die Polizei denn bitte damit zu tun, dass ein paar Jugendliche zu viel getrunken haben und Sex hatten?

»Das ist jetzt nicht Ihr Ernst.«

»Noch mal, Emma: Mir bleibt gar nichts anderes übrig. Nicht, wenn der Verdacht im Raum steht, dass es sich um eine Vergewaltigung gehandelt haben könnte.«

Vergewaltigung.

Das Wort lässt mich wie unter einem Peitschenhieb zusammenzucken.

Es bläht sich auf und wird immer größer, bis es den ganzen Raum ausfüllt und nichts anderes mehr übrig ist als dieses eine Wort. Da ist keine Luft mehr, nur noch dieses eine Wort, das ich einatme (Vergewaltigung), kein Ton, nur noch dieses eine Wort, das ich höre (Vergewaltigung), nur noch dieses eine Wort, das ich rieche (Vergewaltigung) und das ich schmecke (Vergewaltigung).

»Nein.« Ich versuche das Wort, das sich in meinem Kopf eingenistet hat und dort wie Hammerschläge widerhallt, herauszuschütteln. »Wovon … wovon reden Sie?«

Ich falle. (Die Wände stürzen ein. Alles bricht zusammen.)

»Oh Gott, Emma!« Ms McCarthy kniet neben mir, reibt mir den Rücken. »Brauchst du Luft? Soll ich das Fenster aufmachen oder dir ein Glas Wasser bringen?«

»Sie, Sie …« Ich kann nicht mehr denken. Die Fotos von der Easy-Emma-Seite verstopfen mein Gehirn und meinen Mund und meine Lungen und ich bekomme keine Luft mehr.

(Entblößtes Fleisch.) (Gespreizte Beine.)

»Sie … Sie können das doch nicht einfach so behaupten … Haben Sie das etwa auch zu meinen Eltern gesagt?«

»Was gesagt?«

Ich bringe es nicht über mich, das Wort zu wiederholen.

Sie setzt sich neben mir auf, zieht die Beine an die Brust und sieht plötzlich so jung aus, dass man sie selbst für eine Schülerin halten könnte. »Es tut mir leid, Emma.« Sie seufzt. »Es tut mir wirklich leid, aber ich muss mich an die Vorschriften halten. In so einem Fall muss der zuständige Lehrer informiert werden, der sich dann gegebenenfalls mit dem Health Service in Verbindung setzt. Falls man dort der Meinung ist, dass eine Straftat vorliegt, wird auch die Polizei eingeschaltet.« Sie beißt sich auf die Unterlippe. »Und Emma … ganz ehrlich? Ich glaube, das ist so ein Fall.«

Ein gequälter Laut bricht aus mir hervor. Ein Laut, der aus meinem Innersten kommt und den ich noch nie zuvor von mir gehört habe. Ms McCarthy redet beruhigend auf mich ein, sagt, dass ich tief durchatmen soll, *einatmen und wieder ausatmen*, aber ihr Gesicht verschwimmt vor meinen Augen. Was werden meine Eltern sagen? Was werden sie bei der Polizei (der Polizei!) sagen? Was ist mit Paul? Wird er eine Aussage machen müssen? Er wird denken, ich hätte behauptet, dass er ... *das* getan hat, dabei habe ich das doch gar nicht, habe ich doch wirklich nicht, aber das wird er mir nicht glauben. Niemand wird mir glauben, wenn ich sage, dass ich nichts damit zu tun habe, dass ich niemals behauptet habe, es wäre eine ... es wäre *das* gewesen. *Und ich habe dich immer für ein anständiges Mädchen gehalten*, wird mein Vater sagen. Ich will das nicht. Ich hasse Ms McCarthy, ich hasse sie so sehr, dass ich ihr am liebsten ihre blöde Spange aus den Haaren reißen und in den Mund stopfen möchte, damit sie endlich still ist. Warum hat sie die Fotos überhaupt gesehen und warum habe ich mich bloß so abgeschossen und warum bin ich nicht mit Jamie nach Hause gefahren? Ich hätte eine gute Freundin sein und sie nach Hause bringen sollen (und als sie mir erzählen wollte, was damals mit Dylan passiert ist, und das Wort benutzt hat, da habe ich ihr geraten, lieber nichts zu sagen. *Wenn das erst mal im Raum steht, kannst du es nicht mehr zurücknehmen, Jamie*, habe ich ihr gesagt. *Du musst damit echt vorsichtig sein*). Was wird sie jetzt sagen?

»Emma? Beruhige dich, Emma. Tief einatmen ...« Ms McCarthy holt geräuschvoll Luft und hebt die Hände an die Nase, »... und wieder ausatmen.« Sie lässt die Luft durch die Lippen entweichen. »Komm schon, mach es mir nach. Atme tief ein und aus.«

Sie legt mir einen Arm um die Taille und hievt mich auf den Stuhl zurück. Ich beuge mich vornüber und umklammere meine Fußgelenke.

Letztes Jahr wurde bei meiner Mutter an einem Eierstock eine Vorstufe von Krebs festgestellt. Die Ärzte sagten, es sei ein großes Glück, dass sie die Veränderung rechtzeitig entdeckt hätten, weil sie einfach die Eierstöcke entfernen könnten und damit wäre der Fall erledigt, ohne dass jemand etwas mitbekommen würde, ein Routineeingriff. »*Ich bin so froh, dass sie es rechtzeitig gefunden haben*«, sagte Mam bei einem Abendessen, zu dem sie auch Conor und seine Mutter eingeladen hatte, und schöpfte Dad Rahmspinat auf den Teller. »*Aber wem sage ich das, Dymphna. Du weißt ja selbst am allerbesten, wovon ich rede.*« Ich hätte sie in dem Moment am liebsten geschüttelt und angeschrien, dass sie aufhören soll, ihre Situation mit der von Dymphna zu vergleichen, obwohl sie noch nicht einmal eine Chemo machen muss. (Ich habe mir vorgestellt, wie es wäre, wenn Mam doch sterben müsste, was ich zur Beerdigung anziehen und wie wunderschön ich am Grab aussehen würde. Ich dachte daran, wie viel einfacher alles wäre, wenn nur noch ich, Dad und Bryan da wären.) Dymphna hatte sich einen Seidenschal um den kahlen Kopf gebunden und Conor schaute immer wieder besorgt zu mir rüber. Ich verstand nicht, wieso er mich so mitleidig anschaute, wo seine Mutter doch viel kränker war als meine. »*Der Arzt hat gesagt, dass sie das befallene Gewebe vollständig entfernen können, bevor sich Metastasen bilden. Wenn die Krebszellen erst mal streuen, dann ...*« Mam fuhr sich mit der Handkante über die Kehle. Danach konnte ich nicht mehr weiteressen. Genau so fühlt es sich jetzt an: als würden die Krebszellen streuen und ich könnte nichts tun, um sie aufzuhalten. Ich habe keine Kontrolle über das, was geschieht.

Ms McCarthy hilft mir, aufzustehen, legt ihren Arm um meine Taille und führt mich aus dem Raum. Ich lehne mich an sie, als wir die Treppenstufen hinaufgehen und an dem Klassenzimmer vorbeikommen, in dem die anderen noch Mathe haben. Ich kann sie durch die Scheibe in der Tür sehen, Josephine in der ersten Reihe mit zuckend hochgerecktem Arm, weil sie unbedingt eine Frage beantworten möchte, die anderen gähnen unterdrückt und wünschen sich, die Zeit würde schneller vergehen oder sie wären ganz woanders. Dann sind wir an der Tür vorbei und Ms McCarthy bringt mich zum Büro des Schulleiters.

Und da stehen sie. Meine Eltern.

»Die Polizei ist informiert und erwartet Sie auf dem Revier«, höre ich Mr Griffin.

»Und was ist mit den Jungen?«, fragt Mam.

»Ah, da ist sie ja.« Mr Griffin reibt sich nervös die riesigen Hände und die beiden drehen sich um. Ich wende mich Dad zu, um mich zu entschuldigen oder ihn zu beruhigen, keine Ahnung, aber er schaut mich noch nicht einmal an. Steht nur mit hochgezogenen Schultern da und starrt auf seine Schuhe.

»Also, na ja ... jedenfalls hoffe ich, dass du jetzt nicht sauer auf mich bist, weil ich damit wirklich überhaupt nichts zu tun habe. Tja, das wars eigentlich schon. Ruf mich zurück, wenn du kannst, ja? Okay. Bis dann.« Ich lege auf. Das ist schon die fünfte Nachricht, die ich auf Paul O'Briens Mailbox hinterlasse, seit ich aus der Schule nach Hause gekommen bin, und ich habe mehr oder weniger jedes Mal dasselbe gesagt, nämlich das, was ich vorher auch schon Dylan und Fitzy und Sean aufs Band gesprochen habe. Keiner von ihnen hat bis jetzt reagiert, auch nicht auf die Nachrichten, die ich geschickt habe, dabei muss ich das so schnell wie möglich klären. Ich muss das unbedingt klären.

Im Büro des Schulleiters: Von dem großen Fenster aus blickt man auf die Grundschule und dahinter aufs Meer. Mam und ich saßen auf den Kunststoffstühlen vor Mr Griffins zerkratztem Fichtenholzschreibtisch, Dad stand hinter uns und trommelte mit den Fingerkuppen auf die Rückenlehne von Mams Stuhl. *Ich verstehe das nicht*, sagte er. *Ich verstehe das einfach nicht. Wieso kann man diese Fotos denn nicht einfach löschen?* Mr Griffin seufzte. *So einfach ist das leider nicht, Mr O'Donovan.*

Danach auf dem Polizeirevier. (Nicht darüber nachdenken. Nicht darüber nachdenken.) Anschließend die schweigende Fahrt nach Hause. Ich saß hinten, meine Finger spiegelten sich in der Scheibe und sahen kurz und dick aus. Der Blick über die Bucht war wunderschön, aber was schön ist, fühlt sich jetzt falsch an, so als wäre das Wort, das ich weiterhin noch nicht einmal denken kann, in die glasklare Wasseroberfläche gesickert und hätte das Meer blutrot gefärbt. Dad sah mich im Rückspiegel immer wieder verstohlen an und schaute schnell wieder auf die Straße, wenn ich ihn dabei ertappte. Mam saß vornübergebeugt da, die Finger mit vor Anspannung weiß hervortretenden Knöcheln in den Saum ihres knielangen beigen Rocks gekrallt, und murmelte unzusammenhängende Wörter und Satzfetzen vor sich hin. *Ich begreife das nicht ... gegen deinen Willen ... gute Familien ... und ich dachte immer, Ethan Fitzpatrick interessiert sich gar nicht für Mädchen ...* das hat sie bestimmt fünf Mal wiederholt, ohne auch nur einmal das Wort »schwul« in den Mund zu nehmen, obwohl klar war, dass sie genau das meinte. Sie hat schon öfter Bemerkungen darüber gemacht, wie geschmackvoll Fitzy sich anzieht und wie höflich er ist, und wollte wissen, ob er eine Freundin hat und ob er auch Sport macht oder sich »nur« für Kunst interessiert. Sie hat dagesessen und ihren Rock geknetet, bis Dad das Radio angeschaltet hat, um ihre Stimme zu übertönen. Wir gingen hintereinander zur Haustür, Mam lächelte Dymphna O'Callaghan zu, die gerade zum Briefkasten ging, und rief, was für eine Schande es sei, dass es mit dem schönen Wetter vorbei sei. »Aber man muss ja dankbar sein, dass wir diese herrlichen Tage hatten.« Dad schloss die Tür auf, verschwand sofort in seinem Arbeitszimmer und machte die Tür hinter sich zu. Mam ging in die Küche und schloss ebenfalls die Tür.

Ich blieb allein zurück.

Jetzt klopft es, dann Mams Stimme. »Du hast Besuch.« Ich reiße die Tür auf. Maggie? Ali? Vielleicht sogar Sean Casey, der gekommen ist, um mir zu sagen, dass das alles ein Riesenmissverständnis ist?

Oh.

»Hey.« Conor trägt noch seine Schuluniform, er hat nur die blau-gelb gestreifte Krawatte gelockert und die obersten drei Knöpfe seines weißen Hemds geöffnet. Sein Hals ist knallrot. Wenn er nervös ist, kriegt er immer Ausschlag, das hat uns früher jedes Mal verraten, wenn wir beteuerten, wir hätten den Barbies seiner Schwester nicht die Haare abgeschnitten oder die Brownies aufgegessen, die meine Mutter fürs Altersheim gebacken hatte, oder unseren Nachbarn einen Telefonstreich gespielt.

Ich drehe mich um, kehre wieder zu meinem Bett zurück und krümme mich innerlich, als ich mich im Vorbeigehen im Spiegel sehe. Meine Haare sind zu einem schlampigen Pferdeschwanz gebunden, mein sonnenverbranntes Gesicht ist vom vielen Weinen noch röter geworden und das Sweatshirt, das ich mir aus Bryans Zimmer geholt habe, hängt wie ein Sack an mir.

»Ich sehe schrecklich aus.«

Conor schweigt. Normalerweise hätte er mir sofort widersprochen und gesagt, dass ich schön bin. Jungs sagen mir immer, dass ich schön bin, und lassen dabei hungrig ihre Blicke über meinen Körper wandern, als würden sie einen Platz suchen, in den sie ihre Flagge rammen können. Aber wenn Conor mir gesagt hat, dass ich schön bin, hat er mir immer fest in die Augen geschaut, als würde er einen Eid sprechen.

»Ich wollte gestern schon vorbeikommen«, sagt er. »Eigentlich gleich, als ich die Facebookseite gesehen habe, aber ich wusste nicht, ob du das willst.«

»Du hast sie gesehen?«

Als wir klein waren, saßen Conor und ich oft zusammen in der Badewanne. Ich kannte seinen nackten Kinderkörper genau so gut wie meinen eigenen. Dann wurden wir größer und es gab kein gemeinsames Baden mehr.

(Er hat mich nackt gesehen.)

Keiner von uns sagt etwas. Wir wissen beide, dass alle die Seite gesehen haben. Ich denke an all die Leute, die ich kenne, und an all die Leute, die in Ballinatoom wohnen, und an all die Leute, mit denen sie bei Facebook befreundet sind, und an die Freunde der Freunde ihrer Freunde, die mich anschauen (entblößtes Fleisch) (gespreizte Beine) und die ganzen Kommentare lesen und mich *Schlampe, Nutte, Hure* nennen. Ich setze mich auf die Bettkante und streiche mit den Fingerspitzen über die Nähte der Patchworkdecke. Er setzt sich neben mich.

»Wie gehts dir?«

»Was glaubst du?« Ich versuche gelassen zu klingen, aber meine Stimme zittert, noch ein Teil meines Körpers, der mich verrät.

»Ich weiß gar nicht, was ich sagen soll.«

»So schlimm ist es nicht.«

»Aber wart ihr nicht bei der Polizei?«

»Woher weißt du das?« Ich spüre, wie mein Atem flach wird. »Wer hat dir das gesagt?« Er antwortet nicht. »Wer hat dir das erzählt, Conor?«

»Fitzy hat mich angerufen.« Conor zupft an seinem Hemdkragen. »Sergeant Sutton hat bei ihnen zu Hause angerufen, um zu sagen, dass er in ein paar Tagen zu einer Vernehmung vorgeladen wird.«

»Ich dachte, das dürften die vorher gar nicht sagen.«

»Na ja, du weißt doch, wie das ist. Sutton ist mit Dr. Fitzpatrick befreundet und ...« Er beißt sich auf die Lippe. »Ich hab aufgelegt, Emmie. Ich hab ihm gesagt, dass ich nie wieder mit ihm reden will, nicht nach dem, was sie dir angetan haben ...«

»Fitzy hat ja eigentlich gar nichts gemacht. Er war nur dabei.«

»Scheiße, Emma, ich hab die Fotos gesehen, okay? Ich weiß, was die gemacht haben.«

Und in dem Moment wird mir klar, dass ich nichts tun kann, um das alles aufzuhalten. Absolut nichts.

Der Schmerz kommt so plötzlich, dass ich mich krümme und nichts mehr wahrnehme außer dem Schluchzen, das mir die Brust zerreißt, und der glühenden Hitze, die sich in meinen Augäpfeln aufbaut. Ich wiege mich vor und zurück und da ist nichts als grenzenlose Traurigkeit. Ein schwarzes Loch. Nichts als Dunkelheit. Und ich falle und falle und falle.

Irgendwann kehre ich wieder in meinen Körper zurück, zurück in mein Zimmer, und rieche das Vanille- und Kokosnussaroma von meinen Duftkerzen, rieche Seife und Apfelshampoo (ich benutze doch gar kein Apfelshampoo) und dann fällt mir ein, dass Conor da ist, dass er immer noch neben mir sitzt, mir über den Rücken reibt, sich zu mir beugt, die Lippen an meinen Hinterkopf presst und *alles gut, alles gut, alles gut* in meine Haare flüstert.

»Entschuldige.« Ich setze mich auf und drehe mich weg, damit er mein verheultes Gesicht nicht sieht. Er streichelt mir über den Kopf und ich bin wieder vier Jahre alt und mein Daddy drückt mich fest an sich und sagt mir, dass ich *seine kleine Prinzessin* bin, *sein kleines Mädchen* und dass er mich für alle Zeiten lieb hat.

»Alles gut«, sagt Conor wieder und zieht mich behutsam an sich. »Ich bin bei dir. Ich passe auf dich auf.« Ich entspanne mich, lehne mich an ihn, vergrabe mein Gesicht an seiner Brust, spüre die filzige Wolle seines Schulpullis an meiner Haut. Ich lausche seinem ruhigen, gleichmäßigen Herzschlag, während er in meine Haare murmelt. *Schsch, schsch.* Er ist so gut zu mir. Er war immer gut zu mir und hat dafür nie etwas von mir zurückbekommen. (*Wir dachten, du wärst ein anständiges Mädchen, ein Mädchen, dem man vertrauen kann, Emma. Wir dachten, wir hätten dir beigebracht, wie man sich benimmt.*) Ich sehe das Gesicht meines Vaters vor mir, und die Enttäuschung in seinem Blick zerreißt mich, aber ich kann jetzt nicht darüber nachdenken, ich ertrage es nicht, darüber nachzudenken. Ich schiebe meine rechte Hand hinter Conor, lege die andere auf sein Knie, zeichne mit den Fingerkuppen kleine Kreise und rutsche langsam zur Innenseite seines Schenkels. Er verkrampft sich und rückt ein Stück von mir ab.

»Was ist?«

»Ich gehe jetzt lieber«, sagt er, den Blick starr geradeaus gerichtet.

Ich lege den Kopf auf seine Schulter und verschlucke ein Schluchzen. »Nicht weinen, Emmie«, sagt er und legt einen

Arm um mich. Ich spüre, wie er sich wieder entspannt, und drehe leicht den Kopf, bis meine Lippen Haut spüren, rutsche näher und küsse ihn auf den Hals. Er stöhnt leise auf. Ich kriege das hin. Ich weiß, dass ich es hinkriege. Ich hauche ihm Schmetterlingsküsse auf die Kehle bis zu seinem Mund hinauf, bereit, ihm zu geben, worauf er all die Jahre gewartet hat. Meine Hand liegt wieder auf seinem Schenkel und gleitet höher. Er umschließt mein Handgelenk, schiebt mich von sich weg, steht auf und wendet sich ab, zieht seinen Pulli runter.

»Conor ...« Ich strecke die Hände nach ihm aus. »Das braucht dir nicht peinlich zu sein.« Ich beuge mich vor und ziehe den Reißverschluss seiner Hose auf. Ich weiß genau, wenn ich ihn in mir spüre, kann er mich alles vergessen lassen, dann ist das wie eine Reinigung. Er ist so gut, er kann auch für mich alles wieder gutmachen. Conor hält meine Hände fest.

»Was denn?« Ich schaue vielsagend auf die Beule in seiner Hose. »Ich sehe doch, dass du es auch willst.« Er wird rot. »Was?«, frage ich. »Hast du Angst, dass jemand reinkommt? Ich kann abschließen.«

Er kniet sich vor mich hin, sodass er mir in die Augen schauen kann. »Emma. Du musst das nicht machen.«

»Ich weiß«, sage ich. »Aber ich will es. Willst du nicht mit mir schlafen?«

Natürlich will er. Er *muss* es wollen.

Er legt die Hände auf meine Schultern und schiebt mich sanft von sich.

»Was hast du für ein Problem, verdammt noch mal«, fauche ich plötzlich wütend.

»Ich will …« Er senkt den Blick, bevor er mich zögernd ansieht. »Ich will nicht, dass du denkst, du musst das tun.«

»Ich denke nicht, dass ich es tun ›muss‹, Conor. Ich will es tun. Ich hab gedacht, du willst es auch.«

»Ich will nur … Ich will nur …«

»*Ich will nur, ich will nur*«, äffe ich ihn nach, aber er reagiert nicht.

»Ich will dir nur helfen. Ich will für dich da sein, Emma.«

Und er streicht mir eine Haarsträhne aus der Stirn. Den Ausdruck, mit dem er mich jetzt ansieht, kenne ich von ihm nicht. Das ist Mitleid in seinem Blick. Ich tue ihm leid. (Das ertrage ich nicht.)

»Geh einfach«, sage ich.

»Emma …«

»Lass mich verdammt noch mal in Ruhe!«

Und das tut er.

Und ich schaue zu, wie er geht.

Dieses Jahr

Donnerstag

Ich wache auf. Und alles fällt mir wieder ein.
 Ich bin wach und wünschte sofort, ich wäre es nicht.
 (Lebenszerstörerin.)
 (Ich habe ihr Leben zerstört.)
 An meiner Haut klebt Schuld. Ich bin mit Schuld geteert und gefedert.
 Der Morgen kriecht unter den Vorhängen ins Zimmer, als würde er mir auflauern. Selbst das Licht wirkt jetzt anders. Es ist grauer, formt sich zu Schatten, die mich ersticken wollen.
 Ich habe Durst. Meine Zunge fühlt sich pelzig an. Ich sehe mich im Zimmer um, sehe zum Spiegel, zum Schreibtisch, zu den Fenstern. Ich sehe Ecken und scharfe Kanten, an denen ich mich aufschlitzen könnte.
 Auf meinem Nachttisch steht ein altmodischer Radiowecker, ein billiger Plastikwürfel, den meine Mutter als Ersatz für das iPhone gekauft hat, das ich nicht mehr benutzen soll. Ich soll auch den Laptop nicht mehr im Zimmer stehen haben.

8:51 Uhr

Ich habe zehn Stunden und fünfzig Minuten geschlafen.

Das ist lang. (Es war nicht lang genug.)

Ich wickle den weiten Morgenmantel um mich, setze mich auf den Schreibtischstuhl und wirble im Kreis herum, einmal, zweimal, dreimal. So habe ich als Kind mit geschlossenen Augen den Globus von meinem Vater gedreht und dann mit ausgestrecktem Finger angehalten. Unter der Spitze meines Zeigefingers wohnte mein zukünftiger Ehemann, lag mein zukünftiges Zuhause, wartete mein zukünftiges Leben. Damals war ich mir so sicher. War mir sicher, dass alles so einfach sein würde.

Der Stuhl kommt zum Stehen. Mein Blick konzentriert sich zuerst auf die Ränder des Spiegels, auf die Klebstoffreste an den Stellen, wo die abgerissenen Fotos hingen, die Postkarten, die Konzerttickets. Langsam arbeitet er sich zur Mitte vor, bis ich das Mädchen sehe. Ihr Gesicht ist etwas runder, ihre Augen wie blaue Glasscherben auf einem Pappmaschee-Mond.

Ich greife nach der Bürste, die auf dem Schminktisch liegt, meine Augen tränen, als ich versuche, sie durch die Knötchen zu ziehen (*wann hast du dir das letzte Mal die Haare gebürstet, Emma?*), und einen Moment lang bilde ich mir ein, Reste von Erbrochenem in meinen Haaren zu sehen, *so was von ekelhaft, Sean hat voll auf sie draufgekotzt, hast du das Foto gesehen?*

Ich beuge mich suchend vor.

Aber da ist nichts.

8:57 Uhr

Das ist eine normale Frühstückszeit.

Ich stehe oben an der Treppe und schaue hinunter. Und wenn ich fallen würde ... (Genickbruch? Schädel-Hirn-Trauma?) Leute fallen ständig Treppen runter.

Eins. Zwei. Drei ...

Ich zähle jede einzelne Stufe, bis ich unten angekommen bin und den runden Teppich unter meinen Fußsohlen spüre. Er ist neu. Ich setze mich auf die unterste Stufe und kralle meine Zehen in das smaragdgrüne Gewebe. Meine Mutter hat den Kotzfleck aus dem alten nicht rausbekommen. Der hier ist nicht so schön. Ich glaube, er war billiger.

»Es ist doch ganz einfach, Ned«, höre ich eine raue Männerstimme mit Dubliner Akzent in der Küche. »Ich bin bestimmt niemand, der andere vorschnell verurteilt, aber ich hab gehört, dass die Kleine mit einem der Jungs schon im Bett lag. Ich meine, was hat sie denn bitte erwartet?«

»Nun, vermutlich hat sie nicht erwartet, vergewaltigt zu werden, Davey«, erwidert eine leicht näselnde, kultivierte Stimme. »Wobei ich einräumen muss, dass offenbar viele Ihre Meinung teilen. Sie doch auch, Eileen, oder?«

»Oh ja, absolut«. Die Frau klingt schon älter. Anscheinend ist sie Raucherin, jedenfalls muss sie erst mal husten, bevor sie weiterreden kann. »Jedes Wochenende sehe ich hier Horden von halb nackten Mädchen durch die Innenstadt ziehen, ich sage Ihnen ...«

»Die sind doch alle ...«, wirft Davey ein, aber die Anruferin lässt sich nicht unterbrechen.

»Röcke, knapp bis unter den Po, Tops, die bis zum Bauchnabel ausgeschnitten sind, und alle trinken sie viel zu viel und stolpern besoffen durch die Straßen. Diese Mädchen legen es doch darauf an, dass irgendwelche Kerle über sie herfallen, und dann kriegen sie das große Heulen. Wie der andere Anrufer schon sagte: Was erwarten die denn?«

»Hmm, ja, vielen Dank«, schaltet sich der Moderator wieder ein. »Jetzt hören Sie hier auf Ireland FM erst einmal die Neunuhrnachrichten, aber bleiben Sie dran, wir werden im Anschluss weiter mit Ihnen über den Ballinatoom-Fall diskutieren.«

Als die schrille Erkennungsmelodie der *Ned O'Dwyer Show* ertönt, stehe ich auf. Ned O'Dwyer, der selbst ernannte Rächer der Unschuldigen. »Es ist höchste Zeit, dass wir endlich offen über dieses Thema sprechen«, ermahnt er seine Zuhörer. »Wir brauchen eine landesweite Debatte.«

Ich wünschte, es wäre ein anderes Mädchen, das diese landesweite Debatte anstößt.

Mittlerweile bin ich regelmäßig Gesprächsthema bei Ned O'Dwyer. Meinen Namen dürfen sie aus rechtlichen Gründen nicht nennen, deswegen bin ich jetzt das »Das Mädchen aus Ballinatoom«. Auch ihre Namen dürfen nicht genannt werden, aber jeder weiß, wer sie sind. Ihre Leben sind zerstört. Ich habe sie zerstört.

Das Mädchen aus Ballinatoom. Ihre Geschichte wurde schon so oft erzählt, dass sie ihr nicht mehr gehört.

Das Mädchen behauptet. Das Mädchen beschuldigt. Das Mädchen sagt.

Ich habe nichts zu sagen, aber sie wollen es trotzdem hören. Journalistinnen von *Jezebel*, von *xoJane*, vom *Guardian* und von der *New York Times*. Alle wollen, dass ich meine Geschichte erzähle.

Ich habe keine Geschichte.

Seit in der *Ned O'Dwyer Show* darüber berichtet wurde, ist der »Ballinatoom-Fall« ein Thema in den überregionalen Nachrichten. Zuerst nur innerhalb Irlands, aber immer öfter auch international. Tausende von Menschen twittern über mich. #IchGlaubeDemMädchenAusBallinatoom

Das soll mich vermutlich trösten.

Jemand, der »der Familie nahesteht«, hat in der Redaktion der Sendung angerufen, um auf den Fall aufmerksam zu machen. (*Wer?*, hat mein Vater immer wieder gefragt. *Wer gibt ihnen all diese Informationen?* Wir sind enger zusammengerückt. Sprechen kaum noch mit den Nachbarn. Begegnen allen mit Misstrauen.) Der oder die Informantin hat darum gebeten, anonym zu bleiben. »Es ist eine Kleinstadt, in der jeder jeden kennt«, hieß es. »Da will man nicht für noch mehr Unruhe sorgen.«

Es gibt immer wieder Hörer, die anrufen und sagen, dass ich es nicht anders verdient habe. Die sagen, ich wäre selbst schuld. Anfangs hat es mich verletzt, dass sie so etwas über mich behaupten. In der ersten Zeit habe ich viel geweint.

Wahrscheinlich sollte ich mir die Sendungen gar nicht anhören. Aber mir erzählt ja niemand etwas. Ich fühle mich, als würde ich die ganze Zeit versuchen, ein Puzzle zusammenzusetzen, bei dem Teile fehlen.

Meine Mutter steht in der Küche über die Theke gebeugt und fummelt an der kaputten Antenne unseres alten Radios herum. »Guten Morgen«, sagt eine sachliche Frauenstimme. »Hier ist Ireland FM mit den Nachrichten. Auch nach einem Jahr ist der Ballinatoom-Fall ...«

Als ich mich räuspere, schaltet sie das Radio hastig aus. Sie tut so, als wäre es die ganze Zeit aus gewesen. Ich tue so, als hätte ich nichts mitbekommen.

»Ich habe gar nicht gehört, dass du unten bist.«

Ihr Gesicht ist gerötet, die Haut um die Augen aufgedunsen. Sie sieht blass aus, erschöpft, ihre Züge wirken verwaschen. Hinter ihr lehnt der Kalender am Regal, ein Foto von einer französischen Bulldogge in einem Blumentopf. Der Jahrestag rückt immer näher. Ich würde ihn am liebsten markieren, ein fettes X über das Datum malen. Aber ich wüsste nicht mal, welchen Tag ich nehmen sollte. »Die mutmaßliche Vergewaltigung fand in den frühen Morgenstunden des Sonntags statt«, stand in der Zeitung, aber wenn ich darüber nachdenke und mich zwinge, mir vorzustellen, was passiert ist (was passiert sein könnte – ich kann mich nicht erinnern, ich kann mich nicht erinnern, ich kann mich nicht erinnern), dann denke ich immer, dass es Samstagabend war. Wenn man sich an etwas nicht erinnern kann (und ich kann mich nicht erinnern, das habe ich schon so oft gesagt, dass ich mich nicht mehr daran erinnern kann, wie oft), ist das so, als wäre es nie geschehen.

Aber es ist geschehen, das weiß ich inzwischen.

»Müsstest du nicht längst in der Schule sein?« Meine Mutter zieht ihren gestreiften Morgenmantel straff, das Weiß sieht vergilbt aus, auf dem Kragen ist ein Teefleck.

»Ich gehe nicht hin.«

»Aber du hast mir gestern versprochen, dass du heute endlich wieder hingehst, Emma. In einem Monat hast du Prüfungen.«

»Vielleicht morgen.«

Das ist unser Spiel. Ich tue so, als würde ich bald wieder in die Schule gehen. Sie tut so, als würde sie mir glauben. Wir tun beide so, als würde ich im Juni meine Abschlussprüfung schreiben. Im So-tun-als-ob sind wir inzwischen richtig gut.

Ich setze mich an den Esstisch und zwinge meine Hand, nicht zu zittern, als ich mir etwas von dem Weetabix-Alpen-Müsli in eine Schüssel schütte und Milch dazugieße. Dicke, weiße Klumpen rutschen aus der Milchtüte. Ich sitze da und schaue in die Schüssel. Ich sollte aufstehen. Ich sollte die Flocken in den Müll werfen und die Schüssel ausspülen. Ich gehe die einzelnen Tätigkeiten im Kopf durch und sehe meinem Körper dabei zu, wie er sie ausführt, als würde es ihm keine Mühe bereiten.

»Die Milch …«, meine Stimme bricht. »Ist sauer.«

»Scheiße.« Meine Mutter greift nach der Tüte, schnuppert an der Öffnung und verzieht das Gesicht. »Erzähl das nicht deinem Vater.«

Sie schüttet die vergorene Milch in die Spüle, reißt einen Schrank auf, reicht mir eine saubere Schüssel und einen Becher Naturjoghurt. »Dann musst du es eben damit essen, bis ich dazu komme, neue Milch zu kaufen.«

Ich fange noch mal von vorn an. Es ist ein Vorgang, bei dem jeder Schritt sorgfältig ausgeführt werden muss. Müsli in die Schüssel. Joghurt. Umrühren. Ich konzentriere mich auf das Jetzt. *Achtsamkeit* nennt die Therapeutin das.

Wenn ich es richtig mache, wenn ich mich auf die Einzelteile konzentriere, dann wird der Tag heute vielleicht okay.

»Wo ist Dad?«

Meine Mutter dreht sich von mir weg. Sie spült ein paar Teller ab und stellt sie in die Maschine.

»Wo ist Dad?«, wiederhole ich und zwinge mich, mir einen Löffel Müsli in den Mund zu schieben. Es schmeckt nach Kleber und Pappe, aber ich schlucke es hinunter. *Wir müssen dich bei Kräften halten*, sagt der Arzt. Und Verhungern ist wahrscheinlich ein eher langsamer, qualvoller Tod.

»Er musste früher zur Arbeit.« Sie öffnet den Küchenschrank und stellt sich auf die Zehenspitzen, um ans oberste Brett zu kommen. »Die haben irgendein Problem in der Bank.«

»Ah.«

Ich starre nach draußen. Helen O'Shea treibt Ollie und Elliot zum Wagen. Beide tragen Regenmäntel über ihrer Schuluniform, springen in Pfützen und kreischen vor Lachen so laut, dass man es durch die Scheibe hört.

Am liebsten würde ich sie fressen. Ich will mir ihre Unschuld einverleiben.

Es ist nicht deine Schuld, sagt die Therapeutin, aber sie hat keine Ahnung.

»Hat Dad mein Handy für mich dagelassen?«

»Ich dachte, wir hätten das besprochen.«

»Ich habe Snapchat gelöscht. Ich habe mir eine andere Nummer geben lassen.« Meine Stimme wird lauter. »Was wollt ihr denn noch?«

Ich wollte keine neue Nummer. Ich habe immer noch Angst, einen Anruf zu verpassen. Vielleicht ändert einer von ihnen seine Meinung, vielleicht sagen sie, dass es ihnen leidtut, und bekennen sich schuldig. Dann müsste ich das alles nicht durchmachen, dann wüssten die Leute, dass ich keine mediengeile Nutte bin und dass es nicht meine Schuld war.

(Kevin Brennan hat getwittert: *Sauft und vögelt ruhig rum, Mädels. Am nächsten Tag könnt ihr dann immer noch behaupten, ihr wärt vergewaltigt worden.* Der Tweet wurde 136 Mal gelikt.)

»Aber du sollst überhaupt nicht ins Internet, das regt dich doch nur auf, Emma, und ...«

»Ich will heute mein Handy haben.«

»Na gut«, sagt meine Mutter. »Ich gebe es dir nach dem Frühstück.« Sie füllt ein Glas mit Leitungswasser, stellt es vor mich auf den Tisch und streckt mir ihre Hand hin, in der eine grün-gelb gestreifte Kapsel und eine kleine weiße Pille liegen. Sie sind wie Perlen in einer Muschel, winzig, kostbar. Sehr wertvoll. Ich stecke sie mir in den Mund und spüle sie mit dem Wasser runter.

»Zitterst du immer noch so?«, fragt sie, als mir das Glas beinahe aus der Hand rutscht. »Vielleicht sollten wir noch mal zu Jimmy und uns erkundigen, ob die Dosis erhöht werden sollte.«

»Dr. Manning.«

»Was?«

»Ich bin jetzt bei Dr. Manning, nicht mehr bei Dr. Fitzpatrick. Du hast Jimmy gesagt.«

»Wirklich?«

Sie drückt meine rechte Schulter ein bisschen zu fest, als dass es als liebevolle Geste durchgehen kann.

»Zunge?«

Ich strecke meine Zunge raus. Ich muss ihr meine Bereitschaft beweisen, mich zu bessern, keine Dummheiten mehr zu machen.

»Braves Mädchen.«

Es ist so still im Haus, die Geräusche draußen sind verstummt, weil alle in der Nachbarschaft arbeiten oder in der Schule sind. Ihr Leben geht ganz normal weiter. Vielleicht sollte ich meiner Mutter sagen, dass sie das Radio wieder anmachen soll. Wir könnten hier sitzen und uns von fremden Menschen sagen lassen, wo und wann wir was falsch gemacht haben.

– *Sie hätte damit rechnen müssen.*

– *Selbst schuld.*

– *Was hat sie erwartet?*

– *Sicher nicht, dass ihre ältesten Freunde sie ...*

Dass sie sie ... *dieses Wort.*

Ich lausche den Klängen, aus denen sich der Morgen zusammensetzt, dem leisen Schlürfen, mit dem meine Mutter ihren Kaffee trinkt, dem Klirren des Löffels am Rand der Porzellanschale, dem Prasseln des Regens gegen die Scheibe.

»Was für ein Wetter.« Meine Mutter sieht aus dem Fenster. »Meine Güte, weißt du noch …?«

Sie beißt sich auf die Zunge. *Weißt du noch, wie es letztes Jahr um diese Zeit war?*, ist das, was sie sagen wollte.

Letztes Jahr um diese Zeit schien die Sonne. Letztes Jahr um diese Zeit stöhnten wir unter einer Hitzewelle und warteten darauf, dass sie endete.

»Was ist …?« Sie schnuppert und legt die Stirn in Falten. Im nächsten Moment schiebt sie den Stuhl zurück, stürzt zum Ofen, reißt die Tür auf und wedelt den schwarzen Qualm weg, der daraus hervorquillt.

»Meine Muffins«, jammert sie, als sie das Blech rauszieht und auf das Kochfeld knallt

Ich stehe auf, gehe zu ihr und starre mit ihr auf die angekokelten Muffins.

»Halb so schlimm«, sage ich. »Sie sind nur am Rand ein bisschen verbrannt.« *Und außerdem*, würde ich gern dazusagen, *ist es doch sowieso egal.*

»Fährst du trotzdem zum Markt?«, frage ich stattdessen.

»Ja.«

»Aber …«

»Kommst du mit?« Sie macht sich daran, vorsichtig die verkohlten Ränder abzuschneiden.

»Nein.«

Das Wort kommt automatisch. *Nein. Nein. Nein.* Das ist das Einzige, was ich in letzter Zeit sage. Vielleicht zum Ausgleich für das eine Mal, als ich es nicht sagen konnte. Als ich nicht die Chance bekam, es zu sagen.

Nein.

Meine Mutter dreht sich zu mir, die Fäuste in die Hüften gestemmt. »Du warst seit zwei Wochen nicht mehr draußen, Emma.«

»Ich war bei der Therapie.«

»Aber das wars dann auch schon.«

Es ist ein Jahr her, Emma. Es ist Zeit, darüber hinwegzukommen, Emma. Meinst du nicht, dass es das Beste wäre, das alles irgendwann mal hinter dir zu lassen, Emma?

»Es wird dir guttun, rauszugehen, Schatz.«

Vor sieben Wochen bin ich allein draußen unterwegs gewesen. Meine Mutter hatte mich gebeten, im Ort ein paar Sachen für sie zu besorgen, und mir ihren Wagen geliehen. Als ich bei Londis im Supermarkt meine Einkäufe bezahlte, war ich total verkrampft, weil ich nicht wusste, wie ich mich verhalten sollte, und spürte, dass es der Kassiererin genauso ging. Ich fühlte mich, als müsste ich einer Rolle gerecht werden, als würde von mir erwartet, dass ich jeden Moment in Tränen ausbreche, als könnte schon das kleinste Lächeln gegen mich verwendet werden. An dem Tag, an dem die Jungs zum ersten Mal bei der Polizei waren, um ihre Aussage zu machen, habe ich getwittert, dass ich gerade mit Bryan einen SpongeBob-Marathon schaue. Ich habe mir gar nichts dabei gedacht. *Moment mal*, hat Sarah Swallows kommentiert. *Dafür, dass du angeblich »vergewaltigt« worden bist, lässt du es dir aber verdammt gut gehen. #IchChecksNicht #BlödeKuh.* (Der Post wurde vierzehn Mal retweetet. Unter anderem von Paul O'Brien und Dylan Walsh.)

Ich bedankte mich bei der Kassiererin, als sie mir das Wechselgeld gab, griff nach meinen Tüten und ging nach draußen, wo Paul in dem Moment gerade mit zwei Freunden aus dem Wettbüro gegenüber kam. Ich wollte sofort wieder in den Supermarkt zurück, aber es war zu spät. Er hatte mich schon gesehen und wusste, dass ich ihn auch bemerkt hatte. Paul stieß einen seiner Freunde mit dem Ellbogen an und nickte in meine Richtung. Das Gesicht von dem Typen verdüsterte sich und er sagte etwas, das ich verstand, obwohl ich es nicht hören konnte. *Nutte.*

Es gibt Wörter, die kann ich anderen mittlerweile von den Lippen ablesen, weil ich sie so gut kenne.

Seine beiden Freunde gingen über die Straße und steuerten einen Imbiss an, aber Paul blieb auf der anderen Seite stehen und rief ihnen zu, was sie ihm mitbringen sollten. Gegen ihn ist eine einstweilige Verfügung erlassen worden, dass er sich mir nur bis zu einer festgelegten Entfernung nähern darf. *Falls einer der mutmaßlichen Täter versucht, Sie einzuschüchtern oder Ihnen auf irgendeine Art zu nahe zu treten,* hat Sergeant Sutton mir in gelangweiltem Tonfall erklärt, *sollten Sie das sofort der Polizei melden.* Eine Stimme in meinem Kopf schrie: Geh so schnell du kannst weiter, Emma, geh weg, aber ich konnte mich nicht von der Stelle rühren. (Mein Körper gehört mir nicht mehr.) »Hoppla«, rief der eine, als er mich im Vorbeigehen anrempelte. Meine Finger öffneten sich unwillkürlich, die Plastiktüte glitt zu Boden, die Flasche darin zerbrach. »Vorsicht, Timmy«, warnte ihn der andere. »Nicht, dass sie noch behauptet, du hättest sie auch vergewaltigt.« Ich bekam keine Luft mehr.

Du stirbst nicht, hat die Therapeutin mir gesagt. *Du hast auch keinen Herzinfarkt. Das sind Panikattacken. Viele Leute haben das. Du musst lernen, damit umzugehen und ruhig durchzuatmen, bis der Anfall vorüber ist.*

Es fühlt sich aber an, als würde ich sterben. (Wäre ich doch nur tot, wäre ich doch nur tot, wäre ich doch nur tot.)

Die beiden bestellten im Imbiss Chicken-Sandwiches und scharfe Kartoffelwedges und baggerten das Mädchen hinter der Theke an. Paul lehnte neben dem Eingang von Molly's Bar, zündete sich eine Zigarette an, blies Rauchringe in die Luft und ließ mich nicht aus den Augen. Er hatte ein bisschen zugenommen, aber das war die einzige Veränderung, die mir auffiel. Er stand da und beobachtete mich – das Mädchen, das sein Leben zerstört hat –, bis seine Freunde zurückkamen und die drei die Hauptstraße runtergingen. Nach ein paar Metern drehte er sich um, ging ein paar Schritte rückwärts und grinste. Es war, als hätte er schon gewonnen und wir würden es beide wissen.

»Wo ist denn der Wein?«, hat meine Mutter gefragt, als ich nach Hause kam. »Ich hatte dir doch gesagt, dass du eine Flasche von dem Shiraz mitbringen sollst, der gerade im Angebot ist.«

Ich hätte ihr gern von der Begegnung erzählt. Aber ich konnte nicht. *Und wie hast du reagiert?*, hätte sie gefragt. *Hast du etwas gesagt? Ich hoffe, du bist ruhig geblieben und hast dir nicht anmerken lassen, wie nahe dir das alles geht. Die Genug-*

tuung darfst du ihnen nicht geben. Dann hätte sie sich an das erinnert, was die Therapeutin ihr gesagt hat, dass ich jetzt mütterliche Wärme brauche. Sie hätte mich in den Arm genommen und leise, bedeutungslose Wörter geraunt, die mich trösten sollten, und ich hätte sie gern gefragt: *Aber* du *glaubst mir doch, oder? Du glaubst mir.* Aber das hätte ich nicht über mich gebracht. Ich habe zu viel Angst vor dem, was sie antworten könnte. Deswegen habe ich gelogen. »Tut mir leid. Den Wein habe ich komplett vergessen.«

»Nein«, sage ich jetzt noch einmal mit festerer Stimme. »Ich gehe nicht raus, ich bleibe hier.«

Meine Welt ist im vergangenen Jahr immer weiter zusammengeschrumpft, sie ist so klein geworden, dass sie in dieses Haus passt.

Die Lippen meiner Mutter werden schmal. »Na schön, entweder du kommst mit auf den Markt oder du gehst zur Schule. Was ist dir lieber?«

»Können wir nicht näher ranfahren?«, sage ich, als meine Mutter den Blinker setzt, um auf den Parkplatz bei der Kathedrale einzubiegen. Sie wartet am Zebrastreifen, bis eine alte Frau im Tweedkostüm über die Straße gehumpelt ist.

»Es ist Markttag«, antwortet meine Mutter. Sie lenkt den Wagen rückwärts in eine Lücke und stellt den Motor aus. »Da ist die Stadt immer komplett zugeparkt.«

Die Fahrt verlief in vollkommener Stille, weil meine Mutter es nicht gewagt hat, das Radio anzumachen. »Angeblich wurden ... das Mädchen aus Ballinatoom macht inzwi-

schen weltweit Schlagzeilen ... ihrer Schilderung nach ...
Im Twitter-Trend ganz weit oben ...« *Ich verstehe nicht, warum immer noch so viel darüber gesprochen wird*, habe ich meine Mutter vor ein paar Wochen im Nebenzimmer zu meinem Vater sagen hören, während das Dampfbügeleisen zischte. Ich stellte den Ton vom Fernseher aus, um sie besser hören zu können. *Ausgerechnet diese Geschichte müssen sie derart aufbauschen ... So was passiert doch ständig.* Mein Vater antwortete nicht. Ich ging nach oben, klappte das Tagebuch auf, das ich mir auf Anraten meiner Therapeutin gekauft habe, einer Frau, die Maggies Mutter Hannah mir empfohlen hat, weil sie *mit solchen Dingen Erfahrung hat*, und schrieb eine Liste.

Warum der Fall in den Medien auf so viel Interesse stößt

1. Vier Jungen – ein Mädchen.
2. Wie die sozialen Medien unsere Jugend verändern.
3. Wann wird die Generation Y endlich begreifen, dass Privatsphäre ein schützenswertes Gut ist?
4. Sollten die Fotos im Ballinatoom-Fall als Beweismittel vor Gericht zugelassen werden?
5. Die schleichende Amerikanisierung Irlands.
6. Unterstützt eine Gesellschaft, in der Männlichkeit und sportliche Erfolge über alles gestellt werden, das Entstehen einer Vergewaltigungskultur?
7. »Vergewaltigungskultur« – modisches Schlagwort oder doch Realität?

8. Bei jeder dritten gemeldeten Vergewaltigung stand das Opfer unter Alkoholeinfluss.
9. Darüber muss endlich geredet werden: Nur einvernehmlicher Sex ist guter Sex, alles andere ist Vergewaltigung.

Das sind alles Überschriften von Artikeln, die ich gesammelt habe. Es sind so viele erschienen, dass ich mir im Browser Lesezeichen angelegt habe, damit ich sie jederzeit wiederfinden kann, falls ich sie noch mal lesen möchte. Meine Therapeutin hält nichts davon.

»Ich möchte, dass du mir ein Bild malst«, hat sie bei unserer letzten Sitzung gesagt, in ihrem kleinen Behandlungszimmer über einem Supermarkt im etwa fünfundzwanzig Kilometer von Ballinatoom entfernten Kilgarvan. Die Wände sind in einem fröhlichen Gelb gestrichen, zwei blaue Sessel stehen sich zu nah gegenüber, neben dem einen eine Schachtel Taschentücher in Griffweite. Ringsum hängen gerahmte Poster, Bilder von schneebedeckten Gipfeln und über einen Strand galoppierenden Pferden. Dazu Durchhalteparolen. »Gib niemals auf!« oder »Lass dich durch deine Verletzungen nicht zu jemandem machen, der du nicht bist«. Außerdem ein paar Diplome, die mein Vater sich während unserer ersten und einzigen Familiensitzung ganz genau angesehen hat. Danach war er zufrieden. Die Frau war qualifiziert. Sie würde mich wieder hinkriegen. Er konnte uns beide uns selbst überlassen. »Ich hätte gern, dass du mir ein Bild malst und mir zeigst, wo du dich selbst in Relation zu deinem Körper siehst«, sagte sie und gab mir einen leeren Zeichenblock und ein paar Wachsmalkreiden. »Wozu haben Sie solche Stifte?«, wollte ich wissen. »Für meine jüngeren Patienten.« Sie schob sich ihre Brille höher auf die Nase. »Ich bin auch ausgebildete Spieltherapeutin.« Warum diese »jüngeren Patienten« wohl zu ihr kommen? Werden sie gemobbt? Ist ein Elternteil von ihnen gestorben? Wurden sie sexuell missbraucht? Hilft die Therapie ihnen? Können sie geheilt werden? Die Therapeutin deutete auf den Block und räusperte sich, also begann ich den Körper zu malen, der an allem schuld ist. (Den Körper, den ich am liebsten ausradieren und verschwinden lassen würde.) »Und wo bist du?«, fragte sie. »Wo bist du selbst, Emma?« An das andere Ende des Blatts, so weit wie möglich vom Körper entfernt, setzte ich einen winzig kleinen Punkt. Die Therapeutin schüttelte den Kopf. Sie sprach davon, wie wichtig es sei, dass ich wieder Kontakt zu meinem Körper aufnehme und lerne, ihn wahrzunehmen und mich mit ihm zu verbinden. Sie empfahl mir Yoga und Akupunktur und Massagen. Ich sagte, ich würde darüber nachdenken.

Das war gelogen. Ich lüge sie oft an. (*Das kann nur klappen, wenn wir beide absolut ehrlich zueinander sind, Emma.*)

Ich will nicht in meinem Körper sein. Ich bin wie ein Schatten, der immer noch an dem Ding hängt, das die Leute Emma genannt haben, und ihm überallhin folgt, aber ich fühle mich viel leichter, seit ich nicht mehr mit mir herumschleppe, was dieser Körper mit sich brachte, die Erinnerungen, die Aufmerksamkeit, die er erregt hat. Ich fühle mich weniger real.

»Ach, Father Michael. Wie geht es Ihnen?«, begrüßt meine Mutter den Priester mit ihrer aufgeräumtesten Stimme. Er kommt gerade aus der Sakristei und schließt die Tür hinter sich ab, während wir die großen Plastikkisten mit Kuchen, Scones, Muffins und Brotlaiben aus dem Kofferraum holen. »Schreckliches Wetter, nicht wahr?«

Der Priester ist ein kleiner, gepflegter Mann, der sich seine drei verbliebenen Haarsträhnen mit Pomade über die Glatze kämmt und dessen Gesicht mit Altersflecken übersät ist. Er blickt zum Himmel. »Guten Morgen, Nora. Gott sei Dank nieselt es nur ein bisschen.«

»Da haben Sie recht. Es könnte schlimmer sein«, stimmt meine Mutter ihm zu und stellt die schwere Kiste wieder ins Auto zurück. »Darf ich Ihnen einen Muffin anbieten? Sie kommen frisch aus dem Ofen.«

»Nein, lieber nicht, Nora.« Er schaut mich an und ich weiß genau, was er denkt. Er hat die Fotos gesehen. Entblößtes Fleisch. Gespreizte Beine. (Ich habe dich immer für ein anständiges Mädchen gehalten, Emma.)

Dadurch, dass ich mich an nichts erinnere, sind jetzt die Fotos und Kommentare zu meinen Erinnerungen geworden.

Er legt eine Hand auf seinen gewölbten Bauch. »Sie wissen ja, Völlerei ist eine Todsünde. Gott segne Sie«, sagt er und geht davon.

Früher hat Father Michael die Backkünste meiner Mutter immer in den Himmel gelobt und prophezeit, das *Cake Shack* würde sofort pleitegehen, falls sie jemals auf die Idee käme, ein eigenes Café zu eröffnen. Wir schauen ihm hinterher, als er davoneilt und kurz darauf stehen bleibt, um am Hauptportal mit einem älteren Paar zu plaudern.

»Na los, worauf wartest du«, sagt meine Mutter gereizt. »Musst du immer so rumtrödeln?« Sie atmet tief durch und schließt kurz die Augen. »Entschuldige, Emma, ich wollte dich nicht anfahren. Ich bin nur …«

Wir tragen die Kisten durch das kleine schmiedeeiserne Tor, das auf die Hauptstraße führt. Meine Mutter geht ein paar Schritte vor mir, ich folge ihr mit an die Brust gedrücktem Kinn, sodass mir die Haare vors Gesicht fallen.

Das ist sie (Flüstern, ein Stoß in die Rippen mit dem Ellbogen). *Das ist dieses Mädchen, das behauptet, sie wäre … du weißt schon.*

Jetzt werde ich für immer »dieses Mädchen« sein.

»Hey. Hey, du!«

Ein roter Toyota, glänzend vom Regen und weil er so neu ist, fährt im Schritttempo neben mir her. Mein Magen zieht sich zusammen, mein Atem stockt und ich gehe schneller, um meine Mutter einzuholen.

»Du da in dem blauen Pullover. Hallo? Bleib doch mal kurz stehen.«

Das sind bestimmt irgendwelche Typen. Ich sehe schon ihr anzügliches Grinsen vor mir und wie sie Zeige- und Mittelfinger als V vor den Mund halten und die Zunge durchstecken. Sie werden fragen, wie viel ich für eine Nummer nehme, und sagen, sie hätten gehört, dass ich immer bereit wäre und darauf stehe, richtig hart rangenommen zu werden. Und dann werden sie mich auslachen. Aber es sind keine

Jungs, es ist bloß ein junges Paar, das mir eine Straßenkarte hinhält. Ich vergesse mich einen Moment und muss lächeln. Wer benutzt heutzutage denn noch Karten aus Papier?

»Hallo? Entschuldigung«, sagt der Mann, als seine Frau oder Freundin neben mir hält. »Kannst du uns vielleicht sagen, wie wir von hier aus zum Sheep's Head kommen?« Beide sind blond und gebräunt und haben die gleichen Jacken an. Jetzt erst bemerke ich den Akzent. Vielleicht kommen sie aus Deutschland.

»Weiß ich nicht, tut mir leid.« Meine Stimme ist kaum mehr als ein Flüstern. Der Mann bittet mich, lauter zu sprechen, weil er mich nicht verstanden hat, aber ich kann nicht und gehe weiter.

»Was war denn?«, fragt meine Mutter, als ich sie einholte.

»Nur ein deutsches Paar, das mich gefragt hat, wie man zum Sheep's Head kommt.«

»Hoffentlich konntest du es ihnen sagen. Nicht, dass sie später erzählen, die Iren wären nicht hilfsbereit. Du weißt, wie sehr wir auf den Tourismus angewiesen sind.«

Ballinatoom ist eigentlich immer ein beliebtes Ausflugsziel gewesen, bekannt für seine freundlichen Einwohner, den Folk Club und den schönen Strand. Kleine Küstenorte wie unserer leben von den Urlaubern.

Aber das Geschäft läuft nicht mehr so gut. Keiner will seine Ferien an einem Ort verbringen, wo so etwas passieren konnte. Die Umsätze sind eingebrochen. (Meine Schuld.)

Wir biegen in die Camden Lane, wo der allwöchentliche Farmer's Market stattfindet. »Danke, Pat!«, ruft meine Mutter dem Apfelhändler zu, der unter dem vom Regen geschützten Teil der Gasse schon einen Tisch für sie aufgestellt hat. Sie arrangiert ihre Ware auf Tellern mit unterschiedlichen Blumenmustern, schneidet Kuchenstücke zum Probieren ab und präsentiert sie auf einer großen weißen Platte, die sie in die Mitte stellt. Um uns herum sind die anderen Händler ebenfalls dabei, ihre Stände aufzubauen. Der Mann, der die vegetarischen Burritos verkauft, heizt seinen Grill an, der Fischhändler in weißer Schürze und grünen Gummistiefeln schaufelt zerstoßenes Eis auf Lachs, Kabeljau und Muscheln und schreibt mit einem Kreidestummel das Tagesangebot auf eine Tafel, ein bärtiger Mann mit buntem Schal schrammelt irische Folksongs auf der Gitarre. Es dauert nicht lange und die ersten Kunden kommen. Ältere Frauen in funktionaler beiger Kleidung und mit Plastikkappen, die ihre frisch gelegten Locken vor dem Regen schützen, beschweren sich über die braunen Stellen auf den Äpfeln. Kleine Kinder stapfen in neonleuchtenden Gummistiefeln durch die Pfützen und ignorieren ihre gestressten Mütter, die Kinderwagen mit kleineren Geschwistern schieben und sie ermahnen aufzupassen. Junge Paare, die wegen der besseren Lebensqualität aus der Stadt hergezogen sind und immer einen Vorrat an Leinenbeuteln dabeihaben, Väter, die sich stolz ihre Babys vor die Brust geschnallt haben. Sie lächeln, machen Witze und nicken, wenn der Bio-Schweinebauer ihnen die Koteletts zeigt, auf die Marmorierung hinweist und ihnen einen »Spezialpreis« macht. Ich stelle mir vor, wie sie zu Hause für ihre Kinder Grünkohlchips im Ofen trocknen und sich freuen, wie toll sie schon in der Kleinstadt integriert sind, ohne zu ahnen, dass sie für alle Zeiten Zugereiste bleiben werden. Man hört die unterschiedlichsten Akzente. Polen fragen, wie viel der Honig kostet, Frauen mit komplizierten Flechtfrisuren feilschen mit dem Metzger um Fleischstücke, die niemand sonst haben will. Keiner weiß, wo sie genau herkommen, durch ihre dunkle Haut sind sie anders und doch alle gleich, eine nicht voneinander zu unterscheidende Masse.

Eli nicht. Er war einer von uns.

Ich schüttle den Kopf. Ich will nicht an Eli denken.

Meine Mutter und ich stehen hinter unserem Tisch und sehen zu, wie die Leute vorüberschlendern. Einige erkennen mich und bleiben stehen. Sie kaufen ein Stück Apfelkuchen, legen mir eine Hand auf den Arm und sehen fast beleidigt aus, wenn ich zurückzucke. Andere unterhalten sich in gedämpftem Tonfall mit meiner Mutter, fragen, ob schon ein Prozesstermin feststeht und ob die Staatsanwaltschaft Chancen für eine Verurteilung sieht. *Und diese Kerle laufen durch den Ort, als könnten sie kein Wässerchen trüben. Eine Schande ist das, eine absolute Schande,* sagen sie mit vor lustvoller Empörung weit aufgerissenen Augen. Sie wollen hören, dass die Menge an Drogen, die ich genommen habe, ausgereicht hätte, um ein kleines Tier zu töten. Sie wollen hören, dass ich von der gesamten Footballmannschaft missbraucht wurde, dass ich schwanger war und die Drillinge, die ich erwartete, in England abgetrieben habe. Sie wollen hören, dass ich einmal täglich einen Selbstmordversuch unternehme und sonntags sogar zwei.

Ich ertappe ein junges Paar dabei, wie es in meine Richtung starrt. Die beiden schauen verlegen weg, kommen dann aber an unseren Stand, er mit wallendem braunem Hipsterbart, sie in bedruckter Haremshose. »Benutzt ihr zum Süßen Agavendicksaft oder Ahornsirup?«, fragt sie mich.

»Es sollte schon der richtig gute aus Kanada sein, nicht das mit Zuckerwasser gepanschte Billigzeug«, wirft ihr Typ ein.

Als meine Mutter ihnen sagt, dass sie ganz traditionell Zucker verwendet, und fragt, ob sie vielleicht trotzdem etwas probieren möchten, verziehen die beiden das Gesicht, als hätte sie ihnen Rattengift angeboten. Aber ich spüre auch ihre Enttäuschung und dass sie mir irgendwie gern ihre Unterstützung gezeigt hätten.

Ich wache mitten in der Nacht auf. Ich erinnere mich. Ich bin das entblößte Fleisch. Ich bin die gespreizten Beine. All die Fotos, Fotos, Fotos. Ich klappe den Laptop auf. Ich lese die Artikel, die online in der *Jezebel*, in *xoJane*, *The Journal*, im *Guardian* und *New Statesman* erschienen sind. Und dann scrolle ich zu den Kommentaren.

- Sie ist doch freiwillig mit ihm in das Zimmer gegangen.
- Sie hatte zu viel getrunken.
- Sie hat Drogen genommen.
- Außer denen, die im Zimmer waren, kann keiner wissen, was tatsächlich passiert ist.
- Sie hat der Polizei gesagt, dass sie nur so getan hat, als würde sie nichts mitbekommen.

- Einen Monat nach der angeblichen Tat war sie auf einer Party bei Dylan Walsh zu Hause. Geht man auf eine Party von jemandem, der einen vergewaltigt hat?
- Ich weiß aus sicherer Quelle, dass sie Ethan Fitzpatrick am nächsten Morgen eine Nachricht geschickt hat. Wenn das, was sie behauptet, wahr wäre, hätte sie das niemals gemacht.
- Am Anfang hat sie eine Version erzählt, dann plötzlich soll alles ganz anders gewesen sein.
- Männer sind nun mal so, das wird sich auch nie ändern.

Einige der Leute, die Kommentare hinterlassen haben, behaupten, sie kämen aus Ballinatoom und würden mich und meine Familie kennen, ich sei schon immer eine Schlampe gewesen, es wäre nur eine Frage der Zeit gewesen, bis so etwas passiert, ich hätte mich im Vollrausch auf Sex eingelassen, mich am nächsten Tag geschämt und deswegen die Vergewaltigung erfunden, ich sei mediengeil, hätte den Jungen die Zukunft verbaut und Schande über unseren Ort gebracht, hätte bekommen, was ich verdient habe, und sei eine dreckige kleine Nutte, die hoffentlich an Aids verrecken wird.

Ich betrachte die Leute, die an den Marktständen vorbeischlendern, ihre Einkäufe machen, einen Euro in den offenen Gitarrenkoffer des Folksängers werfen, der sich mit einem Lächeln bedankt. Sind welche dabei, die solche Kommentare geschrieben haben? Ist es das, was alle denken?

»Karen!«, ruft meine Mutter, als sie Alis Mutter entdeckt,

die krampfhaft einen Punkt in der Ferne fixiert und versucht, sich unbemerkt an unserem Tisch vorbeizuschieben. Kurzes Zögern, dann dreht sie sich doch um.

»Nora! Emma!« Sie strahlt und schiebt sich ihre Sonnenbrille in die Haare, die zu einem wippenden Pferdeschwanz gebunden sind. Das Gesicht ist ungeschminkt, die Haut rein und straff, die Stirn leicht wächsern. »Entschuldigt meinen Aufzug.« Sie deutet auf ihren schmalen Körper in der Yogahose, von der sie sich bei Lululemon jedes Mal ein paar auf Vorrat holt, wenn sie in London ist. »Ich komme gerade vom Yogalates.« Sie hängt sich ihren Weidenkorb voller Gemüse an den anderen Arm.

Meine Mutter stupst mich an. »Willst du nicht auch Hallo sagen?«

»Hi, Karen.«

»Hallo, Emma.« Sie lächelt. »Wie geht es dir, Liebes? Du siehst erschöpft aus.«

(*Du siehst sensationell aus*, hat sie gesagt. Wir stehen nebeneinander vor dem Spiegel und ich habe ein Kleid an, das ich mir niemals leisten könnte. *Du könntest Model werden.*)

Erinnerungsfetzen flattern wie Motten in meinem Kopf herum.

Du könntest Model werden. Du könntest Model werden. Du könntest Model werden.

Ich mache meinen Kopf leer. Dieses Mädchen bin ich nicht mehr. Ich bin ein Es. Ich bin eine Ansammlung lebloser Körperteile, die Beine gespreizt, damit alle mein entblößtes Fleisch sehen können.

»Armes Ding. Du musst gut für dich sorgen und dich erholen.« Sie wendet sich an meine Mutter. »Aber müsste sie nicht allmählich auch mal wieder in die Schule? Ali redet von nichts anderem mehr als von den Abschlussprüfungen.«

»Ja.« Meine Mutter lächelt angespannt. »Sie fühlt sich nun mal nicht gut und es ist alles etwas ... na ja ...«

»Natürlich.« Karen nickt, als meine Mutter den Satz nicht beendet. »Das verstehe ich. Wirklich ganz schrecklich, diese Geschichte. Pass gut auf dich auf, Emma, und du auch, Nora. Ich kann mir vorstellen, wie sehr euch das alles belasten muss.«

Sie will sich wegdrehen und gehen. »Warte ...«, ruft meine Mutter. »Möchtest du vielleicht etwas mitnehmen?«

Karen betrachtet die ausgestellten Gebäckstücke. »Ich darf leider nicht, Nora. Ich mache gerade Detox. Aber vielleicht nächste Woche?«

Ein paar Stunden später beginnen wir mit den anderen Händlern unsere Ware einzupacken. »Wie lief es bei Ihnen, Mrs O'Donovan?«, fragt der Apfelhändler, als er rüberkommt, um den Tisch zusammenzuklappen.

»Heute nicht so gut, Pat. Sie wissen ja, wie das manchmal ist.« Plötzlich sieht sie alt und ausgemergelt aus. »Kann ich Ihnen vielleicht ein paar Sachen für Cathy und die Mädchen mitgeben?«

»War heute weniger los als sonst?«, frage ich meine Mutter, als wir wieder im Wagen sitzen.

»Nächste Woche wird es bestimmt wieder besser.«

»Meinst du, das liegt ...?«

Meine Mutter seufzt. »Mach dir keine Sorgen, Emma, ja? Es gibt nun mal bessere und schlechtere Tage, das ist ganz normal.«

Vielleicht backt meine Mutter nicht mehr so gut wie früher.

Vielleicht hat es nichts mit mir zu tun.

Unterwegs hält sie bei Spar, dann bei Centra und zuletzt bei SuperValu und wirft jeweils einen Teil der übrig gebliebenen Backwaren in die Mülleimer neben dem Eingang. Ein paar Brotlaibe hier, ein paar Muffins dort.

»Schau mich nicht so an«, sagt sie, als sie wieder ins Auto steigt. »Ich kann nicht alles in eine Tonne werfen. Das würde auffallen und ich möchte nicht, dass die Leute reden.«

»Emma. Abendessen.«

Ich liege auf dem Sofa. Die Vorhänge sind zugezogen. Es ist dunkel. So ist es mir lieber. Die Dunkelheit ist erträglicher. Ich klopfe mit dem Fuß einen Rhythmus auf die Armlehne, zu dem mein Geist tanzen kann, um nicht denken zu müssen.

»Emma.« Die Tür zum Fernsehzimmer geht auf. Licht aus dem Flur fällt als Rechteck auf den Boden. Meine Mutter schaltet die Deckenlampe an, ich blinzle.

»Was machst du denn ganz allein hier drinnen im Dunkeln? Das Abendessen ist fertig.«

Sie geht. Das Licht hat sie nicht wieder ausgemacht. Ich sehe mich um. Das ist ein Sofa. Das ist ein Sessel. Das ist eine Lampe. Ich sage mir die Wörter immer wieder vor, bis sie ihre

Bedeutung verlieren. Ich muss mich aufsetzen. Muss runter von diesem Sofa. Muss das Licht ausmachen, wenn ich rausgehe, und die Tür hinter mir schließen. Muss in die Küche gehen, mich an den Tisch setzen und zu Abend essen. Muss mich normal verhalten.

Bleierne Müdigkeit überfällt mich, wenn ich nur daran denke.

Precious hat neben den Couchtisch gekackt. Ich kann es riechen.

»Emma, ich sage es jetzt zum allerletzten Mal …«, höre ich die Stimme meiner Mutter.

Ich ziehe den Teppich über die kleinen harten Würstchen.

Es ist kalt in der Küche. Meine Mutter sitzt am Esstisch, vor sich einen Teller mit dampfendem Essen und ein Glas Wein.

»Was isst du?«

»Asiatische Hähnchenpfanne süß-sauer. Die kann man jetzt fertig beim Metzger kaufen.«

»Und was bekomme ich?«

»In der Mikrowelle steht eines von diesen vegetarischen Fertiggerichten von Linda McCartney.« Meine Mutter nippt an ihrem Wein. »Also, dass Paul mit dieser Heather zusammen war, habe ich ja nie verstanden. Außerdem war es doch offensichtlich, dass er über Lindas Tod längst noch nicht hinweg war. Bei seiner Neuen stimmt zumindest das Alter wieder.« Sie gestikuliert mit der Gabel und ein Stück Hähnchenbrust fällt auf den Tisch, aber sie scheint es nicht zu bemerken. Ich hole mein Fertiggericht aus der Mikrowelle, ziehe die Plastikfolie ab, setze mich neben sie und esse direkt aus dem Kunststoffbehälter. Ich will, dass meine Mutter sagt, *hol dir wenigstens einen Teller.*

Aber sie sagt nichts, sondern steht nur auf, um die Weinflasche aus der Kühlschranktür zu nehmen und sich den Rest einzuschenken.

»Wo ist Dad?«

»Der muss heute länger arbeiten.«

Sie setzt sich wieder und schneidet ein Stück Hühnerbrust in mundgerechte Happen, die sie dann doch nur von einer Seite zur anderen schiebt. Ich schaufle mein Essen in mich hinein, so schnell ich kann, obwohl es sich in meinem Mund sofort in Asche verwandelt.

»Oh.« Mein Vater steht, die Aktentasche in der Hand, in der Tür. »Ich dachte, ihr hättet schon gegessen.«

»Als ob wir nie mit dem Essen auf dich warten würden«, gibt meine Mutter zurück. »Wir haben nur schon mal ohne dich angefangen. Oder *willst* du gar nicht mit uns zu Abend essen?«

Einen Moment lang herrscht Stille.

»Natürlich will ich mit euch zu Abend essen«, sagt er und lässt seine Aktentasche mit einem Knall zu Boden fallen. Mich hat er noch nicht angesehen. »Das weißt du doch.«

Sie steht lächelnd auf und küsst ihn auf die Wange. Seine Hand zuckt unwillkürlich hoch, um sich den Lippenstift wegzuwischen, dabei trägt sie gar keinen.

»Wie war dein Tag?«, fragt meine Mutter, während sie ihm einen Teller füllt.

»Er war …«, mein Vater seufzt schwer und sein ganzer Körper sinkt in sich zusammen, »… stressig.«

»Oje«, sagt sie. »Was war denn?« Er antwortet nicht. »Wie siehst du überhaupt aus, Denis? Was sollen denn die Leute denken, wenn du in so einem zerknitterten Anzug im Büro auftauchst?«

»Aber du hast doch gestern …« Er greift nach dem Messer, runzelt die Stirn, haucht auf die Klinge und poliert sie mit seiner Serviette. Ich weiß, was er meint. Genau dasselbe hat meine Mutter gestern schon zu ihm gesagt und versprochen, seinen Anzug für heute aufzubügeln.

»Was habe ich?«, fragt meine Mutter und stellt den Teller vor ihn auf den Tisch.

»Ach, nicht so wichtig.«

Ich rutsche mit meinem Stuhl zurück, stehe auf und werfe die Plastikschale in den Mülleimer. »Wie lief es heute auf dem Markt?«, höre ich ihn fragen, als ich die Tür zum Flur öffne.

»Sehr gut«, antwortet sie. »Alles verkauft.«

In meinem Zimmer ziehe ich die Vorhänge zu und lege mich bäuchlings aufs Bett. Ich kreuze die Arme über dem Hinterkopf und presse mein Gesicht ins Kissen, so fest ich kann, aber es klappt nicht. Der Reflex zu atmen ist stärker.

Mein Handy vibriert auf dem Nachttisch. Meine Mutter hat vergessen, es mir wieder abzunehmen. *Es ist zu deinem eigenen Schutz*, hat mein Vater gesagt. *Wir wollen dich nur beschützen.*

Jetzt ist es dafür zu spät.

Ich wische übers Display.

Nachricht: Deine Seite der Geschichte

Nachricht: Wir glauben dir

Nachricht: Mir ist das Gleiche passiert

Nachricht: Lügnerin

Nachricht: Dreckige Hure

Nachricht: Ekelhafte Nutte

Nachricht: Bring dich doch um.

So geht das ewig weiter. Ich lösche alles. In meinem Postfach ist eine neue Mail von Conor. Er schreibt mir jeden Tag, erzählt von den Prüfungsvorbereitungen, dass er am Trinity College war, um sich die medizinische Fakultät anzuschauen, und alles ziemlich cool fand, erzählt, was seine Schwester Gemma zu seiner neuen Frisur sagt (wie er jetzt wohl aussieht?), dass ein Typ an seiner Schule einen Verweis bekommen hat, weil er den Lehrer einen Idioten genannt hat, nachdem dieser ihm gesagt hat, die Wahrscheinlichkeit, dass ein Mensch durch den Biss einer radioaktiv verseuchten Spinne Superkräfte entwickle, läge bei null, und wie sehr Eli immer noch unter der Trennung von Maggie leidet. Dass mit Eli Schluss ist, weiß ich. Maggie ist danach sofort zu mir gekommen. »Ich musste es tun«, hat sie geschluchzt und ihr Gesicht war vom Weinen ganz verquollen. »Er ist nicht bereit, zur Polizei zu gehen und auszusagen, was auf der Party passiert ist. Er meint, dass er ja nicht mit euch im Zimmer war und deswegen keine Ahnung hat, was genau passiert ist.«

Jemand anderes hat hinterher erzählt, Eli wäre im Zimmer

gewesen. Er ist anscheinend kurz reingekommen, um Fitzy den Autoschlüssel abzunehmen. Das ist etwas, das wir alle gelernt haben: Fahrt bloß niemals betrunken Auto. Das ist gefährlich, lebensgefährlich. Alkohol am Steuer kann Leben zerstören.

Es gibt noch andere Möglichkeiten, Leben zu zerstören, aber vor denen hat uns nie jemand gewarnt. (*Und du bist dir ganz sicher, dass dieser Boahen nicht beteiligt war?*, hat mein Vater mich mehrmals gefragt. Ihm hätte er es wahrscheinlich von allen noch am ehesten zugetraut.)

»Ich kann nicht mit ihm zusammenbleiben«, stieß Maggie mit erstickter Stimme hervor. »Du bist doch meine beste Freundin.« Sie schaute mich an, als würde sie darauf warten, dass ich etwas dazu sage. Wollte sie, dass ich ihr gratuliere? Mich bei ihr bedanke? Ihr sage, dass sie von mir aus natürlich trotzdem weiter mit Eli zusammenbleiben kann?

Ich stand schweigend da und starrte aus dem Fenster. *Die Aussicht ist echt so was von unglaublich*, haben immer alle gesagt, wenn sie mich besuchten. *Du kannst über die ganze Bucht schauen. Hast du ein Glück.*

Mir wurde ständig gesagt, was ich für ein Glück habe.

Conor schickt mir unbeirrt weiter Mails mit Bildern und Links zu irgendwelchen witzigen Videos, obwohl ich ihm noch nie geantwortet habe. Sean oder Fitzy erwähnt er nie. Er hat mir auch nicht geschrieben, dass Dylan von der Schule abgegangen ist und jetzt an der Tankstelle jobbt. *Dein Vater geht dort nicht mehr hin*, hat meine Mutter gesagt. *Er fährt zum Tanken jetzt extra immer bis nach Kilgarvan.* Als wäre das ein

Beweis dafür, wie sehr mein Vater mich liebt, obwohl es doch bloß ein weiterer Grund für ihn ist, mich zu hassen.

Ob Conor weiß, wie dankbar ich ihm für seine Trostmails bin? Ob er ahnt, dass sie mein Highlight des Tages sind?

Hi Emmie,

schreibt er und ich kann nicht verstehen, dass es mich früher genervt hat, wenn er mich so genannt hat ...

gestern hab ich auf dem Laptop alte Fotos angeschaut und welche von uns beiden gefunden. Vom Abend meines elften Geburtstags, glaube ich. Ich hatte da doch alle ins Kino eingeladen, weil gerade der erste »Iron Man« lief, weißt du noch? Mom hat uns hingefahren und du hast im Wagen so ein Theater gemacht, dass Mom erzählt hat, sie hätte noch den ganzen Tag ein Klingeln in den Ohren gehabt. Abends hat Caoimhe die anderen nach Hause gebracht, aber du bist noch bei uns geblieben. Wir haben »Home and Away« angeschaut und den Rest von meiner Geburtstagstorte gegessen und du hast gesagt, dass du froh bist, wieder mit mir allein zu sein.

Ich hatte einen anderen Film sehen wollen – welchen, weiß ich gar nicht mehr, jedenfalls keinen blöden Actionfilm wie »Iron Man«. Conor hatte kein Problem damit, aber Fitzy und Eli haben sich strikt geweigert. Auf der Fahrt zum Kino haben wir uns total gestritten, bis Conors Mutter irgendwann sagte, ich soll mir mit Conors älterer Schwester Caoimhe den anderen Film ansehen und sie würde mit den Jungs in »Iron Man« gehen. Conor ist dann aber doch mit mir und Caoimhe mitgekommen. Er hat gesagt, ohne mich würde es sich für ihn nicht richtig nach Geburtstag anfühlen.

Auf einem der Fotos sitzen wir beide nebeneinander auf dieser ranzigen Couch, die wir früher hatten. Weißt du noch? Die mit den braunen, rosa und gelben Wirbeln, von denen du immer gesagt hast, dass sie aussehen wie geschmolzenes Schoko-Erdbeer-Vanille-Eis. Mein Mund ist mit Schokoglasur verschmiert und ich sehe neben dir aus wie ein Kleinkind. Du warst damals schon schön, Emma. Es ist leichter, dir das per Mail zu sagen, als wenn ich dich dabei anschauen muss. Aber es ist einfach so. Du bist immer noch das schönste Mädchen, das ich kenne. Und ich vermisse dich.

Ich lösche die Mail und lege das iPhone vorsichtig auf den Nachttisch. Das sind die Mails, die ich nicht so gern mag. Wenn er mir sagt, dass ich schön bin, ist das immer, als würde er mir damit indirekt zu verstehen geben, dass ich selbst schuld bin. Dass das alles nicht passiert wäre, wenn ich anders aussehen würde.

Ich schalte das Licht aus. Früher hatte ich fluoreszierende Sterne an der Decke kleben. Mein Vater stand stundenlang auf der Leiter, um sie genau in der Konstellation meiner Lieblingssternbilder aufzukleben. *Für meine kleine Prinzessin tue ich alles*, hat er gesagt.

Vor ein paar Monaten habe ich sie abgekratzt. Ich wollte, dass alles sauber ist. Ich fühle mich wohler, wenn es in meinem Zimmer stockdunkel ist, so dunkel, dass die Schwärze mich verschluckt und ich das Gefühl habe, ich könnte darin ertrinken.

Es ist zu früh, meine Mutter um eine Schlaftablette zu bitten. Ich schließe die Augen und versuche die Zeit mit purer Willenskraft dazu zu bringen, schneller zu vergehen. Zehn Uhr kann meine Mutter akzeptieren. Das ist eine normale Schlafenszeit.

Es ist die Uhrzeit, auf die ich hinlebe. An manchen Tagen kann ich an nichts anderes denken als an diesen herrlichen Moment, wenn die Tablette zu wirken anfängt und ich spüre, wie mein Geist sich löst und es keine Ecken und Kanten mehr gibt, an denen ich mich verletzen könnte, sondern alles weich wird und ich mich in meine Träume sinken lassen kann. Der Moment, in dem ich mir vorstellen kann, zu sterben, das alles hinter mir zu lassen und in die nächste Welt hinüberzugleiten, egal wie sie aussieht.

So will ich mir den Tod vorstellen. Ich will glauben, dass Sterben genauso einfach ist wie Einschlafen.

Freitag

»So geht das nicht weiter, Emma. Hast du mal auf die Uhr geschaut?«, fragt meine Mutter, als ich mich setze. Der Tisch wackelt. Mein Vater verspricht die ganze Zeit, er würde sich darum kümmern, tut es aber nie. Es gibt eine Menge Dinge, um die er sich angeblich bald kümmert. Ich schütte Müsli in meine Schüssel und sehe mich um.

»Wo ist die Milch?«

»Ich habe vergessen, welche zu kaufen«, sagt sie. Als ich seufze, fährt sie mich an: »Aber das ist jetzt nicht der Punkt. Die Schule hat vor einer Stunde angefangen.«

»Ich kann da nicht hin.« Ich stehe auf und gehe zum Brotkasten, wo ich aber nur noch das Randstück eines Toastbrots in der Tüte finde. Ich stecke es in den Toaster, fülle mir ein Glas mit Leitungswasser und trinke es in einem Zug aus.

»Irgendwann musst du aber wieder hin, Emma. Das ist dein Abschlussjahr.«

Prüfungen. Punkte. Bücher, die zu lesen sind. Stoff, der zu

lernen ist. Ich erinnere mich an die Zeit, in der mir all das noch wichtig zu sein schien.

»Und warum hast du mich dann nicht geweckt?«

»Ich ... weil ich ...« Sie läuft rot an. »Du bist alt genug, um dir einen Wecker zu stellen. Außerdem hat Ms McCarthy heute Morgen angerufen und wollte wissen, ob du noch mal wiederkommst.«

In den ersten Wochen kam Ms McCarthy oft bei uns zu Hause vorbei. Immer wenn es an der Tür klingelte, erstarrten meine Mutter, mein Vater und ich. Es hatte anonyme Anrufe gegeben. Briefe ohne Absender. Eine Tüte mit Hundescheiße vor der Haustür. *Wir können da leider wenig unternehmen, solange keine echte Straftat vorliegt,* sagte die Polizei. *Schreiben Sie alles auf und kontaktieren Sie uns, falls die Situation eskalieren sollte.* Unser Nerven lagen blank. Wir fragten uns, wer wohl als Erster zusammenbrechen würde. An dem Tag stand mein Vater auf, sagte zu meiner Mutter: *Egal, wer es ist, ich bin nicht da,* während ich in mein Zimmer hochrannte. Aber ich ließ die Tür offen, um mitzubekommen, wer es war. Dumpfes Gemurmel von unten, meine Mutter, die Tee aufbrühte und Kekse oder Kuchen anbot. Später lagen dann Arbeitsblätter unten und Broschüren vom University College Cork oder von der University of Limerick, lächelnde Studierende mit perfekt weißen Zahnreihen, die sich Bücher an die Brust drückten.

»Was hast du ihr gesagt?«, frage ich.

»Dass du zu Hause lernst.«

Ich nicke zufrieden.

»Du hast einen Anruf von Beth verpasst.«

»Ja?«

Meine Tante ruft jede Woche an, versucht mir Mut zu machen und versorgt mich mit Verhaltenstipps. *Du musst den Leuten klarmachen, dass du hier das Opfer bist und Mitgefühl verdient hast. Alles steht und fällt damit, wie die Leute dich wahrnehmen, deswegen musst du dafür sorgen, dass du diejenige bist, die bestimmt, wie dein Bild in der Öffentlichkeit aussieht, nicht die anderen.* Sie verspricht immer, mich bald zu besuchen. *Damit ich meine Patentochter endlich ganz fest in den Arm nehmen kann.* Aber irgendwie passt es dann nie, wegen der vielen Arbeit, wegen der persönlichen Verpflichtungen, wegen des London-Marathons, für den sie trainieren muss, weil sie für das *Cork Rape Crisis Centre* Spendengelder erlaufen will, damit Vergewaltigungsopfern künftig noch schneller und besser geholfen werden kann. *Ich möchte, dass du weißt, dass ich das für dich tue, Liebes.*

Meine Mutter seufzt, als sie mir zwei Pillen in die Hand drückt. Hinter mir ertönt ein schnappendes Geräusch und ich zucke zusammen.

»Das war nur der Toaster, Emma«, sagt sie. »Tief durchatmen, okay?«

Ich nehme die Brotscheibe aus dem Toaster, hole mir die Orangenmarmelade aus dem Kühlschrank und setze mich wieder an den Tisch.

»Moment noch, Emma«, sagt meine Mutter, die mir gefolgt ist.

Ich ignoriere sie und bestreiche den Toast mit Butter und Marmelade.

»Emma?«

Ich strecke ihr die Zunge raus. »Siehst du? Weg.«

»Gutes Mädchen.« Sie setzt sich neben mich und greift nach ihrem Becher. Mir fällt auf, dass in ihrem Scheitel ein paar störrische weiße Haare zu sehen sind. *Ich finde es unnötig, jede Woche zum Friseur zu gehen*, hat sie mir vor ein paar Monaten gesagt. *Das ist doch Geldverschwendung, wenn ich sie mir genauso gut selbst färben kann.* Sie schlürft geräuschvoll ihren Tee, und ich finde sie so ekelhaft, *so ekelhaft*, dass ich es kaum ertrage. Am liebsten würde ich ihr den Becher aus der Hand schlagen.

(Du bist ganz genau wie deine Mutter.)

(Das Abbild deiner Mutter!)

»Und vergiss nicht, dass du um fünf Therapie hast.«

»Ich gehe heute nicht.«

»Und ob du gehst.« In ihren Augen glimmt etwas auf, ein Anflug von Panik. »Der Termin ist um fünf und du wirst pünktlich dort erscheinen, Emma.«

Meine Eltern bestehen darauf, dass ich jede Woche zur Therapeutin gehe. Ich glaube, sie denken, es würde dadurch irgendwie in Schach gehalten, es könnte dann nicht auf sie übergreifen, auf ihr Leben. *Was ist »es«?*, will die Therapeutin wissen. *Beschreibe es mir mit deinen eigenen Worten.* Es ist das Nichts. Es ist der Wunsch, für alle Ewigkeit schlafen zu können. Meine Eltern haben Angst, wenn ich aufhöre, die Tabletten zu nehmen und zur Therapeutin zu gehen, könnte ich womöglich anfangen zu reden. Anfangen mich zu erinnern.

Da müssen sie sich keine Sorgen machen.

Ich erinnere mich nicht. Ich erinnere mich nicht. Ich erinnere mich nicht.

»Und außerdem haben wir um zwei einen Termin beim Anwalt.«

»Was soll das bringen? Ich dachte, er kann meinen Fall sowieso nicht übernehmen.«

»Stimmt, aber Aidan ist trotzdem so nett, sich zumindest mit uns zu treffen und zu besprechen, wie es jetzt weitergehen könnte.«

Was gibt es zu besprechen? Ich habe mehrere Leben zerstört.

»Es ist wichtig, dazu die Meinung eines Experten zu hören«, sagt sie. »Also zwei Uhr, ja? Vergiss es nicht.«

»Warum hast du um zwei einen Termin ausgemacht, wenn du doch eigentlich davon ausgegangen bist, dass ich in der Schule bin?«, frage ich. Sie starrt aus dem Fenster. Sie mag es nicht, wenn ich ihr Fragen stelle, die von unserem Skript abweichen. Wenn meine Mutter mir einen Vortrag darüber hält, dass ich endlich wieder in die Schule gehen soll, verspreche ich, ab nächster Woche wieder zu gehen; wenn sie vorschlägt, dass ich mir einen Nachhilfelehrer suchen könnte, um den Stoff zu Hause durchzuarbeiten, nicke ich; wenn sie mir einen neuen Stapel Unibroschüren von Ms McCarthy in die Hand drückt, nehme ich sie mit hoch in mein Zimmer und werfe sie in den Papierkorb, der am nächsten Tag geleert ist, ohne dass sie mich jemals auf die weggeworfenen Broschüren anspricht. Und so geht es immer weiter und weiter und meine Welt schrumpft immer mehr in sich zusammen und schließt mich wie in einer Kapsel ein.

»Zwei Uhr«, sagt sie. »Sorg dafür, dass du rechtzeitig fertig bist.«

»Ah, Nora. Und Emma. Kommt rein, kommt rein.« Aidan Heffernan zwinkert der schon etwas in die Jahre gekommenen Sekretärin im Vorzimmer zu und winkt uns in sein Büro. Mein Vater ist von Anfang an der Meinung gewesen, dass wir zu ihm müssen. »Er ist der beste Anwalt in Ballinatoom«, hat er immer wieder gesagt. »Wir sollten uns so bald wie möglich seine Unterstützung sichern, damit uns die O'Briens nicht zuvorkommen.« Allerdings stellte sich schnell heraus, dass das nicht das Problem war. »Ich kann das Mandat leider nicht übernehmen«, teilte er uns mit, als wir das erste Mal bei ihm in der Kanzlei saßen, obwohl er nicht den Eindruck machte, als würde es ihm besonders leidtun. Klar, wenn er mich vertreten hätte, hätte er mit Ciarán O'Brien nicht mehr so ohne Weiteres Golf spielen können. »Da es sich in diesem Fall um ein strafrechtliches und kein zivilrechtliches Verfahren handelt, wird die Klage nicht in Emmas Namen geführt, sondern im Namen des irischen Volkes, was bedeutet, dass Emmas Seite von der Staatsanwaltschaft vertreten wird. Einen eigenen Anwalt bräuchte sie nur, wenn es in einem zivilrechtlichen Verfahren darum ginge, Schmerzensgeld zu erstreiten, oder zum Beispiel, wenn die gegnerische Seite beantragt, dass Emma über ihre sexuelle Vergangenheit Auskunft gibt.«

»Das wird ja wohl keiner verlangen, oder?«, fragte ich und mein Vater sah aus, als wäre ihm schlecht. »Selbst wenn, müssen wir uns in dieser Hinsicht zum Glück keine Sorgen machen«, sagte meine Mutter hektisch. »Emma ist ja ein anständiges Mädchen.« Ich versuchte wie ein anständiges Mädchen auszusehen, während ich im Geist mein persönliches Sündenregister durchging.

(Wie viele sind es gewesen?)

(Wie waren Sie angezogen, wenn Sie abends ausgingen?)

(Wie würden Sie Ihren Alkoholkonsum beschreiben?)

Mein Vater ignorierte den von der Sekretärin angebotenen Teller mit schottischem Shortbread. »Und was ist mit den Jungs?«

»In deren Fall liegt die Sache anders«, sagte Mr Heffernan. »Die irische Verfassung gesteht jedem Angeklagten ausdrücklich das Recht zu, sich juristischen Beistand zu suchen.« Kurz darauf gingen wir. Schon am nächsten Tag kam die Rechnung und mein Vater verzog das Gesicht, als er sie aus dem Umschlag zog. Das teure Shortbread muss ja auch von irgendwem bezahlt werden.

»Danke, dass du dir noch einmal Zeit für uns nimmst, Aidan«, sagt meine Mutter, als Mr Heffernan sich in seinen roten Schreibtischstuhl fallen lässt und uns mit einer Handbewegung auffordert, auf den beiden Sesseln vor seinem schweren Eichenholzschreibtisch Platz zu nehmen, auf dem ein Computer steht und Stapel von Akten und Unterlagen liegen. An den dunkelgrün gestrichenen Wänden reihen sich gerahmte Diplome und Zertifikate aneinander.

»Du siehst unglaublich erholt aus«, sagt meine Mutter. »Wie war euer Urlaub?«

Mr Heffernan winkt ab. »Fürchterlich. Drei Wochen Sonnenschein und unzählige Flaschen Château Margaux.« Er nestelt an den Manschettenknöpfen seines blütenweißen Hemds. »Was ist mit euch? Habt ihr auch vor, noch ein bisschen wegzufahren?«

Meine Mutter lächelt gekünstelt, als würde dieses Jahr mindestens noch ein Urlaub auf den Malediven mit der ganzen Familie anstehen.

»Und Sheila ...?« Sie zögert. »Hat sie sich auch gut erholt?«

»Oh ja«, sagt er. »Sie hat den Urlaub aber auch dringend nötig gehabt. Habt ihr euch denn noch gar nicht gesehen, seit wir zurück sind?« Meine Mutter schüttelt den Kopf. »Sie ist wahrscheinlich einfach noch nicht dazu gekommen anzurufen.« Einen Moment lang herrscht unbehagliches Schweigen. »Gut, dann lasst uns mal zum eigentlichen Grund eures Besuchs kommen.« Er schlägt eine Akte auf und blättert darin. »Wie ich sehe, hat die Staatsanwaltschaft sich in der Zeit, in der ich weg war, entschlossen, den Fall vor Gericht zu bringen.«

»Ja, wir haben letzte Woche ein Schreiben erhalten«, sagt meine Mutter.

»Na, das sind doch gute Nachrichten für euch.«

Die Sache wird sie bis an ihr Lebensende verfolgen. Fitzy wird den Studienplatz an der Uni in Rhode Island verlieren. *Dabei war er nicht einmal direkt beteiligt,* werden sie sagen. *Er hat gar nicht wirklich mitgemacht.* Ich kann mich an nichts erinnern. Aber es ist offensichtlich, dass ihr Leben zerstört ist (dass ich ihr Leben zerstört habe).

»Oh ja, absolut«, sagt meine Mutter. »Wobei ich, wenn ich ehrlich bin, nicht verstehe, warum das so lang gedauert hat.«

»Ich weiß, dass dir das lang vorkommt, Nora, aber eine Zeitspanne von einem Jahr ist keineswegs unüblich. Erst recht nicht, wenn die Sachlage so kompliziert ist wie in diesem Fall. Und es wird sicherlich auch nicht einfach gewesen sein, die nötigen Beweismittel zusammenzutragen.«

Die Polizei hat jeden, der auf der Party war, aufgerufen, eine Aussage zu machen, aber es hat sich niemand gemeldet. Sie haben auch alle, die Fotos auf ihre Handys oder Rechner heruntergeladen haben, darum gebeten, sie dem zuständigen Dezernat zu mailen. Ich glaube nicht, dass sie etwas bekommen haben, nur von meinem Bruder, der die Bilder in weiser Voraussicht auf einer externen Festplatte gespeichert hatte. *Wir können wirklich von Glück sagen, dass er das getan hat,* hieß es bei der Polizei. Ein Wahnsinnsglück, ja. Denkt Bryan jetzt immer an diese Fotos, wenn er mich anschaut? Sieht er entblößtes Fleisch, gespreizte Beine? Habe ich sein Leben auch zerstört?

»Es könnte sogar noch zwei weitere Jahre dauern, bis es endgültig zu einem Prozess kommt. Das wäre ganz und gar nicht ungewöhnlich«, sagt Aidan Heffernan und meine Mutter wird blass. »Es ist wirklich bedauerlich, dass Emma zum Tatzeitpunkt bereits achtzehn war, andernfalls hätte man die Jungen wegen Besitz und Verbreitung von pädophilem Bildmaterial anklagen können. Das wäre viel einfacher gewesen, als die Frage zu klären, ob die sexuellen Handlungen mit oder ohne Emmas Einverständnis stattfanden.« (Also noch etwas, an dem ich schuld bin.) Er schüttelt den Kopf, während er die Akte überfliegt und sie dann auf den Schreibtisch fallen lässt. »Trotzdem gut, dass die Staatsanwaltschaft entschieden hat, Anklage zu erheben. Das ist gar nicht so selbstverständlich, müsst ihr wissen. Die Verurteilungsrate in solchen Fällen ist hierzulande sehr niedrig.«

Was hat das Ganze dann für einen Sinn?

»Berechtigte Frage«, lacht er und erst da wird mir bewusst, dass ich laut gedacht habe. Als die Unterlippe meiner Mutter zu zittern beginnt, schiebt er schnell hinterher: »Aber jetzt solltet ihr euch erst mal darüber freuen, dass es weitergeht. Es sieht gut aus. Die Anklageschrift scheint ziemlich überzeugend zu sein.«

»Die Anklageschrift?«, fragt meine Mutter. »Was ist das noch mal genau?« Das könnte ich ihr auch sagen. Die Frau im *Rape Crisis Centre* – der staatlichen Stelle für Opferberatung in Vergewaltigungsfällen – hat mir alle Schritte des gerichtlichen Verfahrens ausführlich erklärt, als ich mir nach langem Zögern irgendwann doch einen Termin geben ließ. *Du bist nicht schuld an dem, was passiert ist*, hat sie mir immer wieder versichert. Als meine Mutter mich danach abholte, hat sie nicht gefragt, was wir besprochen haben oder ob ich es gut fand, ob ich mich jetzt ein bisschen besser fühle oder denke, dass mir das Treffen geholfen hat. Sie hat gar nichts gesagt.

»In der Anklageschrift sind sämtliche Anklagepunkte gegen die Beschuldigten aufgeführt«, erklärt Aidan. »Außerdem enthält sie eine Liste der Zeugen, ihre Aussagen und die Beweismittel, die von der Polizei gesammelt wurden. Im Idealfall liegen natürlich auch Ergebnisse der medizinischen Untersuchung vor, aber Emma hat sich ja leider geweigert, nach dem Vorfall eine Befundsicherung durchführen zu lassen, bei der man eventuelle Verletzungen dokumentieren und Proben hätte nehmen können …«

Dazu hätte ich ins Krankenhaus nach Cork fahren und in der Abteilung für Opfer von sexuellen Straftaten mit lauter anderen Mädchen und Frauen im Wartezimmer sitzen müssen, die … denen *das* passiert ist. Das wollte ich nicht. Ich erzählte immer wieder, ich hätte nur so getan, als wäre ich bewusstlos gewesen, wir hätten betrunken herumgealbert und alles sei bloß gespielt gewesen. Ich dachte, wenn ich das sage, würde vielleicht alles bald wieder vergessen sein.

»Gut, aber es gibt ja auch so genug Beweise«, sagt meine Mutter. »Diese Fotos …« Diese Fotos sind alles, was ich vor mir sehe. Diese Fotos sind meine Gedanken, meine Albträume und meine Erinnerungen. »Wenn der Richter die Fotos sieht, wird er ja wohl sehr schnell zu einem Urteil kommen.«

»Nun ja«, sagt Aidan. »Noch wissen wir nicht, ob sie als Beweismittel zugelassen werden.«

»Wie bitte?« Meine Mutter hebt ruckartig den Kopf. »Wovon redest du?«

Er spreizt die Finger und drückt sie in das dunkle Holz

der Tischplatte. »Einen Fall wie diesen hatten wir hier bisher noch nicht, Nora. Das ist juristisches Neuland, all diese Smartphones mit Kameras, die sozialen Medien, Facebook und was es da sonst noch so alles gibt. Ich kann dir nicht sagen, ob das Gericht die Bilder zulassen wird.«

»Kannst du nicht nachsehen? Kannst du nicht in dieser … dieser Anklageschrift nachsehen, ob die Bilder als Beweismittel zugelassen sind oder nicht?«

»Tut mir leid, Nora.« Er zuckt mit den Achseln. »Einen Einblick in die Anklageschrift bekommen nur die zuständigen Staatsanwälte, die Angeklagten und deren juristische Vertreter.«

»Wie bitte? Aber es geht doch um Emma …«

»Es tut mir leid«, unterbricht Aidan sie. »Aber so ist nun mal die Sachlage.«

Die Frau im Beratungszentrum hat mir erklärt, dass sie mir nicht zu viel sagen darf. *Wir dürfen nicht mit Ihnen darüber sprechen, wie Sie Ihre Aussage bei Gericht formulieren sollen, sonst könnte man uns vorwerfen, Sie beeinflusst zu haben.* Trotzdem kann ich gar nicht anders, als mir vorzustellen, wie der Prozess ablaufen könnte. Wird es so sein wie im Fernsehen? Werden sie mich einen Eid auf die Bibel schwören lassen? Werde ich vor Paul, Sean, Fitzy, Dylan und ihren Familien stehen, die mich alle mit hasserfüllten Blicken anstarren und miteinander flüstern? *Hure, Lügnerin, Schlampe, Flittchen, Nutte.*

»Welche alkoholischen Getränke hatten Sie zum fraglichen Zeitpunkt zu sich genommen?«, wird ihr Anwalt mich fragen und die Geschworenen werden nach Luft schnappen, wenn ich aufzähle, was ich alles getrunken hatte. (Wird es bei dem Prozess überhaupt Geschworene geben?)

»Wir haben Zeugen, die angeben, Sie hätten am Abend der Party MDMA konsumiert – eine illegale Droge, die dem Betäubungsmittelgesetz unterliegt«, wird er sagen (denn der Anwalt ist bestimmt ein Mann, keine Frau wäre so grausam, oder?). »Sie behaupten, Mr O'Brien hätte Ihnen die Droge gegeben. Mr O'Brien, ein herausragender Sportler, der beste Aussichten hatte, für das Senior Team Cork zu spielen, und der sich bislang noch nie etwas hat zuschulden kommen lassen? Sie wollen mir allen Ernstes weismachen, dieser junge Mann hätte Sie mit einem illegalen Rauschmittel versorgt? Haben Sie auch vorher schon einmal Drogen konsumiert? Bedenken Sie, dass Sie unter Eid stehen. (Das sagen sie im Fernsehen immer. *Bedenken Sie, dass Sie unter Eid stehen.*) Wir haben Aussagen Ihrer Freunde vorliegen, in denen sie angeben, auch schon bei anderen Gelegenheiten beobachtet zu haben, wie Sie illegale Substanzen zu sich genommen haben. Sie räumen also ein, dass der Geschlechtsverkehr mit Mr O'Brien in gegenseitigem Einvernehmen stattgefunden hat? Aha, das geben Sie also zu, ja? Und warum haben Sie Ihre Version der Ereignisse des Abends später dann geändert? In Ihrer ursprünglichen Aussage bei der Polizei hieß es noch, Sie hätten die Bewusstlosigkeit lediglich vorgetäuscht, ist das korrekt? Ich habe Ihre Aussage hier schriftlich vorliegen. Darin sagen Sie, dass Sie mit diesen Jungen schon lange befreundet sind, dass Sie Ihnen so etwas niemals antun würden, dass das alles ein großes Missverständnis sei. Warum haben Sie Ihre Aussage später geändert? Sie hätten Angst gehabt, sagen Sie? Sie hätten sich geschämt? Ist das der Grund, warum Sie die Aussage geändert haben? Weil Sie sich für das schämten, was Sie getan haben? Weil Sie sich schämten, als die Fotos im Internet die Runde machten? Ist das womöglich der eigentliche Grund dafür, warum Sie sich entschlossen haben, Ihre Aussage zu ändern und anzugeben, Sie seien vergewaltigt worden? Schämten Sie sich für das, was Sie in jener Nacht getan haben? Sie behaupten, Sie können sich nicht erinnern. Ich habe den Eindruck, dass Sie verwirrt sind, Ms O'Donovan. Soll ich Ihnen sagen, was ich denke? Ich denke, dass die sexuellen Handlungen mit Ihrem Einverständnis stattfanden, dass Sie aus freien Stücken mitgemacht haben, sich jetzt aber nicht mehr an den genauen Verlauf der Ereignisse dieses Abends erinnern können. Ist es nicht so, Ms O'Donovan?«

Ich stelle mir vor, wie ich in einem Gerichtssaal voller Menschen stehe und auf jede Frage immer mit demselben Satz antworte: *Ich erinnere mich nicht.* Die Frau vom *Rape Crisis Centre* hat gesagt, dass die Presse zugelassen sein wird. Dass Zeugen aussagen werden. Sie hat mir aber auch gesagt, dass sie mich unterstützen und die ganze Zeit an meiner Seite sein wird. *Das wird hart für Sie werden*, warnte sie mich und sah dabei sehr ernst aus. *Dieser Schritt erfordert viel Mut.*

Und Aidan Heffernan meint, es könne sich noch zwei weitere Jahre hinziehen, bis der Fall tatsächlich vor Gericht kommen würde. Was bedeutet, dass zwei weitere Jahre vergehen werden, in denen ich jeden Morgen mit ansehen muss, wie sich die Sorgenfalten noch tiefer in die Gesichter meiner Eltern eingegraben haben. Ihr Leben habe ich auch zerstört.

Ich kralle meine Nägel in die Armlehnen des Sessels und habe Angst, dass ich gleich schottisches Shortbread und Tee über Aidan Heffernans Teppich kotzen werde.

»Und, wie wars?«

Meine Mutter hat vor dem Supermarkt in Kilgarvan im Wagen gewartet und eine dieser Zeitschriften voller Kochrezepte und Strickmuster durchgeblättert, während ich meine Therapiesitzung hatte. Sie hat einen Becher Kaffee in der Hand, in ihrem Schoß liegt eine aufgerissene Packung rosa Cremewaffeln, ihr Rock ist total verkrümelt.

Scheiße war es, würde ich am liebsten sagen. *Sinnlos.*

Es war nicht deine Schuld, hat die Therapeutin zum tausendsten Mal gesagt. *Du bist das Opfer einer Straftat, es war nicht deine Schuld.*

Liest sie denn keine Zeitung?, frage ich mich. Hört sie nicht die *Ned O'Dwyer Show*? Weiß sie nicht, was Emma O'Donovan an dem Abend anhatte (Ihr Kleid war angeblich so kurz, dass der Slip rausschaute … Also ich habe gelesen, dass sie untenrum ganz nackt war …)? Weiß sie nicht, dass sie zu viel getrunken hatte (Sie hat ja wohl schon vor der Party zu Hause eine ganze Flasche Wodka geleert … Ich habe gehört, dass sie zwanzig Tequilas getrunken und danach erst auf Wodka umgestiegen ist …)? Weiß sie nicht, dass sie Drogen genommen hatte (Koks … oder Pillen. Nein, ich hab gehört, es war Heroin, aber sie hat es nicht gespritzt, sondern geraucht ...)? Weiß sie nicht, dass Emma O'Donovan eine unglaublich blöde Kuh war? Dümmer als die Polizei erlaubt.

Und jetzt will Emma O'Donovan auch noch das Leben anderer zerstören.

Im Behandlungszimmer machte sich Stille breit und ich las einen der Sprüche an der Wand. *Warte nicht ab, bis der Sturm vorüber ist, sondern lerne, im Regen zu tanzen.* Ich versuchte, der Therapeutin zu geben, was sie von mir wollte. »Ich weiß ja, dass Sie recht haben«, log ich. »Ich bin nicht daran schuld.«

»Ich hoffe, die Therapie bringt dir was.« Meine Mutter fegt die Krümel vom Rock. »Teuer genug ist sie ja.« Sie legt ihre Hand auf meine. »Nicht, dass es uns ums Geld ginge, Emma. Wir wollen nur, dass es dir besser geht.«

Sie wollen eine anständige Tochter. Eine andere Tochter. »Ich glaube schon, dass es was bringt«, sage ich und meine Mutter sieht erleichtert aus, als könnte sie wenigstens einen Punkt auf ihrer mentalen To-do-Liste abhaken. Punkt 3: sicherstellen, dass Emma nicht komplett abstürzt.

Wir fahren am Fluss entlang, der sich zwischen den beiden Orten entlangschlängelt, und ich starre aus dem Fenster: Jogger, eine verwaiste Tankstelle, nass geregnete Felder und Wiesen. Was wäre, wenn ich jetzt einfach die Handbremse ziehen würde? (Der Wagen würde sich einmal überschlagen. Dann noch mal. Genickbruch.) Oder wenn ich ins Lenkrad greife und frontal in den LKW steuere, der uns gerade entgegenkommt? (Unser Wagen komplett zerquetscht. Nicht mehr zu identifizieren. Fleischmatsch.)

Dann wäre alles vorbei. Vielleicht würden wir nicht mal mitkriegen, wie es passiert.

Nach meinem zweiten Versuch haben die Leute im Ort gesagt, ich hätte es nicht wirklich ernsthaft gewollt, mir wäre es nur um die Aufmerksamkeit gegangen. Ich glaube nicht, dass ich es deswegen getan habe. Ich glaube, ich wollte einfach nur meine Ruhe haben. Aber was weiß ich schon.

Im Krankenhaus habe ich eine anonyme Nachricht aufs Handy bekommen (woher hatte derjenige meine Nummer?). *Gib dir nächstes Mal ein bisschen mehr Mühe.*

»Oh nein!«, ruft meine Mutter aus, als sie Bryans roten Golf vor unserem Haus sieht. »Ich wollte doch zu Hause sein, wenn er kommt.«

Sie steigt aus und schlägt die Wagentür hinter sich zu, ohne zu merken, dass ihr dünner geblümter Schal in der Tür hängen geblieben ist. Mit über den Kopf gehaltener Handtasche läuft sie durch den Regen zur Haustür und stolpert fast über Precious, die auf den Stufen sitzt.

Ich spiele meine nächsten Schritte im Kopf durch. Aussteigen. Ins Haus gehen. Meinen Bruder begrüßen und ihn fragen, wie seine Woche war. Dabei ganz normal wirken. Während ich darauf warte, dass der Körper kooperiert, starre ich auf die Regentropfen, die über die Windschutzscheibe laufen. Es sieht aus, als würde sie weinen.

Bei den O'Callaghans geht die Haustür auf. Conor späht nach draußen, schaut zum Himmel, zieht eine Grimasse und stülpt sich die Kapuze seiner Jacke über den Kopf. Ich rutsche tiefer in den Autositz, aber er hat mich schon gesehen und hebt die Hand. Ich krame in meiner Tasche nach meinem iPod, stecke die Stöpsel in die Ohren und tue so, als würde ich Musik hören und nicht mitkriegen, wie er meinen Namen ruft, als ich aus dem Wagen steige, *Emmie! Emmie?* Ich spanne den Regenschirm mit dem Logo des gälischen Sportverbands GAA Ballinatoom auf, um mich dahinter zu verstecken, hänge meine Tasche von der einen auf die andere Schulter und ignoriere Precious, die maunzend um meine Füße streicht. *Linkes Bein, rechtes Bein, linkes Bein, rechtes Bein*, sage ich stumm vor mich hin, bis ich die Haustür hinter mir zuziehen kann. Ich presse mich mit dem Rücken dagegen und merke, dass ich zittere.

»Hey, Emmie«, begrüßt mich Bryan, als ich in die Küche komme. »Wie gehts dir?«

Er sitzt an der Kücheninsel. Neben dem Hocker stehen seine blaue Adidas-Tasche und ein schwarzer Müllsack, aus einem Riss quellen zerknittertes Bettzeug und Socken. Er ist dünn geworden, hat blaue Schatten unter den Augen. Und er müsste mal wieder zum Friseur. Als er aufsteht und mich umarmt, drückt er mich so fest an sich, dass ich kaum Luft bekomme. Ich habe das dringende Bedürfnis, ihm zu sagen, dass er mich loslassen soll, aber das ist Bryan, es ist nur Bryan. Er lässt mich trotzdem los, als würde er mein Unbehagen spüren.

»Wie geht es dir?«, fragt er noch mal.

»Gut.«

»Warst du diese Woche in der Schule?«

»Dein Schal hat sich in der Autotür verklemmt«, sage ich zu meiner Mutter. Sie nimmt eine Packung Nudeln und ein

Glas Béchamelsoße aus dem Vorratsschrank und entschuldigt sich bei Bryan, dass sie heute keine Zeit hatte, selbst zu kochen.

»Was hast du gerade gesagt?«, fragt sie laut über das Rauschen der Abzugshaube. Sie erhitzt Öl in einer Pfanne und legt ein paar Lachsfilets hinein. Mir wird schlecht.

(*Wetten, es hat voll nach Fisch gestunken???!!!!!*, war einer der Kommentare auf Facebook. *Das Es bin ich. Ich bin ein Es. Ich bin ein Es.*) Sechsundsiebzig Leute haben den Kommentar gelikt. Am nächsten Tag habe ich meine Mutter zur Drogerie geschickt, um mir Intimwaschlotion zu kaufen. Ich habe mich immer und immer wieder damit gewaschen. Ich wollte sauber sein. Wollte nach nichts riechen.

»Dein Tuch«, sage ich. »Du hast es in der Wagentür eingeklemmt.«

»Hast du es nicht mitgebracht?«

»Nein.«

»Herrgott, Emma. Dieses Tuch war *teuer*. Dein Bruder hat es mir zum Geburtstag geschenkt. Also wirklich, du …« Als Bryan sie stirnrunzelnd ansieht, atmet sie tief durch. »Wärst du bitte so nett, es zu holen?«

»Nein.«

»Warum nicht?«

Ich will ihr nicht sagen, dass ich Angst habe, dass Conor vielleicht noch draußen ist.

»Und was soll ich essen?«, frage ich stattdessen. »Machst du auch noch was anderes?«

»Du kannst dir ein Fertiggericht aus dem Gefrierschrank

holen.« Sie wirft Bryan von der Seite einen Blick zu, der aber nichts davon mitbekommt, weil er mit seinem Handy beschäftigt ist.

»Hast du irgendwelche besonderen Pläne fürs Wochenende?«, fragt sie ihn und holt zwei Weingläser aus der Spülmaschine.

»Nein.«

»Triffst du dich nicht mit den Jungs?« Sie nimmt eine Flasche Weißwein aus dem Kühlschrank und gießt sich ein Glas voll.

»Für mich bitte nicht, Mam.« Bryan sieht von seinem Handy auf, als sie gerade das zweite Glas einschenken will. »Danke.«

Mir bietet sie keinen an. Ich darf keinen Alkohol mehr trinken.

»Ach komm, Bryan.« Meine Mutter zeigt ihm die Flasche. »Das ist ein Pinot Grigio. Der hat dir doch immer so gut geschmeckt. Eine Empfehlung des Weinkritikers der *Sunday Times*. Nur ein kleines Glas. Nach der langen Fahrt hast du dir eine Entspannung verdient.«

»Seit wann schmeckt mir Pinot Grigio?«, fragt Bryan. »Ich trinke doch praktisch nie Wein.«

»Dann vielleicht ein Bier? Ich habe Heineken da.«

»Nein, wirklich nicht, Mam. Ich hab gerade keinen Durst.«

»Möchtest du vielleicht lieber ein Coors oder ein Budweiser?«

Bryan runzelt die Stirn. »Zum dritten Mal, Mam: Nein danke.«

Ein Schlüssel dreht sich in der Haustür, mein Vater zischt *elendes Katzenviech* und streift seine Schuhe an der Fußmatte ab. »Bryan?«, ruft er. Meine Mutter stellt die Flasche schnell in den Kühlschrank zurück und schiebt ihr Glas hinter den Wasserkocher. Dann greift sie nach dem Kochlöffel und kippt die Béchamelsoße auf den Lachs.

»In der Küche, Dad!«

Mein Vater schüttelt sich den Regen aus den Haaren und kommt in die Küche. Er stellt sich mit dem Rücken zu mir zwischen uns, legt Bryan eine Hand auf die Schulter und überhäuft ihn mit Fragen: *Wie läuft es am College? Alles gut? Auch die Prüfung? In der WG alles okay? Brauchst du Geld? Habe ich dir schon erzählt, dass ich hier immer wieder darauf angesprochen werde, ob du nicht doch wieder für die Mannschaft spielen willst? Ah, ich sehe, du hast deine Schmutzwäsche mitgebracht, deine Mutter kümmert sich gleich darum.*

»Kommst du?« Er geht Richtung Fernsehzimmer und winkt Bryan, ihm zu folgen. »Das Spiel fängt gleich an.«

»Ach, wie schön!« Meine Mutter strahlt. »Ich freue mich so, dass meine beiden Männer mal wieder zusammen Zeit zu Hause verbringen.«

Bryan bleibt sitzen. »Was ist mit Emma?«

Mein Vater dreht sich um und verzieht kurz gequält das Gesicht, vielleicht bilde ich mir das aber auch nur ein. »Was soll mit Emma sein?«, fragt er vorsichtig.

»Na ja, du hast noch kein Wort zu ihr gesagt, seit du nach Hause gekommen bist. Willst du sie nicht fragen, wie ihr Tag war?« Bryan sieht mich an.

»Sie war heute bei ihrer Therapeutin«, sagt meine Mutter, ohne meinen Vater anzusehen, dessen Miene bei der Erwähnung des Wortes *Therapeutin* gefriert.

»Aber müsste sie nicht spätestens jetzt wieder in die Schule?«, fragt Bryan. »Ich meine, in einem Monat sind Abschlussprüfungen. Schreibt sie überhaupt mit oder setzt sie dieses Jahr ganz aus und macht die Prüfung dann nächstes Jahr?«

»Das haben wir alles letztes Wochenende besprochen, Bryan.«

»Stimmt, Dad, haben wir. Genau wie an dem Wochenende davor und dem davor und dem davor auch. Trotzdem kann ich mich nicht erinnern, dass mir irgendjemand eine befriedigende Antwort gegeben hätte.«

»Heute konnte sie sowieso nicht in die Schule, weil wir einen Termin bei Aidan Heffernan hatten«, wirft meine Mutter ein. »Aber das hätten wir uns sparen können, weil er uns auch nichts sagen konnte.«

»Mir ist nach wie vor unbegreiflich, dass sie sich keinen eigenen Anwalt nehmen darf.« Mein Vater schüttelt den Kopf.

Jedenfalls nicht, solange nicht von mir verlangt wird, Einblick in mein sexuelles Vorleben zu geben, denke ich, aber das werden sie verlangen. Das werden sie garantiert.

Mit wie vielen Personen haben Sie Sex gehabt?

Was meinen die mit Sex? Nur Geschlechtsverkehr? Oder auch Oralsex?

(Bedenken Sie, dass Sie unter Eid stehen.)

Mams Gesicht, Dads Gesicht, Bryan.

(Bedenken Sie, dass Sie unter Eid stehen.)

»Hat Heffernan etwas über die Nummer gesagt, die sie bei der Anhörung im Bezirksgericht abgezogen haben?«, fragt Bryan. »Ich kann immer noch nicht fassen, dass diese Wichser wirklich auf ›nicht schuldig‹ plädiert haben.«

»Bryan, bitte. Achte auf deine Ausdrucksweise.«

»Tut mir leid, Mam, aber mal im Ernst. Die können doch nicht erwarten, dass irgendjemand, der diese Fotos sieht, sie ohne Strafe davonkommen lässt.«

»Das haben wir auch besprochen«, sagt meine Mutter. »Aidan ist sich nicht sicher, ob sie die Fotos als Beweismittel vor Gericht zulassen werden.«

»*Was?*«

»Schrei mich bitte nicht an, Bryan. Ich wiederhole nur, was Aidan gesagt hat.«

»Aber warum nicht?«

»Das weiß ich doch nicht.« Sie sieht mich Hilfe suchend an. »Es könnte sein, dass sie zugelassen werden, aber das ist eben noch nicht sicher. Wahrscheinlich aber doch. Alles andere kann ich mir nicht vorstellen.«

Bryans Kiefermuskeln arbeiten. »Und dafür hab ich mir das alles ange…« Er beendet den Satz nicht, aber ich weiß auch so, was er sagen wollte: *angetan.* Er hat sich sämtliche Fotos angeschaut und sie heruntergeladen. Er hat meine gespreizten Beine gesehen. Das entblößte Fleisch. (*Wetten, es hat voll nach Fisch gestunken?!*) Er hat mich als *Nutte* gesehen, als *Hure,* als *dreckige Schlampe.*

»Ich war übrigens beim psychologischen Dienst der Uni und die haben mir eine Therapeutin vermittelt«, hat Bryan uns letztes Wochenende beim Abendessen erzählt. Mein Vater schob daraufhin seinen Stuhl zurück und verließ wortlos den Raum. Ich stecke alle mit meiner Traurigkeit an. Ich zerstöre auch ihr Leben.

»Morgen rufe ich Aidan an«, sagt mein Vater. »Er muss mir sagen, wie das mit den Fotos ist.«

»Das kann er nicht.«

»Ich bitte dich, Nora. Aidan Heffernan ist einer meiner ältesten Freunde. Wir kennen uns seit der Grundschule.« Mein Vater schnaubt. »Natürlich wird er mir sagen, was los ist.«

»Das kann er nicht, Denis. Er bekommt keinen Einblick in die Anklageschrift. Die darf nur die Gegenseite sehen.«

»Die Gegenseite? Du meinst, Paul O'Brien und diese anderen Arschlöcher erfahren, ob die Fotos zugelassen sind, aber Emma nicht?«, fragt Bryan. Als meine Mutter nickt, sieht er aus, als wäre ihm schlecht. »Wir müssen irgendwas tun. Wir können doch nicht hier rumsitzen und zusehen, wie Emma komplett zusammenbricht, wenn …«

»Sie bricht nicht zusammen«, fährt meine Mutter ihn an.

Ich breche nicht zusammen. Ich werde an den Säumen auseinandergerissen und mein Innerstes wird herausgezerrt, bis ich leer bin.

»Das soll nicht deine Sorge sein«, sagt mein Vater. »Überlass das ruhig uns.«

»Das sehe ich anders, Dad. Anscheinend bin ich hier der

Einzige, der bereit ist, der Realität ins Gesicht zu sehen. Und natürlich mache ich mir Sorgen. Immerhin geht es hier um *meine Schwester*.«

Ich wünschte, Bryan würde aufhören, sich einzumischen. Wenn er nicht gewesen wäre, hätten wir diese ganzen Probleme jetzt gar nicht. Er war derjenige, der mich dazu überredet hat, Anzeige zu erstatten, meine ursprüngliche Aussage zu ändern und stattdessen zuzugeben, dass ich mich an nichts von dem erinnere, was in dieser Nacht passiert ist. Denn wenn ich mich nicht erinnern kann, dann kann das alles auch nicht mit meinem Einverständnis passiert sein, oder? Ich habe getan, was er gesagt hat, weil es mir lieber ist, er sieht mich als Opfer (hilflos, dumm, unschuldig) statt als dreckige Schlampe (*Nutte, Hure, Lügnerin*) wie alle anderen.

Aber danach ist alles außer Kontrolle geraten.

»Hallo, Emma. Ich bin Redakteurin bei der *Ned O'Dwyer Show*. Wir würden uns wahnsinnig freuen, wenn Sie sich vorstellen könnten, zu uns in die Sendung zu kommen.«

»Ich arbeite für das Online-Magazin *xoJane*. Hätten Sie vielleicht Lust, einen Beitrag für uns zu schreiben? Bei uns hätten Sie die Möglichkeit, alles aus Ihrer Perspektive zu schildern. Ich hänge Ihnen an diese Mail ein paar Artikel an, die zu diesem Thema bereits in unserem Heft erschienen sind. Mädchen mit ganz ähnlichen Geschichten wie Ihrer.«

(Ich habe die Artikel alle gelesen. Ich suche nach Geschichten, die schlimmer sind als meine. Ich muss wissen, dass es andere Mädchen gibt, die Schlimmeres durchgemacht haben. Muss wissen, ob sie es überlebt haben.)

»Ich rufe im Auftrag der Website *Jezebel* an. Wir möchten Sie unterstützen. Sie sind nicht allein, Emma.«

Ich fühle mich aber allein.

»Es wäre einfach beruhigend zu wissen, ob es irgendwelche Pläne für ihre Zukunft gibt«, sagt Bryan. »Ich habe nämlich eher das Gefühl, dass alle hier den Kopf in den Sand stecken und so tun, als …«

»Bryan.« Die Stimme meines Vaters ist fest. »Schluss jetzt. Deine Mutter und ich werden uns um alles kümmern. Ende der Diskussion. Also was ist? Schauen wir uns jetzt das Spiel an oder nicht?« Er geht in den Flur, bleibt stehen und wirft mir über die Schulter einen Blick zu. »Emma interessiert sich ja sowieso nicht für Football, stimmts, Schatz?« Sein Blick ist dabei auf einen Punkt ein paar Zentimeter über meinem Kopf gerichtet. »Hast du ja noch nie.«

Meine Mutter wartet, bis die beiden gegangen sind, bevor sie ihr Weinglas hervorholt. »Warum gehst du nicht nach oben?«, sagt sie. »Hat ja keinen Sinn, dass du hier rumhockst, während ich Essen mache. Na los, geh mir aus den Augen.«

Ich liege auf dem Bett und scrolle durch Facebook, als meine Mutter uns zum Essen ruft. Sean hat Ali in einem Kommentar gefragt, um welchen Dichter es ihrer Meinung nach im Lyrikteil der Englischprüfung gehen könnte. *Seamus Heaney*, hat Ali geantwortet. Jamie hat geschrieben, dass sie sich sicherheitshalber auch auf Fragen zu John Donne vorbereitet. Sean hat Jamies Kommentar gelikt.

»Darfst du überhaupt ins Internet?« Bryan steht in der offenen Tür. Ich klappe den Laptop zu.

»Du schon wieder?«, frage ich mit müdem Lächeln.

Er ist in der letzten Stunde ungefähr alle fünfzehn Minuten mit irgendeiner lahmen Ausrede in mein Zimmer gekommen: ob ich sein Ballinatoom-Trikot vielleicht irgendwo gesehen hätte, ob er sich mein Ladekabel leihen könnte, ob ich schon diesen neuen Comedian kenne und dieses unfassbar witzige Video auf YouTube gesehen hätte. »Wolltest du nicht das Spiel schauen?«, habe ich gefragt, aber er hat nur mit den Schultern gezuckt. So ist das immer, wenn er zu Hause ist. Er lässt mich nicht aus den Augen, folgt mir auf Schritt und Tritt, schaut, was ich mache. Er ist der Einzige, der mich noch anschaut, und er schaut zu genau hin. Ich habe Angst vor dem, was er sieht.

»Ich wollte nur sichergehen, dass du mitgekriegt hast, dass Mam uns zum Essen gerufen hat.« Er wartet, bis ich aufgestanden bin, und geht dann vor mir die Treppe runter.

Ich will nicht aufgefangen werden, würde ich ihm gern sagen. Lass mich doch einfach fallen.

Meine Eltern haben schon mit dem Essen angefangen, als Bryan und ich uns an den Tisch setzen. Das Schmatzen, Kauen und Schlürfen ist unerträglich laut. Ich schneide meinen Tofuburger in kleine Stücke, stecke sie mir widerwillig in den Mund, zwinge mich zu kauen und zu schlucken und spüle mit dem letzten Schluck Saft nach.

»Schmeckts nicht?«, fragt Bryan.

»In letzter Zeit schmeckt alles ein bisschen nach gar nichts.«

Meine Eltern erstarren. *Medikamente = Depression = Dinge, über die wir in dieser Familie nicht sprechen.* Dafür habe ich ja die Therapeutin.

»Na ja, es ist Tofu, was erwartest du?«, sagt Bryan und mein Vater lacht schallend, als hätte er noch nie etwas Witzigeres gehört. Ich hole mir noch mehr Saft aus dem Kühlschrank. In der Tür steht eine neue Flasche Wein. Diesmal ist es einer aus Chile, ein Viertel ist schon weggetrunken. Ich setze mich wortlos wieder an den Tisch.

»Jetzt erzähl doch mal von dir, Bryan«, sagt meine Mutter. »Hast du in der letzten Zeit irgendwelche spannenden Dates gehabt?«

»Wir leben hier nicht in irgendeinem amerikanischen College-Film, Mam. Niemand hat *Dates*.«

»Ja, gut, aber hast du jemanden kennengelernt? Die Mädchen müssen doch bei dir Schlange stehen.« Sie beißt sich auf die Unterlippe. »Oder bist du noch nicht so weit? Trauerst du Jennifer immer noch hinterher?«

»Darüber will ich nicht reden.«

»Du Armer, es ist ganz normal ...«

»Der Junge hat gesagt, dass er nicht darüber reden will, Nora.« Mein Vater lässt klirrend sein Besteck fallen.

Bryan sieht niedergeschlagen aus. Noch etwas, an dem ich schuld bin.

»Lass nicht den Kopf hängen. Du bist mein Goldjunge. Du wirst schon wieder jemanden finden.« Meine Mutter greift über den Tisch nach seiner Hand und stößt dabei meinen Saft um. Ich springe auf, um ein Geschirrtuch zu holen.

»Hast du getrunken?«

»Ein Glas, Denis. Ich darf doch wohl *ein* Glas Wein trinken?«

Ich klemme die Füße hinter die Beine meines Stuhls, um mich davon abzuhalten, in die Vorratskammer neben der Küche zu laufen und die leeren Weinflaschen zu verstecken – *klirr, klirr, klirr* –, bevor mein Vater sie entdeckt. Was wäre, wenn er zu dem Schluss kommt, dass sie ein Alkoholproblem hat und in einer Klinik einen Entzug machen muss? Vielleicht käme sie dann ins St John of God's Hospital wie Jamies Onkel vor ein paar Jahren. Damals haben alle im Ort prophezeit, dass die Pub-Besitzer pleitegehen, falls sie es dort tatsächlich schaffen, ihn trockenzubekommen. Ich kann schon hören, wie sie sich das Maul zerreißen: *Eine wie die andere. Die Tochter wie die Mutter. Das Mädchen war ja heillos betrunken, als dieser »Übergriff« passierte. Aber es hat sie ja schließlich niemand gezwungen, so viel zu trinken, oder? Das war ihre freie Entscheidung.* Ich stelle mir meine Mutter bei den Anonymen Alkoholikern vor, wie sie im Stuhlkreis sitzt und über ihre Gefühle spricht. Vielleicht wird sie dann auch anfangen wollen, mit mir zu sprechen und über Dinge zu reden, an die ich mich nicht erinnern will. (Ich kann mich nicht erinnern, das habe ich dir doch schon gesagt.) Die Therapeutin sagt mir immer, dass ich mit dem »Katastrophendenken« aufhören muss. »Stell dir ein riesiges Stoppschild vor, sobald du merkst, dass sich deine Gedanken in die falsche Richtung bewegen.« Aber das kann ich nicht. Niemand redet offen mit mir, niemand sagt mir, was *wirklich* los ist, deshalb bleibt mir gar nichts anderes übrig, als mir die verschiedenen Szenarien vorzustellen. Was, wenn mein Vater keine Frau haben möchte, die Alkoholikerin ist, eine *blöde, hässliche Alkoholikerin*? (Warum kann sie nicht stark sein? Warum schafft sie es nicht, die Fassade aufrechtzuerhalten, wie wir anderen auch?) Was, wenn er lieber eine Frau will, die sich morgens zurechtmacht und für ihre Familie aus frischen Zutaten kocht und backt und nicht bloß für den Markt, um vor den anderen gut dazustehen? (*Die sollen sich bloß nicht einbilden, wir würden uns geschlagen geben, Emma.*) Was, wenn er jemand Neues kennenlernt und nichts mehr mit seiner alten Familie zu tun haben will – mit der blöden Alkoholikerin und ihrer blöden Tochter, die zu nichts mehr zu gebrauchen ist? Was dann? Ich weiß es. Meine Mutter würde mir die Schuld geben. Sie würde sich wünschen, ich wäre nie geboren worden. Sie würde mich dafür hassen, dass ich ihre perfekte Familie zerstört habe. Verrückt, dass ich nach all den Jahren, in denen ich mir eine andere Mutter gewünscht habe, eine, die mich einfach nur in Ruhe lässt, jetzt auf einmal Panik bekomme bei dem Gedanken, sie könnte diejenige sein, die mich aufgibt.

Und das alles wäre meine Schuld.

»Hast du dieses Wochenende was vor, Em?«, wechselt Bryan das Thema.

Ich tue so, als würde ich nachdenken. »Dieses Wochenende? Nein, ich glaube nicht.«

»Ich hab vorhin Maggie im Supermarkt getroffen. Sie hat erzählt, dass sie nachher mit Jamie zu Ali fährt. Sie wollen sich ganz gemütlich einen Film anschauen und einen ruhigen Abend machen, weil ja bald ...«, er zögert, »... Abschlussprüfungen sind und so. Jedenfalls meinte sie, sie hätte dir eine Nachricht geschrieben und angerufen, um zu fragen, ob du auch kommst, aber du hättest dich nicht gemeldet.«

»Oh nein!« Meine Mutter schlägt so fest auf den Tisch, dass ihr Messer runterfällt und ich zusammenzucke. »Stimmt. Sie hat vorhin angerufen und hat mich gebeten, dass du sie zurückrufst.«

»Und warum hast du das Emma nicht ausgerichtet?«

»Ich habe es vergessen. Tut mir leid.«

»In der letzten Zeit vergisst du ziemlich viel«, brummt mein Vater.

»Was willst du damit sagen?«

Er antwortet nicht.

»Ich rufe sie nachher zurück«, sage ich. Irgendwann am Anfang sind Maggie und Ali zu mir nach Hause gekommen, haben sich verlegen ins Zimmer geschoben, wie Trauergäste bei einer Beerdigung. Aber ich habe ihnen angemerkt, dass sie es irgendwie auch genossen, dieses Drama hautnah mitzuerleben. »Ja, sie ist meine beste Freundin«, konnten sie sagen. »Ja, ich war an dem Abend auch auf der Party.« »Ja, ich weiß, was passiert ist. Emma hat mir alles erzählt. Wir sind sehr eng miteinander.«

Maggie war richtig fertig, ihr stiegen immer wieder Tränen in die Augen und sie hat mich ständig umarmt. (Ich wollte nicht angefasst werden.) Ich war ganz steif, hielt meine Arme dicht am Körper. Sie hat sich immer wieder dafür entschuldigt, dass sie an dem Abend ohne mich nach Hause gefahren sind, dass sie nicht darauf bestanden haben, dass ich auch mitkomme, dass sie in der Schule danach so fies zu mir waren.

»Aber ich wusste ja nicht, was passiert ist, Em«, hat sie gesagt. »Mir war das alles ja gar nicht klar. Ich war sauer auf dich, weil ich nicht verstanden habe, wie du Ali das antun konntest, und dann die Sache mit Eli …« Ich schaute sie an und sie wurde rot. »Na ja, du *hast* ihn geküsst, Emma. Jetzt ist es auch egal, aber kannst du nicht verstehen, dass ich das scheiße fand? Nicht mal ein bisschen?«

Ich drehte mich zu Ali um, die am Schminktisch stand und mit den Fingerspitzen über die Polaroids strich, die am Spiegel klebten, und ich wusste genau, dass sie zählte, auf wie vielen davon sie zu sehen war.

»Ali!«, hatte Maggie gezischt, worauf sie sich zu uns aufs Bett setzte, die Beine anzog und mir sagte, dass sie mir das mit Sean nicht übel nimmt. Sie war nervös, hat sich offensichtlich unwohl gefühlt. Sie wollte, dass alles wieder normal ist.

Das wollte ich auch.

»Moment mal, ist das meine Sonnenbrille?«, hat sie gesagt und nach der Warby Parker gegriffen, die auf meinem Nachttisch lag. Ich erinnere mich daran, dass ich sie ihr geklaut habe. Ich erinnere mich daran, dass ich dachte, sie kann sich locker eine neue kaufen. Ich erinnere mich, dass ich es ungerecht fand, dass ihre Eltern reich sind und meine nicht. Ich erinnere mich, dass mir solche Dinge wichtig waren.

»Ja«, sagte ich und schämte mich nicht einmal.

»Verdammt, Ali.« Maggie lief rot an. »Willst du das ganze Zimmer durchschnüffeln?«

»Ist doch egal«, sagte ich. Und meinte es auch so. Weil jetzt alles egal ist.

Einen Moment lang waren wir still. Die Stille folgt mir jetzt überall hin.

»Aber bist du dir auch wirklich sicher, Em?«, platzte es aus Ali heraus. »Ich meine, ihr wart alle ganz schön betrunken.«

»Ali.«

»Was? Ich muss sie das fragen, Mags. Sean ist immer total nett gewesen, ich will nur, dass Emma … Ich will wissen, ob sie sich wirklich auch ganz sicher ist.« Sie legte mir einen Arm um die Schulter. (Ich wollte nicht angefasst werden.) »Ich bin auf deiner Seite, das weißt du doch, oder? Ich wollte bloß fragen, ob es … na ja, ob es eine *richtige* Vergewaltigung war.« (Ich wollte dieses Wort nicht hören.)

»Ich habe gehört, dass Dylan heute eine Party macht«, sagte ich. »Wollen wir hin?«

»Was? Du willst nach allem, was war, ernsthaft auf Dylans Party?«

»Wir können ja auch bloß so was trinken gehen«, sagte ich. »Irgendwo. Habt ihr Lust?«

»Äh … klar«, sagte Maggie und schaute Ali verwirrt an. »Wenn du das willst.«

Ich wollte, dass alles wieder normal ist.

Wir klingeln bei Dylan. Gehen in die Küche und stellen unser mitgebrachtes Bier in den Kühlschrank. Stille. Gehen ins Wohnzimmer. Jemand verlässt den Raum. Dann noch jemand. Und noch jemand. Zum Schluss sitzen nur noch Maggie, Ali und ich da. Sarah Swallows sagt: »Ich glaube, es wäre besser, wenn ihr jetzt geht. Dylan möchte *sie* nicht hier haben.« Wir gehen ins Reilly's. Ich trinke und trinke und trinke. Ich versuche meine Scham zu vergessen. (Ich kann mich nicht erinnern.)

Am nächsten Tag kamen Maggie und Ali noch mal zu mir nach Hause, weil sie »über gestern sprechen« wollten. *Wir wussten nicht, wo du steckst, und haben dich überall gesucht. Dann hat jemand gesagt, dass du die kleine Gasse runter bist. Wer war der Typ, Emma?*

Als sie das nächste Mal vorbeikamen, weigerte ich mich, aus meinem Zimmer zu kommen. Genauso wie das Mal danach. Und das danach. Sie hatten zu viele Fragen und ich hatte keine Antworten.

Von Jamie habe ich nie was gehört. Maggie hat mir gesagt, sie hätte *wahnsinnig viel zu tun. Ich weiß, dass sie dich auch gern sehen würde, aber bei ihr zu Hause geht es drunter und drüber und sie muss ja auch immer noch arbeiten und lernt bis spät in die Nacht, weil sie ein Stipendium angeboten bekommen hat, das sie aber nur kriegt, wenn ihr Abschluss gut genug ist.*

Ich würde Jamie gern sagen, dass ich ihr damals einen Gefallen getan habe. Ich wünschte, ich könnte ihr erklären, dass sie von uns beiden diejenige ist, die Glück gehabt hat und heil aus der Sache rausgekommen ist. Wenn ich die Zeit zurückdrehen und weiterhin behaupten könnte, das alles wäre nur ein blöder Spaß gewesen, würde ich es, ohne zu zögern, tun.

»Du solltest dich mit ihnen treffen.« Meine Mutter steht

auf, geht in die Küche und macht den Kühlschrank auf. »Wann hast du die Mädchen das letzte Mal gesehen?«

»Ich glaube, gleich fängt *The Late Late Show* an«, sage ich. Sie wirft einen Blick auf die Uhr, stößt einen kleinen Schrei aus und scheucht uns rüber. Das dreckige Geschirr bleibt auf dem Tisch stehen.

Im Fernsehzimmer stehen wir erst einmal alle etwas verkrampft herum, weil keiner weiß, welche Sitzordnung wir einnehmen sollen. Bryan setzt sich als Erster aufs Sofa und zieht mich neben sich. Als ich sein Aftershave rieche, wird mir so übel, dass ich ein Stück von ihm abrücken muss. Meine Mutter setzt sich auf die andere Seite neben ihn auf die Sofakante.

»Ist das nicht schön, dass wir mal wieder alle zusammen zu Hause sind?«, sagt sie, als mein Vater sich in den Ledersessel setzt. Er stellt die Fußstütze hoch und streckt ungeduldig die Hand aus.

»Ja, Denis?«

»Fernbedienung.«

»Wie bitte?«

»Kannst. Du. Mir. Die. Fernbedienung. Geben?«

Bryan zieht sie unter sich hervor und reicht sie meiner Mutter, die sich vorbeugt, um sie meinem Vater zu geben. »Hast du eigentlich mitbekommen, was ich gerade gesagt habe, Denis?«, fragt meine Mutter.

»Guten Abend und willkommen zu einer weiteren Ausgabe der *Late Late Show*!« Der Moderator strahlt in die Kamera. »Heute haben wir die junge Newcomerin Sasha Peters zu Gast, die uns einen Song von ihrem Debütalbum vorstellen wird, das als ›bestes irisches Album seit drei Jahren‹ gefeiert wird. Bestsellerautorin Roisin Flewett wird uns von ihrem neuesten Roman *Did you ever really love me?* erzählen. Wir werden einen Mann kennenlernen, der Pferde anstelle von Traktoren einsetzt, und uns mit einer der größten Rugby-Legenden unterhalten, die dieses Land je hervorgebracht hat.« Ein Bild von Padraig Brady wird eingeblendet. »Außerdem werden wir erfahren, ob es im Ballinatoom-Fall nach einem Jahr neue Entwicklungen gibt. Wir haben den Strafrechtsexperten Sean O'Reilly, die Jugendpsychologin Suzanne Meade und Lorna Sisk vom *Rape Crisis Centre* in Dublin eingeladen, um darüber zu sprechen, was …«

Mein Vater erhebt sich ruckartig aus dem Sessel und verlässt das Zimmer. Meine Mutter knallt ihr Glas auf den Couchtisch, greift nach der Fernbedienung und hackt darauf herum, bis der Bildschirm schwarz wird. Ich schließe die Augen, etwas Schweres schiebt sich durch meine Venen und schabt an meinen Knochen vorbei.

Ich brauche etwas Scharfes, um es herauszuschneiden.

»Das ist unglaublich!« Bryan ballt die Fäuste. »Das können die doch nicht machen. Ich schreibe gleich morgen eine Mail an die Redaktion und beschwere mich. Die können so was nicht einfach ins Programm nehmen, ohne die Betroffenen zu informieren. Da muss es vor der Sendung eine Triggerwarnung geben. Findest du nicht auch, Emma?«

Seit wann beherrschen wir alle fließend diese Sprache, die keiner von uns je lernen wollte?

»Das ist total daneben. Was ist mit all den anderen Vergewaltigungsopfern, die das sehen?«

War dieses Thema (*nicht dieses Wort, sag dieses Wort nicht noch einmal*) im Fernsehen und im Radio und in Zeitungen und Zeitschriften und Songs und Filmen immer schon so präsent und es ist mir nur nie aufgefallen?

»Was solls«, sagt meine Mutter. »Ich habe heute sowieso keine Lust auf *The Late Late Show*.« Sie greift nach der Fernsehzeitung und blättert darin. »Ah, auf Channel 4 läuft eine Liebeskomödie. Das wäre doch was, oder?«

Weder Bryan noch ich sagen etwas.

»Alles okay?«, fragt er mich, aber ich kann ihn nicht ansehen. (Er hat die Fotos gesehen. Er hat mich gesehen, entblößtes Fleisch, *Nutte, Hure, Schlampe*.)

Meine Mutter schaltet den Fernseher wieder an. »Es regt mich wahnsinnig auf, wenn von *Chick Lit* gesprochen wird. Das ist so abwertend«, sagt die rothaarige Schriftstellerin und der Moderator nickt. Meine Mutter schaltet um.

»Ah, das muss er sein«, sagt sie. »Ist doch besser, oder?«

Der Film hat zwar schon angefangen, aber es ist nicht schwierig, in die Story reinzukommen. Es geht um ein zierliches, hübsches Mädchen, deren jüngere Schwester vor ihr heiratet, und alle tun so, als wäre das eine ganz schlimme Tragödie. Auf dem Junggesellinnenabschied unterhalten sich die Freundinnen – alle superschlank, mit glatten langen Haaren – darüber, mit wie vielen sie schon Sex hatten.

»Na, wie viele waren es bei dir?«, fragt eine mit fiesem Grinsen die ältere Schwester und alle anderen kichern.

Wie viele waren es bei dir? Wie viele hattest du, Emma?
(Bedenken Sie, dass Sie unter Eid stehen.)

Zählen auch die, an die man sich nicht erinnert? Zählt es auch, wenn man gar nicht weiß, was genau passiert ist?

Samstag

Als ich zum Frühstück runtergehe, höre ich gereizte Stimmen. Ich schleiche auf Zehenspitzen durch den Flur und drücke mein Ohr an die Tür. Das ist in letzter Zeit meine einzige Möglichkeit, herauszufinden, was los ist.

»Das reicht einfach nicht, Denis. Beth sagt, dass …«

»Herrgott, kannst du vielleicht mal aufhören, ständig zu wiederholen, was Beth von sich gibt? Beth sagt dies, Beth sagt das. Wo ist sie denn, wenn man sie braucht? Scheiß auf Beth!« Mir stockt der Atem. So redete Dad sonst nie. »Hat sie sich mal hier blicken lassen, seit das alles passiert ist? Nein. Sie ruft bloß an und gibt dir irgendwelche neunmalklugen Ratschläge.«

»Schieß jetzt nicht gegen Beth, Denis. Sie hat ganz bestimmt keine Informationen an die Polizei weitergegeben. Hier: ›Von der örtlichen Polizeidienststelle ist zu hören, dass das mutmaßliche Opfer im Ort dafür bekannt war, eine Vielzahl von Sexualkontakten gehabt zu haben.‹ Wieso geben die solche Informationen überhaupt an die Presse weiter? Aidan

Heffernan sagt, dass erst mal ein Antrag bei Gericht gestellt werden muss, bevor über solche intimen Einzelheiten berichtet werden darf.«

»Den Antrag werden sie schon noch stellen. Davon gehe ich mal ganz stark aus. Du siehst ja, was sie über sie schreiben. Wieso wusstest du von alldem nichts? Du bist ihre Mutter! Das musst du doch mitgekriegt haben. Gott, ich habe das Gefühl, dass wir sie nie wirklich gekannt haben. Ich bin bloß froh, dass meine Eltern das nicht mehr erleben müssen. Sie wären gestorben vor Scham.«

Meine Mutter schluchzt leise auf.

»Bitte, Nora. Bitte, fang jetzt nicht auch noch an zu weinen. Ich kann nicht ...«

Als ich meine Aussage damals widerrufen und gesagt habe, ich hätte gelogen und es sei doch eine ... *so etwas* ... gewesen, ist Joe Quirke zu uns nach Hause gekommen. Er kam in Zivil im »Undercover«-Polizeiwagen, den jeder Jugendliche in Ballinatoom mit spätestens vierzehn schon von Weitem erkennt. Ein kräftig gebauter Mann mit sich lichtenden grauen Haaren, auf dessen Stirn immer ein leichter Schweißfilm glänzt. Er sagte, er wolle sich erst mal mit »Nora und Denis« unterhalten und würde in Begleitung einer Kollegin wiederkommen, um dann auch mit mir zu sprechen. Es sei nicht üblich, sagte er, Aussagen bei den Betroffenen zu Hause aufzunehmen, und er müsste uns noch einmal zu einem offiziellen Termin ins Revier vorladen, aber seine Schwester Bernadette – Moms Freundin – habe ihn gebeten, uns in dieser schweren Zeit entgegenzukommen, weshalb er bereit sei, die Vorschriften etwas lockerer auszulegen. Nur für uns. Mir wurde gesagt, ich solle nach oben gehen, das machte ich auch und ließ die Tür so laut zufallen, dass sie es auf jeden Fall hörten. Danach schlich ich mich, auf jeder knarzenden Treppenstufe kurz erstarrend, wieder nach unten und lauschte an der Tür. Die Antworten von meinem Vater waren einsilbig. »Ja. Nein. Ja. Nein. Weiß ich nicht. War es das? Sind wir jetzt fertig, Joe?«

(Ich habe mich heimlich in das Mailprogramm meines Vaters eingeloggt, weil ich wissen muss, was er über mich schreibt, was er über die ganze Sache denkt und ob er auch glaubt, ich wäre selbst schuld. Jedes Mal, wenn ich seine privaten Mails lese, bereite ich mich innerlich auf das Schlimmste vor, aber mein Name taucht nie auf. Es ist, als hätte er mich aus seinem Leben radiert.)

Nach meinem Vater kam meine Mutter dran.

Ihre Aussage wird aufgezeichnet. Bitte nennen Sie mir zunächst fürs Protokoll Ihren Namen. Nora O'Donovan.

Wo befanden Sie sich am Abend der mutmaßlichen Vergewaltigung? Wir ... also, Entschuldigung ... Denis und ich, wir ...«

Wer ist Denis? Ich bitte dich, Joe. Du weißt doch genau, wer Denis ist.

Bitte nennen Sie mir fürs Protokoll Denis' vollständigen Namen. Ach so, ja. Gott, tut mir leid, Joe. Denis ist mein Mann, Emmas Vater. Denis und ich hatten die Nacht in Killarney verbracht. Bryan – Entschuldigung, Emmies Bruder

Bryan hatte uns einen Hotelgutschein geschenkt. Zu unserem Hochzeitstag.

Und weiter? Ja, also, es war sehr schön dort, aber am nächsten Tag hatte Denis es eilig, wieder nach Hause zu kommen, weil er am Montag mehrere Geschäftstermine hatte und sich darauf vorbereiten wollte. Na ja, du kennst ihn ja. Es war ein herrlicher Tag. Ich meine, wer will bei strahlendem Sonnenschein schon stundenlang im Auto sitzen? *Ich* ganz sicher nicht, aber ...«

Können wir uns bitte auf die relevanten Informationen konzentrieren? Entschuldige, Joe, natürlich. Wir sind also nach Hause gekommen und ich sah etwas neben der Haustür liegen, das ich nicht richtig erkennen konnte. Du weißt ja, wie kurzsichtig ich bin, also habe ich Denis gefragt. »Denis«, habe ich gesagt, »Denis, was liegt da vor unserer Tür? Es sieht aus wie ein schwarzer Plastikmüllsack.« Er hat den Wagen angehalten oder besser gesagt, er hat ihn abgewürgt, sodass ich in den Gurt geschleudert wurde. »Pass doch auf, Denis«, habe ich geschimpft. »Willst du, dass ich ein Schleudertrauma bekomme?« Darauf hat er nur gesagt: »Sei still. Das ist Emmie.«

Sie lag vor der Haustür? Ich bin überrascht, dass keiner der Nachbarn sie vor Ihnen entdeckt hat. Anscheinend hat niemand sie bemerkt. Ich bin mir ganz sicher, dass unsere Nachbarn sie nicht einfach so vor dem Haus hätten liegen lassen. Wir haben hier in der Straße alle ein sehr gutes Verhältnis und kümmern uns umeinander.

Okay, und was ist dann passiert? Mein erster Gedanke

war, dass sie tot ist. Dass sie tot sein muss. Ich meine, warum hätte sie sonst vor der Haustür liegen ... und ...

Ganz ruhig. Lassen Sie sich Zeit. Möchten Sie vielleicht ein Glas Wasser? Nein danke, Joe. Es geht schon. Ich habe sofort die Wagentür aufgerissen und bin so schnell zu ihr gerannt, wie ich noch nie in meinem ganzen Leben gerannt bin, und da habe ich gesehen, dass sie so schlimm von der Sonne verbrannt war, dass sie richtige Brandblasen auf der Stirn hatte. Und sie trug ihr Kleid verkehrt herum. Daran erinnere ich mich ganz genau, weil ich dachte: Ist sie etwa so unterwegs gewesen? Und sie ... sie ...

Ja? Alles in Ordnung, Nora? Ist das, was ich hier sage, vertraulich? Du wirst es doch nicht Bernadette erzählen, oder?

Natürlich nicht. Es ist nur, weil ... Emma hatte ... sie hatte keine *Unterhose* an. Ich habe schnell das Kleid runtergezogen, damit Denis sie nicht so sieht. Ihre Haut war so verbrannt, dass sie knallrot war, und sie redete wirres Zeug und war ganz kraftlos. Sie hat versucht, sich aufzurichten, ist aber immer wieder hingefallen. Ihre Knie und die Hände waren aufgeschürft und bluteten. Es war wie eine Szene aus einem Horrorfilm.

Und was haben Sie als Nächstes getan? Denis meinte, wir sollten sie zu SouthDoc in die Notfallklinik bringen, weil sie vielleicht einen Sonnenstich hätte. Es war Zufall, dass Jimmy Fitzpatrick an dem Tag Dienst hatte. Wir kennen Jimmy seit einer Ewigkeit, er ist mit Denis zur Schule gegangen und war ja sogar unser Trauzeuge, du erinnerst dich sicher. Er gehört praktisch zur Familie. Jedenfalls meinte

Jimmy, Emma hätte tatsächlich einen Sonnenstich und einen schweren Sonnenbrand und dass an diesem Wochenende schon einige Patienten in der Praxis gewesen seien, weil sie die Sonne unterschätzt hätten. Ich fand das merkwürdig, weil Emma normalerweise geradezu hysterisch vorsichtig ist und solche Angst hat, bleibende Schäden an ihrer Haut zurückzubehalten, dass sie sich selbst am Weihnachtstag Sonnencreme ins Gesicht schmiert.

Haben Sie Dr. Fitzpatrick gesagt, dass Sie das merkwürdig finden? Haben Sie ihn gebeten, weitere Untersuchungen durchzuführen? Was? Nein. Nein, das ... Ich bin gar nicht auf die Idee gekommen, dass das nötig sein könnte, woher hätte ich denn ... nein ... habe ich nicht. Zu dem Zeitpunkt hatte ich ja auch keine Ahnung, dass sein Sohn beteiligt war. Wir wussten ja nicht ...

Und Emma? Was soll mit Emma sein?

Hat sie zum damaligen Zeitpunkt irgendetwas gesagt, das für den Fall relevant sein könnte? Nein. Wir haben sie ... Wir haben ihr die ganze Zeit Fragen gestellt ... aber sie sagte immer nur, dass ihr übel wäre, dass sie sich nicht erinnern könne, wie sie nach Hause gekommen sei und warum sie draußen vor der Haustür lag. Aber ...

Ja? Du hättest sie sehen sollen, wie sie da lag, Joe. Direkt vor der Tür. Wie ein ... hingeworfen wie ein Sack Müll, den jemand loswerden wollte.

Ich war Müll, bis oben hin mit Scheiß gefüllt, mit Zeug, das keiner braucht, das keiner mehr will. Ich war dreckig. (Ich gehörte weggeworfen.) Und während ich an der Tür lauschte, spürte ich, wie ich in zwei Hälften zerbrach. Von dem Moment an gab es sie und es gab mich. Sie war Emma, Emma O'Donovan, und ich war das Mädchen aus Ballinatoom.

Die angekündigte Polizistin klingelte zwei Tage später bei uns. Sie trug Jeans und ein weißes T-Shirt. Als sie zu mir ins Fernsehzimmer kam, erkannte ich sie sofort – sie war eine von Susan Twomeys besten Freundinnen. (Elaine? Tracey? Jess?) Eine von denen, die mich ausgelacht hatten, als Susan damals nach dem Footballspiel an meinem Top gezupft und gesagt hatte, dass ich mir was überziehen soll. Tee und Kekse lehnte sie höflich ab und lächelte, als meine Mutter endlich sagte: *Na gut, dann lasse ich Sie beide jetzt alleine. Falls Sie irgendetwas brauchen, ich bin der Küche.* Sobald Mom weg war, stellte sie mir in sachlichem, knappem Ton Fragen zu dem, was passiert war. Das Gespräch dauerte nicht lang.

»Das ist alles ein Missverständnis«, sagte ich immer wieder. »Da war gar nichts. Wir waren alle total betrunken und haben rumgealbert und ich habe nur so getan, als wäre ich bewusstlos.«

Als wir fertig waren, bot meine Mutter ihr noch mal Kekse an, die sie wieder ablehnte. Sie erkundigte sich, ob ich mir die Pille danach hätte geben lassen und auf sexuell übertragbare Krankheiten getestet worden sei. »Aber wozu?«, fragte meine Mutter. »Die Jungen stammen doch alle aus guten Familien hier aus dem Ort.« Die Polizistin sagte nichts, zog nur eine Augenbraue hoch.

Kurz darauf fing das Brennen an und wurde immer schlimmer. Ich wollte es mir nicht anschauen, aber ich musste, also nahm ich einen Handspiegel und hielt ihn so, dass ich alles sehen konnte (entblößtes Fleisch) (gespreizte Beine) und ich sah (... die Fotos, die Fotos, Bryan hat die Fotos gesehen, Conor hat die Fotos gesehen, mein Vater hat die Fotos gesehen), dass da unten alles ganz roh und entzündet und voller Bläschen war. Ich ließ den Spiegel fallen. Am liebsten hätte ich eine Schere genommen und mir alles abgeschnitten, dann hätten sie es einfach nur noch zuzunähen brauchen. Jetzt war sowieso alles egal. Das war kein Teil mehr von mir.

Ich war dann bei einer Ärztin in Kilgarvan. Zu Dr. Fitzpatrick wollte ich natürlich auf keinen Fall und auch nicht zu einem anderen Arzt im Ort, dem ich dann später im Supermarkt oder im Gottesdienst begegnet wäre und der dann ganz genau gewusst hätte, wie dreckig ich bin, *dreckig, dreckig, eine Schlampe, Nutte, Hure.* Ich saß ganz allein in dem kahlen Warteraum und starrte auf ein Poster an der Wand, die Schwarz-Weiß-Aufnahme eines Mädchens mit verschmiertem Make-up, das am Boden liegt. Darunter stand: Bei einer von drei gemeldeten Vergewaltigungen ist das Opfer betrunken gewesen. (Meine Schuld. Meine Schuld.)

»Morgen.«

Meine Eltern sitzen am Tisch und streiten, verstummen aber sofort, als ich ins Zimmer komme. Mein Vater knüllt die Zeitung zusammen, die er gelesen hat, steht auf und geht in die Vorratskammer. Ich sehe, wie er die Zeitung in die Altglastonne wirft.

»Guten Morgen, Emma«, sagt meine Mutter. »Hast du gut geschlafen?«

Ich brumme bloß irgendetwas. Mein Vater kommt wieder, beugt sich über meine Mutter, küsst sie auf die Wange und bittet sie, ihm seine Aktentasche zu geben. Er zögert kurz, als würde er überlegen, ob er mich auch küssen soll.

»Dann geh ich mal«, sagt er. »Habt einen schönen Tag.«

(Ich bin sechs Jahre alt. Ich bin schon ganz früh aufgewacht, weil ich Geburtstag habe und es kaum erwarten kann, meine Geschenke auszupacken. Ich habe mir Pfannkuchen zum Frühstück gewünscht. Alle sollen mich verwöhnen. In der Schule wollen in der großen Pause bestimmt alle neben mir sitzen. Alle wollen meine beste Freundin sein. Sie kommen alle zu meiner Party, obwohl wir keinen Zauberer haben und auch keine Hüpfburg und keinen Schokoladenbrunnen wie bei Alis Geburtstagsparty. *Warum kann es bei mir nicht auch einen Schokoladenbrunnen geben?*, frage ich meine Eltern, während Mam mir rosa Schleifen um meine Zöpfe bindet. Mein Daddy schlingt die Arme ganz fest um mich. *Du bist das hübscheste Mädchen in ganz Ballinatoom. Du brauchst keinen Schokoladenbrunnen.* Ich schaute mich im Spiegel an. *Du wirst immer Daddys kleines Mädchen bleiben, weißt du das?*, hat er gesagt. *Du wirst immer meine Prinzessin sein.*)

»Was hast du überhaupt im Schlafzimmer von Seans Eltern zu suchen gehabt?«, hat er mich in den Wochen danach immer wieder gefragt. »Warum hattest du so viel getrunken, Emmie? Warum warst du in diesem Bett, Emmie? Ich hätte gedacht, du wüsstest, wie man sich benimmt. Ich dachte, wir hätten dich zu einem anständigen Mädchen erzogen. Warum nur, Emmie, warum?«, fragte er immer und immer wieder und hörte erst auf, wenn ich weinte. »Krokodilstränen«, hat er dann geschnaubt. »Geh mir aus den Augen. Ich ertrage deinen Anblick nicht.«

Mein erster Versuch: Ich schließe die Tür von meinem Zimmer ab und lege ein Handtuch unter mich. Ich will keine Sauerei hinterlassen.

Ich will nur, dass es aufhört.

Als ich im Krankenhaus die Augen aufschlug, saß Bryan an meinem Bett. Er sagte, er sei direkt aus Limerick hergekommen, sobald er gehört hätte, was passiert ist. Er hielt meine Hand, die neuen Tattoos auf meinen Handgelenken waren unter den Verbänden nicht zu sehen, hinter ihm standen meine Eltern. »Gott, Emmie, bitte ... bitte versprich mir, dass du so was nie mehr ...« Bryan hat sich mit dem Handrücken die Tränen abgewischt. »Das reicht jetzt, Junge«, hat mein Vater ihn unterbrochen. Wir fuhren nach Hause und redeten nie mehr darüber. (Bis zum nächsten Mal.)

Meine Mutter wartet, bis die Haustür hinter meinem Vater zugefallen ist.

»Deine Tabletten.« Sie drückt sie mir in die Hand. Jedes Mal, wenn ich sie ansehe, erscheinen mir die Schatten unter ihren Augen dunkler und die Krähenfüße haben sich tiefer in ihr Gesicht eingegraben. Ich weiß noch, wie ich ihr als Kind immer dabei zugesehen habe, wie sie sich Cremes und Gels in die Haut eingeklopft und einmassiert hat. *Als Frau muss man gut auf sich achtgeben*, hat sie gesagt. *Ich darf mich nicht gehen lassen, wenn ich will, dass dein Vater mich auch weiterhin schön findet.*

»Zeig die Zunge.« Sie nickt, als ich es tue. »Brav. Und wie sehen deine Pläne für heute aus?«

Was erwartet sie? Dass ich sage, ich treffe mich mit den anderen Mädels zum Lunch und schaue danach vielleicht noch bei Style Magpie vorbei, um mir irgendein cooles Teil für heute Abend zu besorgen? Irgendwas Körperbetontes mit Ausschnitt. Das perfekte Kleid, um die Aufmerksamkeit eines Typen auf mich zu ziehen, den ich im Auge habe? *Schlampe, Lügnerin, Nutte, Hure, Flittchen.* Will sie, dass ich mich über die Unmengen von Hausaufgaben beklage oder sie um fünfzig Euro anbettle, um mir Wodka zu besorgen?

»Keine Pläne«, sage ich. Sie steht auf, geht in die Küche, greift nach dem Lappen und wischt ein paar Sekunden lang kreisförmig auf der Arbeitsplatte herum. »Wo ist dein Bruder?«

»Wahrscheinlich noch im Bett.« Ich richte meinen Blick auf die Schachtel Alpen-Müsli auf dem Tisch und gehe im Kopf sorgfältig die einzelnen Schritte durch. Nach der Schachtel greifen, Müsli in die Schüssel schütten, Milch dazugießen, Löffel nehmen und essen, nach nichts schmeckende Pappflocken in meinem trockenen Mund. Wenn man zu essen aufhört, überlebt man noch etwa dreißig Tage. Laut Wikipedia tritt der Tod durch Verdursten schneller ein, ist dafür aber schmerzhafter. In der Regel treten Symptome wie Kopfschmerzen und Krämpfe in den Beinen auf. Verdursten erfordert Geduld und Entschlossenheit, weil es je nach Umständen im Extremfall über zehn Tage dauern kann, bis man schließlich stirbt. Bei Menschen, die verdursten, sinken die Natriumwerte rapide ab und sie verlieren zu irgendeinem Zeitpunkt das Bewusstsein, wobei manche vorher noch in ein Delirium fallen.

Du würdest es mir doch sagen, wenn du immer noch Selbstmordgedanken hättest, Emma, oder?, fragt mich die Therapeutin nach jeder Sitzung. Ich versichere ihr lächelnd, dass ich das tun würde. Aber das ist gelogen. Ich würde niemals mit ihr darüber sprechen. Sie könnte versuchen, mich davon abzuhalten.

»Emma? Emma, hörst du mir zu?« Ich schaue auf und blicke in das fragende Gesicht meiner Mutter.

»Sorry. Was hast du gerade gesagt?«

»Dass ich mich nachher mit Sheila im *Cake Shack* treffe. Kommst du zurecht, wenn ich dich ein, zwei Stündchen allein lasse?«

»Ich dachte, sie wollte herkommen?«

»Ja, stimmt.« Ihr Lächeln ist verkrampft. »Aber ihr war wohl mehr danach, ins Café zu gehen.«

»Okay.«

Ich warte, bis ich ihre Schritte auf der Treppe höre, dann schleiche ich mich in die Vorratskammer. Ich knie mich hin und wühle in der Altglastonne, bis ich finde, was mein Vater dort versteckt hat, fische den zusammengeknüllten Zeitungsball heraus und wische mir die mit Ketchup und Honig verschmierten Finger am Bademantel ab. *Wie oft muss ich es dir noch sagen, Nora? Die Gläser sollen sauber ausgewaschen werden, bevor du sie wegwirfst. Himmelherrgott noch mal, ist das denn so schwer? Muss man sich hier um alles selbst kümmern?* Ich streiche die *Ballinatoom News* glatt und überfliege die Seiten. Im Sportteil ist ein Artikel über unsere Mannschaft und ihre Chancen, dieses Jahr wieder die Bezirksmeisterschaft zu gewinnen. Sean und Paul sind zunächst weiter im Team geblieben. Ciarán O'Brien hat Paul ein paar Championship-Matches spielen lassen und ein Anrufer der *Ned O'Dwyer Show* hat erzählt, die Zuschauer hätten ihm besonders laut zugejubelt, als er aufs Feld kam. Aber als der Fall immer höhere Wellen schlug und die überregionalen Zeitungen darüber zu berichten begannen, drohte Alis Vater, »Hennessy's Pharmacies« würde sich als offizieller Sponsor zurückziehen, falls der Verein die beiden nicht für den Rest der Spielzeit auf die Reservebank setzt. Im Viertelfinale haben sie gegen Kilgarvan verloren, so früh sind sie noch nie ausgeschieden. An dem Abend klingelte unser Festnetztelefon, aber der Anrufer legte auf, als Mam abhob. Dann klingelte es noch einmal. Wieder war niemand dran. Um ein Uhr nachts stand ich barfuß oben an der Treppe, als meine Mutter erneut ans Telefon ging, die Hand meines Vaters auf der Schulter. »Wer sind Sie?« Ihre Stimme zitterte und selbst aus der Entfernung konnte ich die Beleidigungen und Beschimpfungen aus der Leitung hören. Wir gingen wieder ins Bett. Das Telefon klingelte wieder. Als Nächstes klingelte es lang und schrill an der Tür, gefolgt von Gelächter und sich schnell entfernenden Schritten, als mein Vater die Tür aufriss. »Ruf die Polizei!«

Meine Mutter war fast hysterisch. Mein Vater sagte ihr, dass sie sich beruhigen solle. Er könne nicht wegen eines dummen Klingelstreichs die Polizei rufen. Das Telefon klingelte und klingelte. Um drei Uhr nachts zog mein Vater den Stecker und wir gingen ins Bett und taten so, als würden wir schlafen.

Als mein Vater am nächsten Abend von der Arbeit nach Hause kam, erzählte er, er habe vor Übermüdung lauter dumme Fehler gemacht.

(Meine Schuld.)

Ich blättere weiter (ein Foto von Bernadette und Sheila auf einer Wohltätigkeitsveranstaltung. War meine Mutter nicht dort?), in der Mitte der Seite ein großer Ölfleck, der das Papier durchsichtig macht, dann entdecke ich, wonach ich gesucht habe, und erstarre. »Wie viele meiner treuen Leser und Leserinnen wissen«, schreibt Veronica Horan, »beklage ich in meiner Kolumne schon seit geraumer Zeit den galoppierenden Werteverfall in unserer Gesellschaft. Während der Jahre des wirtschaftlichen Aufschwungs, in denen sich unser keltischer Tigerstaat für unbesiegbar hielt, wuchs in Irland eine Jugend heran, der jeder Wunsch erfüllt und keinerlei Grenzen gesetzt wurden, was sich heute im Fehlen jeglichen Gemeinsinns und Anstands rächt. Nirgendwo lässt sich diese beklagenswerte Entwicklung deutlicher beobachten als an den Wochenenden in den Innenstädten, wenn Horden junger Frauen in hochhackigen Schuhen betrunken die Partymeilen entlangstolpern, in Röcken und Kleidern, die so kurz sind, dass ihre Unterwäsche hervorblitzt – falls sie überhaupt welche tragen. Ganz egal, wie oft sie ihre alberne Forderung *Gleiches Recht für alle* wiederholen, ändert das doch nichts an der Tatsache, dass Frauen nun einmal eine gewisse naturgegebene Verantwortung für ihre eigene Sicherheit tragen. Wenn sie einerseits darauf bestehen, sich aufreizend zu kleiden und so zu betrinken, dass sie nicht mehr geradeaus laufen können, müssen sie andererseits eben auch bereit sein, die Konsequenzen zu tragen. In diesem Zusammenhang wäre es wünschenswert, wenn das sogenannte Mädchen aus Ballinatoom sich selbst ein paar Fragen ehrlich beantworten würde. Wurde ihr der Alkohol gegen ihren Willen eingeflößt? Soweit ich weiß, nicht. Einiges deutet darauf hin, dass sie zusätzlich auch noch Drogen konsumiert hat – wurde sie dazu gezwungen? Nein. Und dennoch will sie den Jungen die alleinige Verantwortung für das zuschieben, was an jenem Abend passiert ist. Die vier Jugendlichen wiederum haben mehrfach einstimmig beteuert, dass alles in gegenseitigem Einvernehmen stattfand. Und ich glaube ihnen. Trotzdem musste ich mit ansehen, wie ihr Leben zerstört wurde, musste erleben, wie ihre Familien unter der Last dieser ungeheuerlichen Anschuldigungen zusammenbrachen. Die Mutter eines der Jungen, die vor vielen Jahren bereits den Tod eines Sohnes erleben musste und seither besonders labil ist, hatte nicht die Kraft, mit der plötzlichen medialen Öffentlichkeit umzugehen. Sie erlitt einen Nervenzusammenbruch und steht inzwischen unter ständiger medizinischer Betreuung. Ob das Mädchen aus Ballinatoom auch nur einen Gedanken daran verschwendet, was sie dieser Frau antut? Ich fürchte, nicht. Vermutlich interessiert es sie nicht im Mindesten, dass ihre Entscheidung, vor Gericht zu gehen, unsere kleine Gemeinde in ihren Grundfesten erschüttert.«

»Was machst du da?«

»Gott.« Ich fahre zusammen und sehe Bryan in der Tür. Er trägt ein graues Trägershirt und alte Footballshorts, hat eine Schale in der Hand und löffelt Cornflakes. »Du hast mich erschreckt.«

»'tschuldigung.« Er stellt die Schale auf die Waschmaschine, beugt sich über mich und nimmt mir die Zeitung ab. »Was liest du denn?« Während er den Artikel überfliegt, werden seine Lippen so schmal, dass sie kaum noch zu sehen sind, als er die letzten Zeilen liest. Meine Mutter kommt in die Küche. Sie hat sich eine schicke Bluse und dunkle Hose angezogen, ihr Bob wird von einem schwarzen Haarband aus dem Gesicht gehalten. Sie wühlt in Schubladen und schiebt Stapel von alten Zeitschriften und ungeöffneten Briefen hin und her, bis sie ihre Autoschlüssel findet.

»So, ihr beiden, ich fahre jetzt …«

»Wusstest du davon?« Bryan geht auf sie zu und hält ihr die ölige, verfleckte Zeitung hin. Meine Knie knacken, als ich aufstehe und mich an den Türrahmen lehne.

»Ja«, gibt meine Mutter zu.

»Und du hattest nicht vor, es mir zu erzählen?«

»Dir was zu erzählen?«

Bryan starrt sie stumm an.

»Wozu denn?«, fragt sie. »Ich hatte gedacht, du wüsstest es

längst von deinen alten Freunden.« Sie reißt ihm die Zeitung aus der Hand. »Sie hatte einen Nervenzusammenbruch. Ich wünschte, *ich* hätte den Luxus, mir einen Nervenzusammenbruch leisten zu können. Und dass sie den armen John junior benutzt, um Mitleid zu erregen – als würde das irgendetwas von dem entschuldigen, was passiert ist …«

Alle im Ort wissen, dass Deirdre Casey nie über John juniors Tod hinweggekommen ist. Bei den Caseys zu Hause herrschte immer eine kalte, gedrückte Stimmung. Deswegen war Jennifer auch so gerne bei uns. »Es tut so gut, eine *echte* Familie zu erleben«, sagte sie immer.

»John senior muss sich selbst an den Herd stellen«, hatte Sheila Heffernan meiner Mutter vor ein paar Jahren erzählt und mit der Zunge geschnalzt. »Dabei hat er auf der Farm ja weiß Gott genug zu tun und dann muss er sich abends auch noch sein eigenes Essen kochen …«

»Ach, Sheila«, hatte meine Mutter darauf gesagt. »Deirdre hat ihr Kind verloren. Das ist das Schlimmste, was einem Menschen passieren kann.«

Ob sie das immer noch so sieht? Vielleicht wünscht sie sich ja, ich wäre auch gestorben. Wäre das leichter zu ertragen, als mich jeden Tag sehen zu müssen und zu wissen, dass es nur eine Hülle ist, dass ihre Emmie, ihre wahre Emmie, nie mehr zurückkehren wird, dass es eine neue Emma gibt und sie erst lernen muss, sie zu lieben?

Vielleicht wünschen sie sich alle, ich wäre gestorben.

Vielleicht finden sie es schade, dass Bryan mich damals rechtzeitig gefunden hat.

Vielleicht hoffen sie, dass ich noch einen dritten Versuch mache und es diesmal schaffe.

»Ich fasse es nicht, dass du mir nichts davon gesagt hast.« Bryan schiebt sich an ihr vorbei und stürmt nach oben.

»Was hätte dir das denn gebracht? Jennifer redet nicht mehr mit dir, oder? Sie will nichts mehr mit uns zu tun haben und wir wollen nichts mehr mit denen zu tun haben. Werde endlich *erwachsen*, Bryan.« Meine Mutter stürzt ihm hinterher. »Auf wessen Seite stehst du eigentlich?«, schreit sie. »Es geht hier um deine *Schwester*, die ...« Bryan schlägt seine Tür zu.

Sie kommt mit hochrotem Gesicht in die Küche zurück. »Was schaust du mich so an, Herrgott noch mal. Ich habe dich verteidigt. Das alles wäre nie ...« Sie beißt sich auf die Zunge.

Das alles wäre nie passiert, wenn es dich nicht gäbe.

Ich fühle mich wie damals, als ich noch ganz klein war und meine Mutter im Einkaufszentrum plötzlich verschwunden war. Neben mir stand eine Frau und ich klammerte mich an ihrem Bein fest, aber dann sah ich, dass sie nicht meine Mam war, und bekam Panik. Die Sekunden dehnten sich zu einer Ewigkeit und die Leute um mich herum bewegten sich so langsam, als würden sie durch Wasser waten, und ich war in diesem Moment fest davon überzeugt, dass ich meine Mutter nie mehr wiederfinden, dass ich sie nie mehr wiedersehen würde.

»Emma. *Emma.* Wach auf.«

Jemand hat die Hand auf meine Schulter gelegt und schüttelt mich aus einem bleiernen, traumlosen Schlaf. Ich zwinge ein Auge auf, sehe meinen Bruder und blinzle, bis die graue Benommenheit Formen und Farben weicht und Erinnerungen aufsteigen, die ich nicht haben möchte. Ich drehe mich weg.

Wäre ich doch nur tot. Ich umarme diesen Gedanken und drücke ihn fest an mich.

»Warum liegst du schon wieder im Bett? Es ist gerade mal drei Uhr nachmittags.«

»Ich war müde«, sage ich.

Meine Mutter hat vergessen, den Medizinschrank abzuschließen, bevor sie weggefahren ist, um sich mit Sheila zu treffen. Ich habe mir eine von meinen Schlaftabletten genommen und gezählt, wie viele noch da sind. Sechsundzwanzig kleine weiße Pillen. Das Glasfläschchen war fast noch voll.

Eins, zwei, drei, vier, fünf, sechs, sieben, acht, neun, zehn, elf, zwölf, dreizehn, vierzehn, fünfzehn, sechzehn, siebzehn, achtzehn, neunzehn, zwanzig, einundzwanzig, zweiundzwanzig, dreiundzwanzig, vierundzwanzig, fünfundzwanzig, sechsundzwanzig. Ich schaute auf die Pillen in meiner Handfläche.

(Ich bin tot.

Meine Beerdigung.

Leute kommen. Leute weinen.

Wird es ihnen leidtun?

Werden mir meine Sünden vergeben?)

Aber das konnte ich Bryan nicht noch mal antun. Von meiner Mutter weiß ich, dass er derjenige war, der mich bei meinem zweiten Versuch gefunden hat. Er hat nach meinen Eltern gerufen, hat den Krankenwagen alarmiert, hat mir einen Finger in den Hals gesteckt, damit ich alles auskotze. Er dachte, ich wäre tot. Und als ich im Krankenhaus aufwachte, saß er – wieder – an meinem Bett und flehte mich an, ihm das nicht noch einmal anzutun. *Bitte, Emmie,* hat er gesagt. *Bitte hör auf damit. Versprich es mir.*

Ich habe es ihm versprochen (aber ich wollte es nicht). (Ich will nicht aufhören, es zu versuchen.)

(Ich will, dass das alles ein Ende hat. Ich will, dass es vorbei ist.)

Ich höre, wie er in meinem Schreibtischstuhl zum Bett rollt, spüre seine Knie in meinem Rücken. »Wenn du sonst nichts vorhast, könnten wir ja irgendwas zusammen machen.«

Ich sehe die Fotos, die auf den dünnen Schleier meiner Lider geätzt sind. (Bryan hat sie alle gesehen.) Entblößtes Fleisch. Gespreizte Beine. *Hure, Nutte. Drecksschlampe.*

»Ich hab überlegt, später noch ins Kino zu gehen.« Er lässt nicht locker. »Komm doch mit.«

»Nein«, sage ich. »Keine Lust.«

»Okay. Und wie wäre es mit ein bisschen Kultur? Die Toom Players führen heute in der Stadthalle ihr diesjähriges Stück auf«, sagt er, dabei weiß ich, dass Theater für ihn die reinste Folter ist. »Eine Komödie. *Mole* ... oder so.« Ich höre wie er sein Handy rausholt und darauf herumtippt. »Molly?«

»Das spricht man *Moll* aus.«

»Cool, du kennst das Stück? Dann komm doch mit. Letztes Jahr fandst du die Aufführung doch auch gut, oder?«

Letztes Jahr haben die Toom Players *Juno und der Pfau* gezeigt. Als wir in der Stadthalle ankamen und Bryan im Eingangsbereich das Plakat mit dem Namen des Autors sah, der ausgerechnet »Sean O'Casey« hieß, wurde er blass und warf mir einen besorgten Blick von der Seite zu, um zu sehen, ob ich es auch bemerkt hatte. Damals dachte ich noch, ich könnte die Geschichte einfach aussitzen und es würde sich schon bald niemand mehr daran erinnern.

»Shit«, fluchte Bryan, als sein Handy klingelte und Jens Bild auf dem Display aufleuchtete. »Da muss ich kurz dran.«

Er stellte sich zum Telefonieren ein paar Meter weiter weg, hinter mir drängten andere Besucher nach vorn und ich stieß aus Versehen gegen einen Typen, der vor der Kasse stand und besitzergreifend einen Arm um seine Begleiterin gelegt hatte, an deren orangen Ellbogen man sah, dass sie Selbstbräuner benutzte.

»Tut mir leid«, entschuldigte ich mich und sah erst in dem Moment, dass es Taxi-Danny war. Er drehte sich nicht um, weil er gerade mit dem Mädchen an der Kasse verhandelte, die ihm erklärte, das Stück sei schon ausverkauft. Seine Freundin stöhnte.

»Wir haben noch zwei Karten übrig«, sagte ich spontan.

Eigentlich hatten Mam und Dad mitkommen wollen, waren dann aber in letzter Minute abgesprungen. Bryan und ich hatten auf dem Weg zur Stadthalle kein Wort übers Mams verweinte Augen und Dads versteinerte Miene verloren. Als Danny sich umdrehte und mich erkannte, zuckte er zusammen und wandte sich sofort wieder der Kassiererin zu. »Gibt es ganz sicher keine Karten mehr?«

Sie sah von ihm zu mir und dann wieder zu ihm. »Bei mir nicht, aber das Mädchen hat doch eben gesagt, dass sie noch zwei hat.«

»Schon okay«, sagte er. »*So* wichtig ist es mir dann doch nicht.«

Dann kam Bryan zurück.

»Hey, Bryan, alter Kumpel.« Danny klopfte ihm auf die Schulter. »Ich hab gehört, ihr habt noch zwei Tickets übrig?«

Bryan überließ sie ihm, weigerte sich aber, Geld dafür zu nehmen. »Kein Problem. Die haben sowieso meine Eltern bezahlt.« Danny bedankte sich und versprach, ihn dafür bei nächster Gelegenheit kostenlos vom Pub nach Hause zu fahren. Als wir in den schwach erleuchteten Saal kamen, drehte sich niemand nach mir um. Die meisten Zuschauer waren im Alter meiner Eltern und wussten zu dem Zeitpunkt vermutlich noch gar nichts von der Facebookseite. (Sie haben sie nicht gesehen, Emma. Sie haben sie nicht gesehen. Der Mann da drüben schaut dich nicht an, tut er nicht, tut er wirklich nicht. Er hat nicht deine Brüste gesehen und zu klein gefunden. Entblößtes Fleisch und gespreizte Beine. Er hat nicht in den Kommentaren geschrieben, dass du dafür wenigstens einen geilen Arsch hast. Schluss jetzt, Schluss jetzt, Schluss.)

»Alles okay, Emmie?«, fragte Bryan, als wir uns auf unsere Plätze setzten. »Mir geht es gut«, antwortete ich mechanisch. Danny und seine Freundin saßen direkt vor uns, wo eigentlich meine Eltern gesessen hätten. Ich beobachtete, wie er sich zu ihr lehnte und ihr etwas ins Ohr flüsterte. Sie erstarrte, drehte mir kurz verstohlen den Kopf zu und fing dann an mit ihm zu tuscheln. (Und ich hatte Danny immer für einen Freund gehalten.) *Schlampe, Lügnerin, Hure, Dreckstück, Nutte.* Das Licht erlosch, die Nationalhymne wurde gespielt und alle standen auf. *Schlampe, Lügnerin, Hure, Dreckstück, Nutte.* Der Vorhang ging auf und zeigte die Schauspieler auf der Bühne. *Schlampe, Lügnerin, Hure, Dreckstück, Nutte.* In der Pause kauften wir uns in der Cafeteria etwas zu trinken und ein paar Lose für die Tombola, deren Erlös einem wohltätigen Zweck zugutekommen sollte. *Schlampe, Lügnerin, Hure, Dreckstück, Nutte.* Auf der Fahrt nach Hause fragte Bryan mich, wie ich das Stück gefunden hätte und ob ich nicht froh war, mitgekommen zu sein. Und mir wurde klar, dass er das mit Danny gar nicht mitgekriegt hatte.

»Nein, ich bin heute zu müde, um irgendwohin zu gehen«, sage ich jetzt, immer noch zur Seite gedreht mit Blick zur Wand. Er legt mir eine Hand auf die Schulter und ich spüre, wie mein Atem sich verdichtet und beschleunigt. Das ist nur Bryan, sage ich mir, aber ich ertrage die Berührung nicht, ich *ertrage* sie nicht. Ich muss ihn abschütteln.

»Immer schauen mich alle an.« Die geflüsterten Wörter brechen rau aus meiner Kehle.

»Die Leute haben dich schon immer angeschaut. Weißt du noch, als wir klein waren und Mam es nicht geschafft hat, mit uns zum Entenfüttern in den Park zu gehen, weil wir unterwegs von mindestens zwanzig wildfremden Leuten angehalten wurden, die dich alle unglaublich süß fanden und meinten, dass du unbedingt Kindermodel werden solltest?«

Früher hat es mich stolz gemacht, angeschaut zu werden. Ich habe es richtig darauf angelegt.

(Vielleicht bin ich selbst schuld.)

»Ich komme nicht mit, Bryan. Lass mich einfach, okay?« Ich schließe die Augen wieder und beginne stumm zu zählen. Ich bin erst bei fünf, als ich höre, wie er leise die Tür hinter sich zudrückt.

»Wo ist Dad?«, fragt Bryan meine Mutter beim Abendessen. »Müsste er nicht längst zu Hause sein?«

»Er trifft sich noch mit Freunden auf ein paar Drinks im Pub.«

Mit wem?, würde ich sie gern fragen. Welche Freunde, mit denen er sich auf ein paar Drinks treffen könnte, gibt es denn noch, seit Ciarán O'Brien ihm den Krieg erklärt hat? (Meine Schuld.)

»Du könntest später ja auch noch dazustoßen, Bryan«, schlägt sie vor. »Darüber würde er sich bestimmt freuen.«

»Nein, ich bleibe lieber hier«, sagt Bryan und lächelt mich an. Zwei Reihen Zähne. *Damit ich dich besser fressen kann, Süße ...* Ich muss mich daran erinnern, wie man atmet. Das ist Bryan. Bryan ist keine Bedrohung. Bryan will mir nichts Böses. Bryan würde mir niemals wehtun.

»Sicher?«, hakt sie nach und er nickt. Will er wirklich zu Hause bleiben?

Ich erstelle im Kopf eine Liste mit Dingen, die er tun könnte, wenn ich nicht wäre.

1. Sich mit Jen treffen.
2. Wieder wissen, wie sich ein echtes Lächeln anfühlt.
3. Spaß haben.
4. Normal sein.

Er könnte glücklich sein. Sie könnten alle glücklich sein.

»Okay, dann setzt ihr beide euch doch schon mal vor den Fernseher, während ich hier noch schnell aufräume«, sagt meine Mutter und greift nach ihrem Glas. Bryan zieht eine Augenbraue hoch, aber ich schüttle den Kopf. Es ist fast schon beängstigend, wie schnell wir uns an dieses neue Leben und diese neue Mutter gewöhnt haben.

»Was willst du schauen?« Bryan wirft sich aufs Sofa und reißt die Doritos auf, die er sich aus dem Küchenschrank genommen hat. Er hält mir die Tüte hin, als ich mich neben ihn setze und die Füße unterschlage. Ich schüttle den Kopf.

Er zappt durch die Kanäle. Mam und Dad haben endlich nachgegeben und eine Satellitenschüssel gekauft, nachdem sie sich jahrelang dagegen gesträubt haben, weil zu viel Fernsehen in ihren Augen für Jugendliche ungesund sei und von wichtigeren Dingen ablenken würde. *Ihr solltet mehr rausgehen und Sport treiben.*

»Also, was willst du schauen?«

Ich antworte nicht und die Stille dehnt sich aus und klafft wie ein gähnender Abgrund zwischen uns.

»Emma«, seufzt er. »Ich gebe mir echt Mühe, okay? Kannst du dir nicht auch ein bisschen Mühe geben?«

Aber ich will nicht, dass er sich Mühe gibt. Er soll sich keine Mühe geben müssen.

Er greift nach meiner Hand. Das Geräusch unserer Atemzüge füllt den Raum. Ein Atemzug von ihm, ein Atemzug von mir, einer von ihm, dann wieder einer von mir, nur ganz leicht versetzt.

»Emmie?« Er muss hören, dass es mir gut geht. Dass ich keine Dummheiten mache.

»Ich bin müde, ich gehe schlafen.«

»Aber du hast fast den ganzen Tag geschlafen …«, ruft er mir hinterher.

Meine Mutter knallt die Kühlschranktür zu, als ich in die Küche komme. »Ach, du bist es nur.« Sie legt sich eine Hand aufs Herz. Dann macht sie den Kühlschrank wieder auf und schenkt sich den Rest aus der Weinflasche ins Glas.

»Kann ich meine Schlaftablette haben?«

Sie nickt. Sie sagt nicht: *Aber es ist doch noch so früh* oder *Warum willst du denn jetzt schon schlafen?* oder *Gibt es irgendetwas, worüber du mit mir sprechen willst, Emma?* Sie zieht sich das Band über den Kopf, an dem ein kleiner Schlüssel hängt, und stellt sich auf die Zehenspitzen, um an den Schrank zu kommen, in dem früher Globuli und andere homöopathische Arzneimittel, abgelaufener Hustensaft, Vitamintabletten und Pflaster standen. Mittlerweile hat er sich in eine verschließbare Mini-Apotheke verwandelt, in der unzählige durchsichtige kleine Pillenfläschchen mit dem Etikett »Hennessy's Pharmacies« stehen.

»Was zum …?«, murmelt sie, als sie feststellt, dass der Schrank gar nicht abgeschlossen war. Sie wirft mir einen schnellen Blick von der Seite zu, ob ich es auch bemerkt habe. Ich setze ein unschuldiges Gesicht auf. Sie greift nach dem kleinen gelben Fläschchen und ich spüre, wie ich allein schon bei seinem Anblick anfange, mich zu entspannen.

»Seltsam«, sagt sie, nachdem sie die Pillen gezählt hat. »Ich war mir sicher, dass es sechsundzwanzig waren.«

»Keine Ahnung«, sage ich, nehme ihr eine aus der Hand und stecke sie mir in den Mund.

»Zunge?«

Ich zeige ihr bereitwillig meine leere Mundhöhle.

Sonntag

»Guten Morgen.« Bryan wirft demonstrativ einen Blick auf die Uhr auf seinem Handy, als ich ins Esszimmer komme. »Oder besser gesagt: Guten *Nachmittag*.«

Ihm zuliebe ringe ich mir ein Lächeln ab. Ich weiß, wie er sich freut, wenn er es schafft, mich zum Lächeln zu bringen.

Ist ihm klar, dass es nur gespielt ist? Ist ihm ein falsches Lächeln vielleicht sogar lieber als gar keines?

»Es ist wirklich ein schöner Nachmittag«, sagt er. Es hat aufgehört zu regnen und das Esszimmer ist in Sonnenlicht getaucht, aber es ist zu hell. Die Sonne bringt zum Vorschein, wie selten bei uns in letzter Zeit sauber gemacht wird – die Fensterscheiben sind schlierig, auf der Küchentheke liegt eine feine, ascheartige Staubschicht, in den Zwischenräumen der Fliesen sammeln sich Krümel. Precious hockt in der Küche und leckt den Boden ab. Wann ist sie das letzte Mal gefüttert worden?

Mein Bruder sitzt in Jogginghose und einem verwaschenen Footballtrikot unseres Teams am Tisch, denselben Klamotten, die er gestern schon anhatte. Er schüttelt sich die Locken aus dem Gesicht, während er ein fetttriefendes Baguette mit Würstchen, Speck, Blutwurst und Spiegelei isst. Vor ihm liegt die aufgeschlagene Sonntagszeitung. Er müsste sich mal wieder rasieren.

Er verzieht kurz das Gesicht und fummelt ein Stückchen Alufolie aus dem Mund, das er aus Versehen mit abgebissen hat, dann wickelt er den Rest der Folie vom Baguette ab, bevor er erneut reinbeißt. »Ich hab dir auch eins mitgebracht«, sagt er, nachdem er runtergeschluckt hat. »Liegt in der Küche. Vegetarisch. Nur Eier und Pilze in einem Vollkornbaguette.«

Ich erinnere mich, dass ich mal auf gesunde Ernährung geachtet habe.

»Ballymaloe Relish, kein Ketchup. Genauso, wie du's magst. Weil's gesünder ist, stimmts, Emmie?«

Hör auf, mich Emmie zu nennen, würde ich ihm am liebsten sagen. Ich bin jetzt das Mädchen aus Ballinatoom. Ich bin *dieses Mädchen*.

»Danke.« Ich gehe in die Küche, hole mir das in Alu eingewickelte Baguette und schwenke es wie einen Taktstock. Er schiebt seinen Stuhl zurück, kommt auch in die Küche, zieht einen Schlüssel aus der Tasche und öffnet den Medizinschrank.

»Hier.« Er gibt mir meine Tabletten, nimmt ein Glas, das neben der Spüle steht, füllt es mit Leitungswasser, stellt es vor mich und wartet, bis ich mir die Tabletten in den Mund gesteckt und runtergespült habe.

»Hast du sie auch wirklich geschluckt?« Seine Miene entspannt sich, als ich ihm meine Zunge zeige. Er glaubt, dass sich mit jeder Tablette, die ich nehme, etwas von dem Nebel lichtet, in dem er nach mir sucht. Er will seine Emmie zurückhaben. Er will seine richtige Schwester, nicht diese erbärmliche Schwesternimitatorin.

»Hey, hast du das gesehen?« Er greift nach der Magazin-Beilage der Zeitung. »Karen Hennessy ist auf dem Cover von *Sunday Life*.«

»Ist sie doch jedes Jahr«, sage ich. Karen sitzt mit nichts als einem goldglänzenden Bikinihöschen und einer hüftlangen Perücke, die ihre Brüste verdeckt, auf einem riesigen Pferd. »Die neue Lady Godiva« lautet die Überschrift. Ali wird sich wahrscheinlich mal wieder zu Tode schämen. »Ich bin so froh, dass ihr gekommen seid. Gott sei Dank«, hat Karen letztes Jahr gestöhnt, als sie mir, Maggie und Jamie die Haustür öffnete. »Sie ist völlig hysterisch. Ich weiß mir überhaupt nicht mehr zu helfen.« Ali hatte uns morgens geschrieben, sobald Fotos von Karen als barbusige Marie Antoinette ihren Instagram-Feed zu fluten begannen, und uns angefleht, so schnell wie möglich zu ihr zu kommen. Als ich den anderen beiden nach oben folgen wollte, legte Karen mir eine Hand auf die Schulter und hielt mich zurück. »Ganz ehrlich, wie findest du die Bilder?«, fragte sie mich, hielt mir ihr iPhone hin und scrollte durch die Fotos. Ihr Körper war absolut makellos. Wenn ich sicher sein könnte, dass ich später mal so aussehe, hätte ich keine Angst vor dem Altwerden. »Die sind umwerfend«, sagte ich. Wir sahen uns an. Hatte sie den gleichen Gedanken wie ich? Dachte sie auch, dass ich als Tochter viel besser zu ihr passen würde als Ali? Dass ich es zu schätzen wüsste, mit ihr hier in diesem tollen Haus leben, ihre Kleider tragen und ihr Make-up benutzen zu dürfen und mir niemals solche Sprüche wie *Das ist viel zu teuer* oder *Weißt du eigentlich, wie viel das kostet* anhören zu müssen?

Das war das letzte Wochenende meines alten Lebens. Bevor alles anders wurde.

Ich überfliege das Interview im Magazin, in dem sie auch auf den Ballinatoom-Fall angesprochen wird. *Es bricht mir das Herz*, wird Karen zitiert. *Meine Tochter ist mit dem Mädchen sehr eng befreundet, deswegen möchte ich eigentlich nicht zu viel dazu sagen. Ich habe versucht, ihr und ihren Eltern Raum zu geben. Aus Respekt vor ihrer Situation. Ich hätte sonst das Gefühl gehabt, mich aufzudrängen, verstehen Sie?*

Ich schiebe das Magazin weg.

»Isst du dein Baguette nicht?«

»Ich hab keinen Hunger.«

Bryan setzt sich neben mich. Mit Blutwurstbröckchen durchsetzter Ketchup tropft auf seinen Teller und mein Magen macht einen kleinen Satz, als wäre etwas Lebendiges darin zusammengezuckt. Früher hätte ich mich über den Geruch nach Schweineblut aufgeregt – *wie kannst du so was nur essen, Bryan, das ist so was von widerlich* –, aber jetzt fehlt mir die Energie.

»Wo sind die beiden?«

»Kirche.« Er trinkt einen großen Schluck Milch und blättert in der Zeitung. »Müssten aber bald wieder da sein.«

Ich werde nicht mehr gefragt, ob ich mit zur Messe komme.

»Wann fährst du nach Limerick zurück?«

Bald, hoffe ich. Meine Eltern lassen mich wenigstens in Ruhe, die Stille umfließt uns wie Wasser, bedeckt unsere Münder und unsere Ohren und dämpft alle Außengeräusche.

»Ich hab mir überlegt, dass ich noch ein bisschen bleibe.«

Ich würde ihm gern sagen, dass er nach Limerick verschwinden soll, dass er von hier fliehen und nie mehr zurückkommen soll. Er braucht nicht auch noch in der Stille zu ertrinken.

Die Haustür wird aufgerissen und ich zucke zusammen. Mein Herz schlägt bis zum Hals.

»Gott, Nora«, sagt mein Vater, als die Tür krachend ins Schloss fällt. »Könntest du dich vielleicht mal beruhigen?«

»Ich warne dich, Denis. Wage es nicht, mir zu sagen, dass ich mich beruhigen soll.«

»Was hätte ich denn deiner Meinung nach machen sollen?«

»Sie ist deine Tochter, Herrgott! Und von einem Vater erwarte ich, dass er verdammt noch mal Manns genug ist, sich ...«

»Hallo?«, ruft Bryan. »Nur zur Info: Emma und ich sind auch hier.«

Deine Tochter. Nein, *deine* Tochter. *Deine Tochter.* Ich verstehe, dass mich niemand mehr haben will. Ich würde mich selbst auch nicht zur Tochter haben wollen. An ihrer Stelle würde ich mich dem Ersten überlassen, der vorbeikommt und mich haben will. (Niemand würde mich jetzt noch wollen.)

Mit einem Mal ist es totenstill im Flur, als hätten sie tatsächlich vergessen, dass Bryan und ich zu Hause sind.

»Wir sind gleich bei euch«, ruft Mam. »Wir müssen nur noch kurz was besprechen.«

Sie führen ihren Streit flüsternd fort. Schließlich geht die Haustür wieder auf, Mam ruft heiser: »Nein, Denis, bitte bleib hier. So habe ich das nicht gemeint, ich ...«, dann knallt die Tür zu. Einen Moment später heult draußen der Motor auf, gefolgt von lautem Reifenquietschen, als der Wagen rückwärts aus der Einfahrt stößt. Danach ein dumpfer Schlag, als wäre etwas auf den Boden gefallen, aber das Geräusch ist so leise, dass man es fast überhören könnte. (Es ist einfacher, Dinge zu ignorieren.) Ein paar Sekunden vergehen. Dann Schritte, die sich die Treppe hochschleppen. Mams Schritte. Ist es nicht komisch, dass man die einzelnen Mitglieder seiner Familie allein am Klang ihrer Schritte auf der Treppe erkennen kann? Die von Bryan sind am Morgen schwerfällig, später dann so voller Energie, dass er immer zwei Stufen auf einmal nimmt. Die Schritte meines Vaters sind langsamer, bedächtiger, er lässt sich Zeit. Die Schritte meiner Mutter waren immer leichtfüßig und schnell. Man könnte fast sagen, fröhlich. Ja, sie klangen wirklich fröhlich.

Eine Stunde später. Zwei Stunden. Fünf Stunden. Und mein Vater ist immer noch nicht nach Hause gekommen.

Ich verstecke mich in meinem Zimmer und warte, bis es Zeit für meine Schlaftablette ist. Ich schaue Filme auf Netflix, einer düster als der andere, eine Faust im Gesicht, ein Messer an der Kehle, Ströme von Blut. Aber das reicht irgendwann nicht mehr. Ich fange an, Pornos zu schauen. In letzter Zeit suche ich nach neuen Webseiten. Ich schaue Clips, die ich unter Schlagwörtern wie »widerspenstiger Teen« oder »Zähmung« finde. (Sie vermeiden es auch, *das Wort* zu benutzen.) Ich suche nach Hinweisen. War es das, was mir passiert ist? Habe ich so ausgesehen? (Entblößtes Fleisch.) (Gespreizte Beine.)

Ich will diese Mädchen auch weinen sehen.

Ich kann so Stunden verbringen. Die Videos geben mir etwas, an dem ich mich festhalten kann, einen Anker, der verhindert, dass ich davongetrieben werde. (Gleichzeitig wünschte ich mir, ich könnte davontreiben. Ich wünschte, ich könnte mich in so viele kleine Stücke zerschneiden, dass nichts mehr von mir übrig bleibt.)

Ich habe Bryan versprochen, es zu versuchen. (Ich will es nicht versuchen.)

Ich lese die Zeitschriften, die Beth mir in ihrem letzten Carepaket geschickt hat, *Grazia, Vogue, Elle*, zusammen mit Badebomben von Lush, eingewickelt in geblümtes Geschenkpapier von Liberty, sechs Tüten Percy Pigs und salziges Karamell von Marks & Spencer, eine Dose Darjeeling First Flush von Fortnum & Mason, zwei BADgal-Eyeliner von Benefit und eine Tube Eight Hour Cream von Elizabeth Arden. *Für meine allerliebste Patentochter!,* hat sie auf eine dieser Grußkarten von Papyrus geschrieben, die sie immer auf Vorrat kauft, wenn sie geschäftlich in den Staaten ist. *Hoffentlich muntert Dich das etwas auf! Ganz viel Liebe, Beth xxxxxx*. Die Handschrift sieht nicht nach ihrer eigenen aus. Vielleicht hat sie ja ihrer Assistentin einfach ihre Kreditkarte gegeben und sie gebeten, ein paar Sachen zu kaufen, über die sich eine »normale Neunzehnjährige« freuen würde.

Ich versuche mich daran zu erinnern, wie sich normal anfühlt.

Ich blättere ganz langsam durch die Seiten. Versuche, die abgedruckten Bilder in mein Gehirn einzubrennen, um die Fotos und Kommentare zu überdecken, aber …

Ich bin entblößtes Fleisch.

Ich bin gespreizte Beine.

Ich bin ein Etwas, das man benutzen kann.

Ich gehe so leise wie möglich nach unten. Ich will unbemerkt bleiben. Sie würden mit mir reden wollen und es gibt keine Wörter mehr, es gibt nur noch ein Wort, *dieses* Wort, und das kann ich nicht laut aussprechen. Ich fülle ein Glas mit Wasser, um das gierige Gefühl in meinem Mund zu besänftigen. Ich ziehe am Griff vom Medizinschrank, aber er ist abgeschlossen. Ich balle die Fäuste und versuche tief durchzuatmen, so wie es mir die Therapeutin beigebracht hat, aber in mir pulsiert etwas. Da ist ein aufgerissener Schlund in meinem Bauch, scharfe Zähne und ein Hunger, ein Hunger, ein Hunger. Ich muss es dazu bringen, aufzuhören.

Einatmen. *Eins. Zwei. Drei.* Ausatmen.

In der Stille höre ich das schwache Echo von Musik, die aus dem Spalt unter der Tür zum Fernsehzimmer hervorweht. Ich lausche.

You fill up my senses …

Die unmelodische Stimme meiner Mutter summt den alten Song mit, den sie und mein Vater so lieben. Die beiden sind immer lachend durch die Küche getanzt, wenn er im Radio kam, während Bryan und ich uns fremdschämten. »So tanzt heute kein Mensch mehr«, stöhnte ich dann. »Ihr seid echt so was von out.« Und meine Mutter antwortete: »Warte nur ab. Eines Tages werdet du und dein Mann auch ein Lieblingslied haben und du wirst dir von deinen Kindern anhören müssen, wie ›out‹ du bist.«

Ich hatte ihr geglaubt.

Aber jetzt werde ich niemals Kinder haben. Ich würde nicht zulassen, dass sie in mir heranwachsen und sich mit meinem Makel infizieren. Ich würde nicht zulassen, dass sie in einer Welt aufwachsen, in der ihnen schlimme Dinge passieren können, grausame Dinge, vor denen ich sie nicht beschützen kann.

Mein Vater wirbelte mich an den Händen im Kreis herum und erzählte zum hundertsten Mal, dass »Annie's Song« auf ihrer Hochzeit gespielt wurde. »Deine Mutter war das allerschönste Mädchen von ganz Ballinatoom.« Und dann warf er ihr immer eine Kusshand zu und sagte: »Das war der schönste Tag meines Lebens.«

Ich schaue zur Einfahrt raus, aber dort steht nur der Wagen meiner Mutter.

Ich gehe in den Flur. Ihre Stimme klingt erstickt. Ihr Gesang wird immer wieder von leisem Schluchzen unterbrochen.

»… *Let me die in your arms* …«

Als ich die Tür aufstoße, dreht sie hastig den Kopf, aber dann sieht sie mich und die Hoffnung in ihrem Blick erlischt. Sie liegt zusammengerollt auf dem Sofa und hat den Couchtisch zu sich herangezogen. Ein Weinglas steht gefährlich nahe an der Kante. Kein Untersetzer.

»Emma!«, hat sie geschimpft, als ich mal ein Glas ihrer selbst gemachten Limonade auf den Tisch stellte. »Nimm dir bitte einen Untersetzer. Der Tisch war teuer und ich will keine Ringe auf dem Holz haben.« Ali und Maggie haben zu Boden geschaut, aber ich sah, wie Jamie in sich hineingrinste. »Klar, Mam«, sagte ich, holte mir einen Untersetzer und tat so, als wäre es mir egal.

Neben ihr steht eine alte Keksdose aus Blech, in der sie ihre Fotos aufbewahrt. Die meisten sind aus den Siebzigern und Achtzigern und schon leicht vergilbt. In ihrem Schoß liegt aufgeschlagen ihr Hochzeitsalbum, das ich mir früher immer so gerne angeschaut habe. Der Einband ist aus Holz, vorne ist ein Herz mit Pfeil ausgesägt und darunter steht in Schnörkelschrift das Hochzeitsdatum. Ich musste jedes Mal lachen, wenn ich auf den eingeklebten Fotos die Vokuhila-Frisuren, die absurden Schulterpolster und komischen Klamotten betrachtete. Alle sehen so jung aus, wie sie da vor der Kathedrale stehen und fröhlich in die Kamera winken.

Ich sollte meine Mutter fragen, warum sie weint, aber ich will es gar nicht wissen. Ich habe Angst. (Ich habe jetzt ständig Angst.)

Als der Song zu Ende ist, ist es einen Moment still, dann fängt er wieder von vorn an. *You fill up my senses ...*

»Komm her und schau dir das an«, sagt meine Mutter, aber ich bleibe, wo ich bin. Ihre Nähe ist mir unangenehm. Sie hält das Album hoch, schlägt das dünne Seidenpapier um und deutet auf ein Foto, das in dem cremefarbenen Karton steckt. »Hier, siehst du das? Ja?« Sie wartet nicht auf meine Reaktion, sondern lässt das Album wieder in ihren Schoß fallen. Dabei stößt sie das Glas um und der Wein schwappt über die Seiten. »Scheiße«, zischt sie und wischt mit dem Ärmel ihres Morgenmantels darüber. »Na, Jimmy Fitzpatrick, wie gehts dir, alter Junge?«, fragt sie das Album. Sie sieht mich wieder an. »Er war unser Trauzeuge, wusstest du das? Wusstest du das, Emma?«

Natürlich wusste ich es.

»Das hast du ganz toll gemacht, Jimmy.« Sie schnaubt und blättert weiter. »Oh, und wen haben wir denn da?« Sie hebt ihr leeres Glas und prostet der Seite zu. »Der liebe, gute Father Michael. Der Mann Gottes. Unser guter Hirte. Von wegen, du verfluchter Heuchler.«

»Reg dich doch nicht so auf.« Ich weiß nicht, was ich sonst sagen soll.

»Wie bitte? Ich soll mich nicht so aufregen? Sag *du* mir gefälligst nicht, was ich tun soll und was nicht.«

»Tut mir leid«, sage ich. Und das ist die Wahrheit.

»Ach, es tut dir leid, ja?«, entgegnet sie höhnisch. »Der kleinen Emma tut es leid. Ha. Arme kleine Emma.«

Besser, ich gehe, bevor sie noch mehr sagt. Noch mehr, das nie mehr zurückgenommen werden kann, noch mehr, das ich nie mehr aus dem Kopf bekommen werde.

»Wo willst du hin?«, fragt sie, als ich die Hand auf die Klinke lege.

»Ich ... Eigentlich wollte ich mir nur meine Schlaftablette holen. Der Schrank ist abgeschlossen.«

»Ach ja, deine Tabletten. Klar, die müssen wir wegsperren. Weil man ja nicht darauf vertrauen kann, dass du nicht noch mal Dummheiten machst.«

Sie meint es nicht so, sage ich mir. Sie meint nichts von alldem so.

»Vielleicht habe ich es ja satt, den Medizinschrank immer abschließen zu müssen, hast du darüber schon mal nachgedacht, ja? Vielleicht würde ich mich in meinem eigenen verdammten Haus auch gern mal wieder entspannen, ohne mir ständig Sorgen darüber machen zu müssen, was du da oben in deinem Zimmer treibst. Ob ich dich, wenn ich nach oben gehe, in deiner eigenen Blutlache finde. Gott, was das für eine *Sauerei* war.«

»Bitte.«

»Soll ich dir sagen, was du bist? Egoistisch, das bist du. Dir ist es doch egal, dass dein Bruder leidet, dass dein Vater leidet, dass ich leide und ...«

»Bitte, Mam, tu das nicht ...«

»Was soll ich nicht tun? Was, Emma?« Sie lacht. Warum lacht sie über mich?

Ich weiß nicht, was ich sagen soll.

»Weißt du, was heute während der Messe passiert ist? Ein Wunder, dass du es nicht sowieso schon längst durch dein Facebook mitbekommen hast.«

Ich war heute gar nicht online. Die Sonntage, wenn nach und nach die Fotos vom Abend vorher gepostet werden, sind immer am schlimmsten: Mädchen, die wie Preise glitzern, die man gewinnen kann. Kurze Röcke und hohe Absätze. Ich habe solche Angst um sie (wissen sie denn nicht, was passieren kann? Wissen sie denn nicht, wie sehr sie aufpassen müssen?) und gleichzeitig beneide ich sie. (Warum ich? Warum musste es mir passieren?) Und Sean und Paul und Fitzy sind immer dabei, grinsen und lachen. (Ich habe ihr Leben zerstört.) Grinsen und lachen und grinsen und lachen.

»Du hast keine Ahnung, wovon ich rede?« Sie schüttelt den Kopf. »Natürlich nicht. Wir müssen ja unsere kleine Emma beschützen. Wir müssen dafür sorgen, dass es der kleinen Emma gut geht, stimmts? Aber was ist mit *mir*? Was ist mit mir, Emma? Wer sorgt dafür, dass es *mir* gut geht?«

Ich weiß nicht, was ich sagen soll. Könnte mir bitte jemand meinen Text geben?

»Er hat ihnen die Hand geschüttelt«, sagt sie fassungslos. »Er ist auf sie zugegangen und hat ihnen die Hand geschüttelt. An manchen Tagen wünschte ich mir wirklich …« Sie beendet den Satz nicht.

»Wovon redest du?«, frage ich.

»Und das, nachdem er so oft hier bei uns zu Hause eingeladen war«, spricht sie weiter, als hätte ich nichts gesagt. »Er hat dich getauft. Von ihm hast du die erste heilige Kommunion empfangen. Ich sorge dafür, dass seine Kathedrale immer schön mit Blumen geschmückt ist. Und er geht hin und schüttelt ihnen die Hand.«

»Wessen Hand, Mam?«

Sie sieht mich an. »Willst du das wirklich wissen?«

Ich weiß nicht, was ich will.

»Ich erzähls dir liebend gern, wenn du es wirklich wissen willst«, sagt sie. »Also? Soll ich's dir sagen? Willst du wissen, was heute passiert ist?«

Ich weiß nicht mehr, was ich will.

»Aber was rede ich denn da. Ich muss natürlich mal wieder den Mund halten. Wir wollen unsere arme kleine Emma schließlich nicht aufregen.« Es ist einen Moment lang still. Wir sehen uns an und ihre Augen werden schmal. »Weißt du, was? Zur Hölle damit, ich sags dir trotzdem.« Sie greift nach der aufgeschlagenen Albumseite aus festem Kartonpapier und beginnt wie wild daran zu zerren.

»Tu das nicht!«, rufe ich, aber sie beachtet mich gar nicht, sondern reißt an der Seite herum, bis der verklebte Rücken bricht und sich auch alle übrigen Seiten mitsamt der Bindung lösen. Dann schleudert sie mir die Seite, um die es ihr geht, entgegen und trifft mich mit der harten Kante an der Stirn.

»Schau ihn dir an«, sagt sie. »Schau ihn dir gut an, diesen Mann. Diesen Mann, der bei unserer Trauung von Liebe, Sanftmut und Güte gepredigt hat ...«

»Bitte ...«

»Weißt du, was dieser Mann heute getan hat?«

»Bitte hör auf!«

»In seiner Predigt ging es darum, nicht über andere zu urteilen. Es ging darum, wie wichtig es ist, einen Menschen als unschuldig zu betrachten, solange seine Schuld nicht zweifelsfrei bewiesen ist. Er hat keine Namen genannt – oh nein, natürlich nicht –, aber alle wussten, von wem er spricht, und dein Vater und ich saßen wie Idioten in der ersten Bank und hatten sogar noch fünfzig Euro in die Kollekte gesteckt.«

Sie sind alle unschuldig, bis ihre Schuld zweifelsfrei bewiesen ist. Nur ich nicht. Ich bin eine Lügnerin, bis bewiesen ist, dass ich doch die Wahrheit gesagt habe.

»Als könnten wir es uns im Moment leisten, fünfzig Euro zu spenden, wo wir nicht mal wissen, ob dein Vater überhaupt seinen Job behält ...«

»Was?« Meine Kehle schnürt sich zu und ich bekomme nicht genug Luft. Mein Vater verliert seinen Job? (Meine Schuld.)

»Und alle haben uns angestarrt und angefangen zu tuscheln ...«

»Bitte, Mam ...«

»Und auf dem Weg zur heiligen Kommunion bin ich an Ciarán O'Brien vorbeigekommen, und da hat dieser Kerl mir doch tatsächlich zugezwinkert. Ist das zu fassen?«

»Ich will nicht ...«

»Warte ... das Beste kommt noch. Nach der Messe hat Father Michael nämlich an der Kirchentür gewartet, bis Sean Casey und Paul O'Brien ...«

(Paul O'Brien war in der Messe?)

»... rauskamen, dann ist er auf sie zu und hat ihnen die Hand geschüttelt und ihnen gesagt, wie leid ihm das alles tut.«

Father Michael ist schon seit zwanzig Jahren Priester in Ballinatoom. Er hat mich getauft, er hat mir meine erste Beichte abgenommen, in der ich ihm von Streitereien mit Bryan erzählte und dass ich meinen Eltern nichts von dem 5-Euro-Schein erzählt habe, den ich in der Ritze vom Sofa im Fernsehzimmer gefunden habe. Bei ihm hatte ich meine Kommunion und die Firmung. Er war regelmäßig zum Essen bei uns, und wenn er mir danach den leeren Teller zum Abräumen gab, sagte er oft, wie hübsch ich bin und dass der Mann, der mich eines Tages zur Frau bekommt, ein echter Glückspilz ist.

Er glaubt mir nicht. Niemand glaubt mir.

»Es ist offensichtlich, auf wessen Seite er steht«, schimpft meine Mutter weiter. »Definitiv nicht auf deiner.«

Sie sagt: *deiner*. Sie sagt nicht: *unserer*.

Deine Seite. Nicht unsere.

Ich versuche mich an das zu erinnern, was mir die Therapeutin gesagt hat. Du wirst nicht sterben, Emma, das ist nur eine Panikattacke. Atme tief durch, *Nutte, Lügnerin*, atme die Angst aus dir heraus, *Schlampe*, atme Liebe ein, *Hure*, atme die Angst aus. *Flittchen*.

Ich versuche es, aber mein Gehirn ist mit dem unaussprechlichen Wort verbarrikadiert, mit den Bildern und den Kommentaren. (Ganz schön mickrige Titten, da hätte ich was Besseres erwartet.) Da ist kein Platz für irgendetwas anderes.

Flittchen, Lügnerin, Hure, Schlampe, Nutte.

Ich drehe ihr den Rücken zu. Ich muss weg. Ich muss nach

oben und mir die Decke über den Kopf ziehen und in die Dunkelheit abtauchen wie in tiefes Wasser.

Aber ich kann nicht. Die Schande, die mich bis in jede Pore ausfüllt, wiegt so schwer, dass ich mich nicht rühren kann. Ich sehe vor mir, wie Father Michael ihnen die Hand schüttelt, und ich weiß nicht, ob ich das überleben kann. Es soll aufhören. Ich will einfach nur noch, dass das alles aufhört. Die Artikel in den Zeitungen sollen aufhören und die nächtlichen Anrufe sollen aufhören und das Hashtag #IchGlaubeDemMädchenAusBallinatoom soll nicht mehr in den Twittertrends erscheinen.

All diese fremden Menschen, die glauben, dass ich ein Opfer bin, dass ich unschuldig bin. (Und da sind sie die Einzigen.)

Ich starre auf meine Handgelenke. (Ich will, dass sie bluten.) Ich stelle mir vor, wie mein Leben aus mir herausrinnt und mein Körper immer schwächer wird, bis es endlich vorbei ist.

»Bitte entschuldige, oh Gott, bitte, es tut mir leid«, schluchzt meine Mutter und fleht mich an, mit ihr zu sprechen.

»Bitte erzähl das nicht deinem Vater, Emma. Ich weiß nicht, was in mich gefahren ist. Ich wollte dir das doch eigentlich gar nicht sagen.«

Aber ich weiß, dass das nicht stimmt. Ich weiß es, sie will, dass ich den Schmerz genauso spüre wie sie. »Bitte, Emma, versprich es mir. Er wird mich umbringen, er ... ich weiß nicht, was er tun würde.«

Er wird sich von dir scheiden lassen, denke ich. Er wird

seine Koffer packen und dieses Haus verlassen, ohne noch einmal zurückzuschauen. Er wäre froh, eine Ausrede zu haben, von hier wegzukommen. Er wird dich mit mir allein lassen.

»Ich halte das nicht mehr aus«, sagt sie. »Ich halte es einfach nicht mehr aus, Emma. Ich halte das nicht aus, ich halte das nicht ...«

Während sie schluchzt, schaue ich zur Wand, wo das gerahmte Foto von uns vieren am Abend von Bryans Abschlussball hängt. Wir sehen glücklich aus.

Ich würde es am liebsten herunterreißen und zerschmettern.

Ihr Schluchzen verwandelt sich in ein leises Wimmern, das wie Schluckauf klingt. Ich höre Stoff rascheln, höre, wie etwas Schweres zu Boden fällt. Einen Moment später geht ihr ersticktes Keuchen in lange, tiefe Atemzüge über. Ich warte auf das Schnarchen, bevor ich mich zu ihr umdrehe. Sie liegt ausgestreckt auf dem Sofa, die Mundwinkel hängen schlaff nach unten. Ihr Glas liegt auf ihrer Brust, der Wein sickert in ihren Morgenrock. Ich bücke mich, sammle die Seiten aus dem Fotoalbum auf und verstecke das Glas hinter dem Sofa, damit mein Vater es nicht findet, wenn er zurückkommt. Ich nehme ein Foto aus der alten Keksdose. Mein Vater, ein Glas Murphy's in der einen Hand, die andere in Gips, weil er sie sich beim Footballspielen gebrochen hat. Meine Mutter in einem formlosen Kleid, eine lange Perlenkette um den Hals, prostet mit Orangenlimonade in die Kamera. Sie sehen so jung aus.

Ich nehme die Patchworkdecke von der Sofalehne, schüttle

sie aus, decke Mam bis zum Kinn zu und stecke die Enden fest. Meine Mutter rollt sich zusammen wie ein Kind. Ich zwinge mich, sie liegen zu lassen und nach oben zu gehen.

»Was machst du da?«, frage ich Bryan von der Treppe aus. Er hat einen Laptop unter dem Arm und zieht gerade die Tür zu meinem Zimmer zu. »Was hast du in meinem Zimmer gemacht?«

»Nichts.«

»Du sollst da nicht rein, wenn ich nicht da bin«, sage ich. »Ich habe ein Recht auf Privatsphäre.« Auch wenn sie mir den Schlüssel weggenommen haben, nach dem letzten ... dem letzten Mal. »Ist das etwa meiner?« Ich deute auf den Laptop.

»Sorry.« Sein Kiefer bewegt sich, als würde er mit den Zähnen mahlen. »Ich musste ...« Er redet nicht weiter. »Du warst nicht da, und da dachte ich ...«

»Ist das meiner?«, frage ich noch mal.

»Ja«, krächzt er und räuspert sich. »Ich wollte fragen, ob du ihn mir kurz leihen kannst.«

Ich brauche meinen Laptop. Ich brauche ihn, um die Szene mit Mam gerade eben auszublenden und all die anderen Bilder und die Fotos und die Kommentare und *nein, nein, nein, ich kann ihn dir nicht leihen!*

»Na ja ...« Ich versuche ruhig zu bleiben und gegen die aufsteigende Panik anzukämpfen. »Ich kann jetzt noch nicht schlafen und wollte mir eigentlich bei Netflix ...«

»Jetzt komm schon, Emma«, fährt er mich so heftig an, dass ich zurückweiche. »Außerdem dürftest du ihn eigentlich sowieso nicht haben.«

»Was hast du für ein Problem?«

»Ich hab kein Problem. Ich will mir nur deinen Laptop borgen.«

»Aber du hast einen eigenen.«

»Ja, ich weiß, aber der ist ... äh ...«

»Was ist damit?«

»Kaputt. Der ist kaputt.« Er schluckt. »Und ich muss dringend für ein Projekt recherchieren.«

»Ein Projekt?«

»Ja, genau.«

»Was für ein Projekt?«

»Wie, was für ein Projekt?«

»Na ja, wofür ist es? Welches Fach? Arbeitest du allein dran oder in einer Gruppe?«

»Einfach nur ein Projekt, okay?«, blafft er. »Ein Projekt fürs College. Nichts weiter.«

»Okay, von mir aus.« Ich ertrage es nicht gut, wenn Bryan wütend auf mich ist. »Aber du musst dich als Gast einloggen. Mein Passwort kriegst du nicht.«

Ich mache die Tür hinter mir zu, gehe zum Schminktisch und krame in der obersten Schublade, in der ein Stapel Tagebücher liegt, billige Notizbücher, die meine Mutter mir gekauft hat. Die Therapeutin hat gesagt, ich soll versuchen, Tagebuch zu schreiben, um dieses Erlebnis zu verarbeiten. Um mich daran zu erinnern. Alle wollen, dass ich mich erinnere. (Ich will mich nicht erinnern.)

Unter den Tagebüchern ist das Handy versteckt. Meine Mutter hat mal wieder vergessen, es mir abzunehmen. Ich setze mich auf den Boden, den Rücken an die Tür gedrückt, falls Bryan noch mal reinkommt.

Ich habe dreißig neue Mails, erkenne beim Durchscrollen der Absenderadressen (*m248sh@hotmail.com, philiplarkinhat einebotschaftfürdich@gmail.com, allehassendichdunutte@gmail.com*) aber nur zwei Namen und lösche alle anderen. (Woher haben diese ganzen Leute überhaupt meine neue Adresse?) Eine ist von Conor.

> Hey Emmie,
> ich musste heute an dich denken. Am Freitag habe ich gesehen, wie du aus dem Auto gestiegen bist, ich hatte nicht vor, irgendwas zu sagen. Ich weiß nicht, warum ich dir jetzt schreibe. Es war jedenfalls schön, mal wieder dein Gesicht zu sehen. Ich vermisse dich. x

Ich lese die Mail dreimal, bevor ich mich zwinge, sie zu löschen. Die andere ist von Maggie.

> Hey Süße,
> hör zu, ich wollte dir nur sagen, dass du diese ganze Scheißaktion auf Facebook ignorieren sollst, okay? Die sind alle so was von erbärmlich. Das ist dieses beschissene Kaff. Die wissen einfach nicht, was sie mit ihrer vielen Zeit anfangen sollen. Bitte ruf mich an. Ich muss dich sehen und wissen, wie es dir geht. Außerdem gibt es was, worüber ich mit dir reden muss.
> hdl. xxx

Nachdem ich die Mail-App geschlossen habe, öffne ich Facebook. Ich habe ungefähr einhundert neue Nachrichten, die ich mir aber gar nicht erst ansehe. Ich weiß, welche Abgründe sich darin auftun. *Bring dich doch um. Hau ab. Wir wollen dich hier nicht. Alle hassen dich. Schlampe, Lügnerin, Nutte, Dreckstück, Hure.* Ich habe meinen Eltern versprochen, alle Profile in allen Netzwerken zu löschen, aber das kann ich nicht. Dann würde ich mich selbst auslöschen. Das wäre, als hätte es mich nie gegeben. (Ist das nicht genau das, was ich will?) Ich wurde auf zehn neuen Fotos markiert.

Jedes Mal, wenn ich meinen Laptop hochfahre oder aufs Handy schaue, habe ich Angst.

Ich weiß, dass ich mir das alles nicht anschauen sollte. Natürlich sollte ich es mir nicht anschauen. Ich habe Angst, es zu sehen, aber gleichzeitig auch Angst, es nicht zu sehen. (Ich habe die ganze Zeit Angst.)

Auf jedem der Fotos sind Mädchen zu sehen, haufenweise Mädchen, auf jedem Bild eine andere Gruppe, und alle tragen weiße T-Shirts. Die meisten kenne ich. Da sind Sarah Swallows und Julie Clancy, umringt von sechs oder sieben anderen aus meinem Jahrgang. Auf einem anderen ist Susan Twomey mit irgendwelchen Freundinnen zu sehen, die Übrigen erkenne ich nicht, weil mir alles vor den Augen verschwimmt. Auf den T-Shirts steht mit schwarzem Marker #TeamPaul, #TeamDylan und #TeamSean, ein paar haben auch #TeamFitzy, die sind aber in der Minderheit. Ich lese die Kommentare.

Schlampe, Lügnerin, Flittchen, Hure, Nutte. Schlampe, Lügne-

rin, Flittchen, Hure, Nutte. Schlampe, Lügnerin, Flittchen, Hure, Nutte. Schlampe, Lügnerin, Flittchen, Hure, Nutte.

Immer und immer wieder.

Sie ist doch selbst schuld gewesen.

Geschieht ihr recht.

Ich sehe gespreizte Beine. Ich sehe entblößtes Fleisch, wund, auseinandergerissen.

Gibts eigentlich auch #TeamEmma-T-Shirts?, hat jemand kommentiert und Julie Clancy hat geantwortet: *Bitte?*

Ich blinzle und erkenne Jennifer Casey, deren Gesicht noch blasser ist, als ich es in Erinnerung habe. Finger deuten auf das #TeamSean auf ihrem T-Shirt.

»Wäre das nicht cool, wenn du mit meinem Bruder zusammen wärst?«, hat Jennifer mal vor ungefähr zwei Jahren zu mir gesagt. Wir saßen vor dem Fernseher und warteten auf Bryan, der beim Footballtraining war. Ihre Mutter hatte mal wieder ihre Medikamente abgesetzt, ohne jemandem etwas zu sagen. Sie tauchte im Nachthemd in der Schule auf und kaufte Dosentomaten, bis der Vorratsschuppen im Garten aus allen Nähten platzte. Dann kam sie in die Klinik, damit sich ihr Zustand wieder stabilisieren konnte, und Mam bot Jen an, jederzeit zu uns zum Essen zu kommen. »Mit Sean? Stimmt. Das wäre cool«, habe ich damals geantwortet. »Aber Ali ist total in ihn verknallt und das würde ich einer Freundin niemals antun.« Dabei hätte ich es einer Freundin sehr wohl angetan und *habe* es auch. Aber nicht mit einem Typen wie Sean, nur mit einem, auf den alle heiß waren.

Wenn das jetzt ein Film wäre, würde ich weinen. Das wäre eine normale Reaktion, oder?

Meine Augen sind trocken. Sie sind ausgebrannt.

(Ich wünschte, ich könnte weinen.)

Ich habe nur das Gefühl, zu fallen. Wie in einem Traum, in dem man immer weiter in ein gähnendes Nichts fällt und die ganze Zeit darauf wartet, dass man aufwacht, bevor man unten aufschlägt, bevor der Kopf platzt und Gehirnmasse über den Betonboden des Albtraums spritzt. Aber ich wache nicht auf. Ich falle einfach weiter, falle endlos ins Nichts und warte immer noch darauf, unten anzukommen.

Montag

Meine Träume sind schwere, aufgeblähte Gebilde. Wenn ich aufwache, trennen sich meine verkrusteten Lider nur widerwillig voneinander, in meinem Kopf flirrt der Nebel sich auflösender Bilder. Es sind jetzt immer dieselben, die Welt dreht sich, schlierige schwarze Farbe fließt die Wände hinab und flutet die Grube, in der ich stecke, sammelt sich zu meinen Füßen, steigt bis zu den Knien, dann zur Brust und übers Gesicht, bis ich keine Luft mehr bekomme.

Gut machst du das. Braves Mädchen. Das gefällt dir, was? Ist doch so, oder?

»Emma? Bist du wach?« Meine Mutter. Die Tür öffnet sich nur einen Spaltbreit, ein Lichtstrahl fällt ins Zimmer. Ich erinnere mich an das, was gestern Abend passiert ist. Ich erinnere mich an ihr Gesicht und an das, was sie gesagt hat. Und dieses Erinnern fühlt sich an, als würde ich mit bloßen Händen scharfe Glassplitter aufsammeln.

Ich frage mich, ob sie es auch riechen kann, ob die Dunkelheit ihren ganz eigenen Geruch hat, oder ob mein Zimmer so riecht, wie es morgens immer gerochen hat, nach abgestandener Luft, Vanilleduftkerzen und Spuren von Parfüm. Früher wurde ich oft gefragt, was für ein Parfüm ich benutze. Ich habe mich immer geweigert, es zu verraten. Ich wollte einzigartig sein und besonders. Ich wollte anders sein.

Jetzt will ich nur noch verschwinden.

Ich verlangsame meinen Atem, sodass es beim Einatmen in der Kehle leicht pfeift. Weiß sie, dass ich nur so tue, als würde ich schlafen? Tut sie nur so, als würde sie es nicht merken? Ist es so einfacher? Die Tür schließt sich mit sanftem Klicken hinter ihr. Ich rolle mich unter der Decke zusammen und ziehe die Knie an die Brust. Die Therapeutin sagt, es wäre wichtig, *die Erinnerungen zu verarbeiten. Es ist wichtig, dass du deine Gefühle wirklich fühlst, Emma*. Aber wie soll das denn gehen, wenn ich nicht einmal weiß, woran ich mich wirklich erinnere, was echte Erinnerungen sind, *meine* Erinnerungen, und was Bilder und Gedanken, die durch die Facebookseite in mein Gedächtnis eingesickert sind und durch Ms McCarthy und die Polizei und Bryan und Ali und Maggie und meine Eltern und die Zeitungen und die empörten Anrufer der *Ned O'Dwyer Show*. Was, wenn ich *wirklich* alles nur erfunden habe, wie Paul es behauptet? Veronica Horan hat in ihrer Kolumne geschrieben, solche falschen Beschuldigungen würden in der letzten Zeit zunehmen, es gäbe immer mehr Frauen, die behaupten, sich plötzlich an einen lang vergangenen Missbrauch zu erinnern, obwohl der nur in ihrem Kopf stattgefunden hat. Väter kommen ins Gefängnis, Mütter stehen am Abgrund. Noch mehr zerstörte Leben.

Ihr Artikel hatte die Überschrift »Trügerische Erinnerung«. Ich habe ihn zehnmal gelesen.

Ich denke an meine Mutter, an ihre brüchige Stimme gestern, irgendwo zwischen Schluchzen und Schreien. Ich denke daran, wie sie mich angesehen hat. Ich weiß, dass die Erinnerung daran echt ist, dass es meine ist, und es fühlt sich an, als würde die pure Verzweiflung vor mir stehen, ausgemergelt bis auf die Knochen und ausgehungert nach mir.

Ich frage mich, wie der Prozess ablaufen wird. In dem Buch, das sie mir im *Rape Crisis Centre* mitgegeben haben, steht: »Die Gerichtsverhandlung kann eine weitere traumatische Erfahrung für das Opfer bedeuten.« Meine Therapeutin benutzt ständig das Wort »Trauma«, um zu erklären, was mit mir los ist.

Ich kann nicht essen. *Das liegt am Trauma.*

Ich kann nicht schlafen. *Das liegt am Trauma.*

Ich kriege keine Luft. *Das liegt am Trauma.*

Welche Fragen werden sie mir vor Gericht stellen?

Wie viel haben Sie an dem Abend getrunken? Haben Sie Drogen genommen? Wir haben Zeugen, die angeben, Sie hätten Paul O'Brien mit sich in das Schlafzimmer gezogen, entspricht das den Tatsachen? Geben Sie zu, dass Sie freiwillig Geschlechtsverkehr mit ihm hatten? Mit wie vielen anderen Personen haben Sie geschlechtlich verkehrt? Haben Sie häufiger Geschlechtsverkehr mit wechselnden Partnern?

Ich stelle mir meine Eltern vor. Mein Vater, der mich mit diesem neuen Blick ansieht, teilnahmslos, ohne Glanz. Ich möchte an ihm hochklettern, wie ich es als Kind getan habe, seine Arme um mich spüren, während er mich herumträgt. Ich will hören, wie er mich seine kleine Prinzessin nennt, nur noch ein einziges Mal. Wann hat er mich das letzte Mal so genannt? Noch etwas, woran ich mich nicht erinnere.

Ich werde nach Dublin fahren müssen. »Vergewaltigungen (Nicht *dieses Wort*, benutzen Sie im Zusammenhang mit mir nicht *dieses Wort*) und sexuelle Übergriffe werden am Central Criminal Court in Dublin verhandelt«, hat Aidan Heffernan uns gesagt. Er hat auch gesagt, dass sich der Prozess über eine Woche hinziehen kann. Vielleicht sogar noch länger, weil der Fall so einzigartig und komplex sei, wegen der Fotos und des großen Medieninteresses. »Man muss hier von einem Präzedenzfall sprechen«, wird der vor dem Gerichtsgebäude stehende Reporter sagen, während im Hintergrund kleine Jungs in Jogginganzügen auf und ab hüpfen, Grimassen ziehen und ihren Müttern zuwinken.

Ich muss mich vor alle hinstellen und mein Innerstes offenlegen.

Ich muss mit gutem Beispiel vorangehen. Ich muss im Namen der anderen Opfer Tapferkeit beweisen.

#IchGlaubeDemMädchenAusBallinatoom

Ich will nicht ihre Galionsfigur sein. Ich will nicht tapfer sein. Ich will keine Heldin sein.

Ich werde darauf achten müssen, mich anständig anzuziehen. *Das willst du doch wohl nicht tragen, Emma?* Ich frage mich, ob der Anwalt, den der Staat mir zur Seite stellt, erwähnen wird, dass ich versucht habe, mich mit Tabletten umzubringen und mir die Handgelenke aufzuschlitzen. Ist das etwas, das für mich spricht? (Der Schmerz pulsiert in mir, will endlich rausgelassen werden, fleht nach etwas Scharfem, das ihm die Flucht ermöglicht. Erst tröpfelt das Blut, dann strömt es, schneller und schneller.) Oder werden sie sagen, dass es ein Beweis für mein schlechtes Gewissen ist? Für meine Schuldgefühle? Ich habe schließlich Leben zerstört. Ich frage mich, was meine Freunde und Freundinnen ausgesagt haben. Sie war betrunken, sie stand unter Drogen, sie hat es herausgefordert, sie hat es so gewollt, sie hat es so gewollt. Und ich habe es ja auch gewollt, oder etwa nicht? Ich habe Paul in das Schlafzimmer gezogen, ich wusste genau, was ich tue.

Oder?

Und am folgenden Montag haben Sie die Angeklagten angerufen, ist das korrekt? Sie haben ihnen Nachrichten auf der Mailbox hinterlassen, freundschaftliche Nachrichten. Warum hätten Sie das tun sollen, wenn Sie tatsächlich – wie Sie es behaupten – von ihnen vergewaltigt worden wären?

Ich sehe mich selbst im Zeugenstand stehen und es ist alles genau wie bei »Law and Order«. Meine Lippen bewegen sich, aber es kommt kein Ton heraus.

Und am nächsten Tag sind Sie zum Arzt gegangen, zu einem gewissen Dr. Fitzpatrick, zufälligerweise dem Vater eines der Jungen, die Sie beschuldigen. Warum sind Sie ausgerechnet zu ihm gegangen, wenn sein Sohn doch – wie Sie behaupten – an der brutalen Gruppenvergewaltigung beteiligt war?

Fitzy hat nichts gemacht. Aber er hat es gesehen. Er hat zugesehen.

Er hat meine gespreizten Beine gesehen, das entblößte Fleisch.

(Wie alle anderen. *Alle.*)

Ich lese hier, dass Sie nach der angeblichen Vergewaltigung noch diverse Prüfungen geschrieben haben, die alle hervorragend benotet worden sind. Sie haben in allen Fächern – durchweg Leistungskurse – über fünfundsiebzig Prozent erreicht. Sollte man nicht annehmen, dass Sie nach einem derart traumatischen Erlebnis nicht in der Lage gewesen wären, sich auf das Lernen zu konzentrieren?

Die Flure in der Schule, Schülerinnenmassen, die sich teilen wie das Rote Meer, Schultern, die gegen meine rempeln, und dann das Geflüster und Getuschel und Geraune, *Schlampe, Lügnerin, Flittchen, Hure, Nutte*. Ausdrucke von diesen Fotos anonym in mein Schließfach geschoben. Ali, Maggie und Jamie, die nicht mit mir reden. Damals waren erst ein paar Tage vergangen, die Polizei hatte sie noch nicht vorgeladen, um eine Aussage zu machen, sie wussten nichts von meiner Anzeige, wussten nichts von dem, was ich *behauptete*, sie wussten noch nichts von der … (*das Wort*). Deswegen hielten sie mich für eine linke, fiese Ratte. Sandwiches, die ich in den Pausen in der Toilettenkabine runterwürgte. Neue Sprüche an den Wänden. (Über mich. Immer nur über mich.)

Und wie es aussieht, haben Sie Ihr Leben ganz unbeirrt weitergeführt. Sie trafen sich abends mit Freundinnen, um etwas zu trinken und in Nachtclubs zu gehen. Wir haben Aussagen von einer ganzen Reihe unterschiedlicher Männer, die alle sagen, Sie hätten nach der angeblichen Vergewaltigung mit Ihnen Geschlechtsverkehr gehabt. Sie waren danach sogar auf der Party eines der Angeklag-

ten, dem sie vorwerfen, Sie vergewaltigt zu haben. Verhält man sich so, wenn man auf schlimmste Weise sexuell misshandelt wurde?

Schwindel, meine Knie rutschen auf dem feuchten Boden der Clubtoilette weg, ich falle über die Schüssel, jemand hämmert gegen die Tür, ruft: »Hallo? Geht das vielleicht auch ein bisschen schneller? Wie lange soll ich hier noch warten?!« Schweigen, als ich die Tür öffne und erkannt werde. Zerlaufene Schminke beim Blick in den Spiegel. Draußen Kälte, schneidender Wind, untergehakt bei einem gesichtslosen Mann, ich ignoriere das Handy, das in einem fort in meiner Tasche klingelt, weil sie wieder meine Freundinnen sind, nachdem sie erfahren haben, was passiert ist (das Wort), verkrampfte Umarmungen und Ich-höre-dir-zu-Gesichter, *du kannst mir alles erzählen, ich bin für dich da.* Textnachrichten. *Wo steckst du, Emma, alles okay? Wo bist du?* Wieder auf Knien, kalter, rauer Asphalt. Ich versuche, mir die Nacht zurückzuerobern. Ich versuche, neue Erinnerungen zu schaffen, um die zu ersetzen, die mir gestohlen wurden. Ich versuche, was passiert ist, nachträglich zu meiner eigenen Entscheidung zu machen, in etwas zu verwandeln, was ich aus freiem Willen getan habe.

Es könnte noch zwei Jahre dauern, bis der Prozess stattfindet. Zwei Jahre. 730 Tage. Wird jeder einzelne Tag gleich sein? Bitter schmeckende Träume, als hätte ich in eine Zitrone gebissen. Niederschmetternde Enttäuschung, wenn ich aufwache und feststelle, dass ich immer noch lebe, dass mein Herz immer noch schlägt, dass meine Lungen immer noch nach Atem ringen. 730 Morgen, an denen mein Vater nicht mit uns frühstückt, weil er zur Tür raus ist, bevor ich aufstehe, damit er mich nicht sehen muss, 730 in der Mikrowelle erhitzte Linda-McCartney-Fertiggerichte und mein Vater, der stirnrunzelnd auf seinen Teller starrt und sich auf die Zunge beißt, um meine Mutter nicht zu fragen, was das sein soll. 730 Tage, an denen er aus dem Fenster auf den verwahrlosten, von Unkraut überwucherten Gemüsegarten schaut und mir dann einen so flüchtigen Blick zuwirft, dass man ihn leicht verpassen könnte. Aber ich ertappe ihn jedes Mal dabei (weil ich hoffe, dass er mich irgendwann wieder so ansieht, wie er mich angesehen hat, als ich noch seine *kleine Prinzessin* war). Jetzt sind seine Augen tiefschwarz und ich sehe für den Bruchteil einer Sekunde die Anklage darin. *Es war deine eigene Schuld. Was hattest du in dem Zimmer zu suchen? Wie warst du an dem Abend angezogen? Ist es wahr, dass du schon mit ganz vielen Jungen Sex hattest? Ist das wahr? Ist das wahr?* Und ich weiß, dass ich nicht mehr seine Prinzessin bin und es nie mehr sein werde.

In zwei Jahren bin ich einundzwanzig. Ich dachte immer, dass ich dann am College sein würde. Ich habe mir vorgestellt, wie ich im Winter dick eingepackt in süße Mützen und Schals, Nase und Wangen rosig überhaucht, einen Kaffeebecher von Starbucks in der Hand, zu meiner Vorlesung gehe. Ich habe mir vorgestellt, wie ich im Sommer in kurzen Röcken mit nackten Beinen über den Campus schlendere und so tue, als würde ich die Blicke der Männer nicht bemerken. Ich dachte, ich würde auf Partys gehen, mit Knicklichtern und Fassbier und süßen Typen. Ich dachte, ich würde mit ein paar Leuten – drei Frauen, drei Typen – in irgendeinem runtergekommenen, aber coolen Haus wohnen, wo jeder mit jedem was hat, bis zwei von uns sich richtig ineinander verlieben, worauf wir anderen uns über sie lustig machen, sie aber insgeheim total süß finden und hoffen, dass sie bald heiraten, damit wir auf ihrer Hochzeit Anekdoten über unsere »wilde Studentenzeit« erzählen können, wie Alis Mutter und ihre Freundinnen. Wir würden darüber lachen, dass wir es nie geschafft haben, das Haus sauber zu halten, was uns aber egal war, weil wir Wodka zum Frühstück tranken und *Home and Away* schauten, bevor wir uns nachmittags vom Nichtstun erschöpft wieder ins Bett fallen ließen, um uns für die nächste Party auszuruhen, den nächsten Abend im Club, die nächste wilde Affäre. Ich habe mir vorgestellt, wie ich an den Wochenenden nach Hause fahren würde, meiner Mutter die Dreckwäsche hinstellen und mich mit Ali, Jamie und Maggie treffen würde, um ihnen von meinen neuen Freunden zu erzählen, damit sie sehen, wie beliebt ich bin und wie super es am College für mich läuft und dass ich Ballinatoom und die Leute hier nicht brauche.

Ich hätte nie gedacht, dass das hier mein Leben sein würde. Dass meine Welt so zusammenschrumpfen und nur noch aus diesem Haus und meinen Eltern und Bryan bestehen würde, die sich um mich kümmern und mich mit Worten und gut gemeinten Gesten an dieses Leben fesseln, an dieses bloße *Existieren*. Es gibt keinen Ausweg.

Ich halte das nicht aus, hat meine Mutter gestern Abend gesagt. *Ich halte das einfach nicht mehr aus.*

Ich glaube auch nicht, dass ich es noch weiter aushalte.

»Du siehst fertig aus«, stellt Bryan beim Abendessen fest.

»Ja?«

»Ja, deine Augen sehen so entzündet aus. Ist alles okay?«

Meine Mutter und ich tauschen einen kurzen Blick und ich kann ihre Gedanken lesen – *Bitte, Emma, bitte sag jetzt nichts* –, als sie mir das Erbspüree reicht.

»Keine Ahnung«, sage ich und schaufle mir etwas davon neben meine angebrannten Kichererbsen-Spinat-Würstchen. »Ich habe nicht so gut geschlafen.«

Ein Schlüssel in der Haustür. Ein schrilles Maunzen von Precious. Eine zuknallende Tür.

»Du kommst spät.« Bryan schaut auf die Uhr auf seinem Handy, als mein Vater seine Aktentasche neben der Tür fallen lässt. Alles an ihm scheint sich der Schwerkraft ergeben zu haben, von seinen Haaren bis zu seinem Schnurrbart; seine Kleidung scheint zu riesig für seinen Körper. Er hat abgenommen. Er lässt sich auf seinen Stuhl sinken. Bryan sieht unsere Mutter an.

»Mam?«

»Ja?« Ihr Blick wandert durchs Fenster in den Garten hinaus und sie legt die Stirn in Falten. Als sie aufsteht, lächelt Bryan, aber sie zieht nur die Vorhänge zu.

»Gott, ist das hell draußen.« Sie setzt sich und trinkt noch einen Schluck Wein. »Das brennt einem ja richtig in den Augen.«

Bryan steht auf und geht in die Küche. Weder er noch mein Vater sagen etwas, als er mit einem Teller Shepherd's Pie zurückkommt und ihn ihm hinstellt. Das Kratzen des

Messers auf dem Teller meines Vaters, hektisches Atmen und Vor-dem-Gesicht-Rumwedeln, weil der Auflauf heißer ist als erwartet, hastige Schlucke Wasser, um den Mund abzukühlen. Wir essen schweigend. Wird das jetzt für immer so sein? Nur ich, meine Mutter und mein Vater, jeden Abend zur gleichen Zeit um den Esstisch versammelt, Shepherd's Pie am Montag, Grünkohl mit Speck am Dienstag, Lasagne am Mittwoch, Asiapfanne am Donnerstag, Brokkoli-Lachs-Auflauf am Freitag, Quiche und Salate aus der Bio-Gemüsekiste am Samstag, Braten am Sonntag, während das vegetarische Fertiggericht, das Mam mir besorgt hat, in der Mikrowelle kreiselt, bis es *Pling* macht? Eine Zeit lang würde Bryan noch an den Wochenenden kommen, mich freitags zum Sofa ziehen, um *The Late Late Show* oder einen Film zu schauen, mich fragen, wie meine Woche gelaufen ist, ob ich für Samstag irgendwelche Pläne hätte und ob ich mir mittlerweile überlegt hätte, wie, wann und wo ich meinen Schulabschluss nachhole, ob ich ans College will oder an die Abendschule oder einfach einen Onlinekurs belegen. Ständig würde er mit neuen Ideen ankommen, um mich dazu zu bringen, aus dem Haus zu gehen und normal zu sein. Aber im Laufe der Zeit würde ihm vor diesen Besuchen immer mehr grauen. Er müsste sich irgendwann eingestehen, wie sehr er es hasst, diese Tür aufzuschließen und dieses Haus voller Phantome zu betreten. Er würde immer mehr Wochenenden woanders verbringen. Irgendwann würde er nur noch einmal im Monat nach Hause kommen, dann vielleicht nur noch an verlängerten Wochenenden, später nur noch an Weihnachten und Ostern. Er würde wegziehen, weit weg, nach Kanada oder Australien oder Japan, egal wohin, Hauptsache, weit genug, um kein schlechtes Gewissen haben zu müssen, weil er uns so selten besucht. Er würde mir Mails schicken und immer wieder versprechen, dass wir bald endlich mal wieder skypen. Er würde Päckchen voller teurer, nutzloser Dinge schicken, »bei denen ich sofort an dich denken musste, als ich sie gesehen habe«. Schließlich würde er ein Mädchen kennenlernen, das gern und viel lacht und aus einer großen, warmherzigen Familie kommt. Sie würden ihn aufnehmen, als wäre er ihr eigener Sohn. Er würde das Mädchen mit zu uns bringen, damit wir uns kennenlernen, und sie würde ihn sorgenvoll beobachten und verstohlen auf ihn einreden. Später würden sie dann Kinder haben und noch seltener zu Besuch kommen. *Kinder haben so feine Antennen*, würden sie zueinander sagen. *Wir wollen nicht, dass sie die unterschwellige negative Energie aufnehmen, die in diesem Haus herrscht.* Und Bryan würde sich einreden, dass das nichts mit mir zu tun hätte (meine Schuld). Er würde sich verbieten, sich zu wünschen, er hätte eine andere Schwester (keine *Schlampe, Lügnerin, Nutte, Hure*). Er würde uns weiter Mails schicken. Ab und zu anrufen. Aber die Weihnachtsfeiertage würde er meistens bei ihrer Familie verbringen, während meine Eltern und ich vor dem Fernseher Rosenkohl und Brotauflauf essen, uns mit Kohlenhydraten ins Wachkoma versetzen und Wiederholungen von Filmklassikern schauen. Ich würde meine Mutter und meinen Vater ansehen und mich wundern, wie alt sie plötzlich geworden sind – fünfundsechzig, siebzig, fünfundsiebzig, achtzig, fünfundachtzig, neunzig –, ohne dass ich es mitbekommen habe. Und dann würde ich begreifen, dass ich selbst auch alt geworden bin, meine Knochen würden anfangen zu knacksen, meine Haut würde schlaff werden. Ich würde immer noch in demselben Bett wach liegen, in dem ich schon als Kind geschlafen habe, und an die kahle Decke starren und mich fragen, wo die Sterne geblieben sind.

Mein Vater räuspert sich. »Ich habe Neuigkeiten.«

Ich hebe ruckartig den Kopf. Neuigkeiten. *Es könnte zwei Jahre dauern. Zwei Jahre.* Aber vielleicht hat sich etwas geändert, vielleicht hat mein Vater einen Anruf erhalten, dass Fitzy beschlossen hat, sich doch schuldig zu bekennen. Vielleicht ist alles vorbei.

»Neuigkeiten?«

»Ja.« Er nestelt am Saum des Tischtuchs herum. »Nora, die Tischdecke hat Flecken.«

»Wirklich?« Wir schauen alle auf die verfleckte Tischdecke. (*Passt doch auf!*, hat sie früher immer geschimpft. *Die war teuer.*) »Seltsam«, murmelt meine Mutter. »Die hab ich doch erst gestern gewaschen.«

»Bist du sicher?«, sagt mein Vater.

»Natürlich bin ich mir sicher, sonst würde ich es doch nicht sagen. Ich weiß nicht, warum du alles immer in Zweifel ziehen musst, was ich sage oder tue.«

»Ich habe mich nur gewundert, Nora. Schau dir doch ...«

»Du hast gesagt, dass du Neuigkeiten hast?«, unterbreche ich die beiden. (Vielleicht ist alles vorbei.) »Was sind das für Neuigkeiten?« (Vielleicht wird alles wieder so, wie es war.)

Mein Vater runzelt die Stirn (vielleicht kann ich dann vergessen, dass das alles jemals passiert ist), als wüsste er nicht mehr, was er sagen wollte. »Ah ja«, sagt er. »Also ... der Regionalleiter war heute da.«

Die Enttäuschung fühlt sich wie ein Speer an, der meine Brust durchstößt und meine Lunge punktiert. Ich spüre, wie sie in sich zusammenfällt. *Wie naiv. Naiv. Naiv. Naiv.* Natürlich ist es nicht vorbei.

»Es ging darum, dass in der letzten Zeit so viele Kunden ihr Konto bei uns aufgelöst haben.«

»Das ist ja wohl nicht deine Schuld.« Die Stimme meiner Mutter ist kämpferisch. Ich warte darauf, dass sie sich zu mir dreht und sagt: *Es ist Emmas Schuld.* Sie umklammert den Stiel ihres Weinglases. »Die Kontogebühren sind mittlerweile so gestiegen, dass viele Leute zur Ulster Bank oder zu anderen Banken wechseln. Genau das war vor ein paar Tagen sogar Thema in der *Ned O'Dwyer Show*, und im *Examiner* habe ich kürzlich auch was darüber gelesen. Dafür kann er dich auf gar keinen Fall verantwortlich machen, Denis.«

Mein Vater sieht aus, als bräuchte er all seine Kraft, um seinen Körper aufrecht zu halten. (Früher dachte ich, er wäre stark wie eine Eiche. So groß und so stark, dass ihn nichts umhauen könnte.) »Tja«, sagt er. »Jedenfalls haben sie eine Entscheidung getroffen.«

»Was für eine Entscheidung?«, fragt Bryan.

»Ich werde in eine andere Filiale versetzt. In der Stadt.« Er versucht zu lächeln. »Der stellvertretende Geschäftsführer der Filiale in Douglas geht in den Ruhestand und dort haben sie so viel zu tun, dass sie jemanden mit Erfahrung brauchen, der seinen Platz einnimmt.«

»Der *stellvertretende* Geschäftsführer?«, sagt Bryan.

»Nun ja, die Filiale ist viel größer als unsere in Ballinatoom.« Mein Vater zuckt mit den Schultern. »Das ist schon in Ordnung.« Er wendet sich an meine Mutter, legt seine Hand über ihre und drückt sie. »Ich bin ganz zufrieden mit der Entscheidung, Nora. Ich meine, was macht es für einen Unterschied? Arbeit ist Arbeit.«

Mein Vater ist seit über dreißig Jahren in der Filiale in Ballinatoom. Er hat dort direkt nach der Schule angefangen und sich vom Kassierer zum stellvertretenden Geschäftsführer und schließlich zum Geschäftsführer hochgearbeitet. Die Bank sei seine Geliebte, hat er oft lachend gesagt. Meine Mutter hat dann immer die Augen verdreht, aber ich habe sie am Telefon stolz zu Sheila Heffernan sagen hören: »Ich weiß gar nicht, was sie in der Bank ohne ihn machen würden, so viel wie er arbeitet!« Anscheinend war mein Vater derjenige, der durchgesetzt hat, dass die Bank vor allen anderen im Ort Computer einführte, und der die Zentralverwaltung vor ein paar Jahren überredete, Geld für eine Komplettsanierung lockerzumachen. Er hat höchstpersönlich dafür gesorgt, dass die Blumenkübel vor dem Bankgebäude jedes Frühjahr frisch bepflanzt wurden, und an Weihnachten Geschenke für die Belegschaft besorgt. Wenn er gefragt wurde, womit er sein Geld verdient, sagte er immer: »Ich bin Geschäftsführer einer Bank.« Aber bei ihm hörte es sich an wie: *Ich bin Profispieler bei Manchester United* oder *Ich bin Präsident der Vereinigten Staaten.*

»Das wäre also erst mal geklärt«, sagt er jetzt mit einem Lächeln, das nicht bis zu seinen Augen reicht, und wir essen weiter. Ich schaue in die Runde und sehe, wie müde alle sind.

Das ist meine Schuld. Ich habe uns das angetan. Ich zerstöre ihr Leben.

Ich möchte noch einmal auf Ihre geänderte Aussage zurückkommen, Emma, höre ich den Anwalt der Jungs sagen (ob sie alle denselben haben werden? Nein, Ciarán O'Brien kann sich für Paul ganz bestimmt einen besseren Verteidiger leisten als die Walshs für Dylan). *Stimmen Sie mir zu, dass dies im Umkehrschluss bedeutet, dass Sie bei Ihrer ersten Befragung gelogen haben? Gut. Dann erlauben Sie mir bitte die Frage, weshalb wir den Worten eines Mädchens Glauben schenken sollten, das zugibt, schon einmal gelogen zu haben? Die jungen Männer, die in der Anklagebank sitzen, haben dagegen nicht gelogen. Sie haben von Anfang an ehrlich Auskunft über das gegeben, was in jener Nacht passiert ist. Wir haben Leumundszeugen, die uns die Unbescholtenheit der Angeklagten bestätigen und dem Gericht glaubhaft dargelegt haben, welch hohe Wertschätzung sie in ihrer Gemeinde genießen und dass sie alle aus ehrbaren Familien stammen. Und jetzt wollen Sie ihnen ihr Leben und ihre Zukunft zerstören?*

Nein, so etwas würden die nicht sagen ... oder?

Lügen haben kurze Beine. Emma O'Donovan ist eine Lügnerin.

Sie ist selbst schuld.

»Moment«, sage ich und Bryan, Mam und Dad schauen mich an. *Die jungen Männer haben ausgesagt, dass Sie einver-*

standen waren. Dass es sogar Ihre Idee gewesen sei. Dass Sie es gewollt hätten.

Ich kann mich an nichts erinnern. Wie wollen sie beweisen, dass der Sex einvernehmlich war?

Aber wie soll ich beweisen, dass er es nicht war?

Wussten Sie, dass die Verurteilungsquote bei Vergewaltigungen in Irland bei nur einem Prozent liegt?

Was hat das Ganze dann überhaupt für einen Sinn?

»Was hat *was* für einen Sinn?«, fragt meine Mutter. Ich habe mal wieder nicht gemerkt, dass ich laut gedacht habe. Wird mir das jetzt immer häufiger passieren? Werden Bryans zukünftige Kinder sich vor mir gruseln und jammern, wenn sie uns in Ballinatoom besuchen sollen? *Tante Emma ist komisch*, werden sie sagen. *Sie redet mit sich selbst. Sie stinkt.*

Ich stinke wirklich. Wann habe ich das letzte Mal geduscht? Ich ziehe mich nicht gern aus und mag es nicht, meinen Körper im Spiegel zu sehen. Das ist nicht mehr mein Körper. (Ganz schön mickrige Titten. Da hätte ich was Besseres erwartet. Dafür hat sie einen echt geilen Arsch.)

»Emma?« Meine Mutter wird ungeduldig. »Wolltest du etwas sagen?«

Father Michael ist heute als Leumundszeuge für Paul O'Brien hier vor Gericht erschienen und hat uns dessen aufrechte Gesinnung bestätigt. Würde ein Mann der Kirche sich dazu bereit erklären, wenn er auch nur den Hauch eines Zweifels an der Ehrlichkeit von Mr O'Briens Aussage hätte? Father Michael hat Sie getauft, Emma, ist es nicht so? Er war regelmäßiger Gast bei Ihnen zu Hause, war ein guter Freund Ihrer Eltern. Würden Sie mir recht geben, wenn ich sage, dass er ausreichend Gelegenheit hatte, Sie kennenzulernen und Ihr wahres Wesen festzustellen?

Ich bin Eva. Ich bin die Schlange im Garten Eden. Ich bin die Versuchung.

Stimmt es, dass Sie eine hohe Anzahl von wechselnden Sexualpartnern hatten? Haben Sie wild in der Gegend herumgeschlafen? Würden Sie mir zustimmen, dass Sie eine Schlampe sind?

Heilige Maria, allerreinste der Jungfrauen, o Maria, ohne Erbschuld empfangen und jeglicher Sünde bar.

So etwas würden die nicht sagen ... oder? Die Beraterin im *Rape Crisis Centre* hat mir versprochen, dass der Prozess unter Ausschluss der Öffentlichkeit stattfinden wird. Aber was ist, wenn die Leute trotzdem kommen? Wenn sie sich vor dem Gerichtsgebäude zusammenrotten und mich bluten sehen wollen?

»Emma?« Bryan sieht besorgt aus. Er macht sich jetzt ständig Sorgen um mich. Er wird zu früh altern. Ihn werde ich auch zerstören. »Alles okay?«

Ich wollte ihnen nicht allen das Leben zerstören. Fitzy sollte in Amerika Kunst studieren und Paul sollte für das Team in Cork spielen. Ich hätte nicht so einen Wirbel machen dürfen, dann wäre die Sache bald wieder vergessen gewesen und das normale Leben wäre weitergegangen. Dann wäre ich jetzt nicht *dieses Mädchen*.

Ich halte es nicht mehr aus. Es muss aufhören.

»Ich wollte euch nur sagen, dass ich auch Neuigkeiten habe.« Meine Stimme geht am Satzende etwas hoch, als würde ich eine Frage stellen. Und vielleicht tue ich ja genau das. Vielleicht frage ich sie, ob es das ist, was sie von mir wollen. Ob dann alles wieder gut ist. »Ich habe auch eine Entscheidung getroffen.« Ich hole tief Luft und spreche es so schnell ich kann aus. »Ich habe beschlossen, die Anzeige zurückzuziehen.«

Ohne ihre Reaktion abzuwarten, stehe ich auf, gehe mit meinem Teller in die Küche, kratze die Essensreste in den Müll, spüle den Teller ab und stelle ihn in die Spülmaschine. *Dreh dich um*, sage ich mir. *Dreh dich um und sieh sie an.*

Tick-tack, tick-tack, tick-tack. Die Küchenuhr zählt die Sekunden für uns. Sie sagen immer noch nichts. Die Luft fühlt sich tot an, als hätte sich ein Leichentuch auf uns gesenkt.

»Habt ihr gehört?«, frage ich und muss mich am Spülbecken festhalten, weil meine Knie weich sind. »Ich werde die Anzeige zurückziehen.«

»Das haben wir gehört«, sagt meine Mutter langsam. »Was … warum hast du dich dagegen entschieden?«

»Na ja«, meine Stimme klingt, als wäre ich von dem, was ich sage, überzeugt, »ihr kennt ja die Statistik. Ihr wisst, wie wenige Vergewaltigungen mit einer Verurteilung enden. Ich sehe einfach keinen Sinn darin, mich all dem auszusetzen, wenn ich sowieso nichts erreichen werde.«

Ich zögere und warte, warte verzweifelt darauf, dass meine Mutter oder mein Vater sagt, dass ich kein dummes Zeug reden soll, dass ich selbstverständlich gewinnen werde, dass alles andere gar nicht vorstellbar ist, weil ich schließlich unschuldig bin, weil ich das Opfer bin, weil es nicht meine Schuld ist. Aber keiner sagt etwas.

Ich sehe zur Uhr, sehe, wie sich der Sekundenzeiger einmal im Kreis dreht, zweimal, dreimal, viermal.

»Ich weiß nicht, Emma«, sagt mein Vater schließlich. Ich zwinge mich, mich umzudrehen und ihn anzusehen. Er strahlt fast vor aufkeimender Hoffnung. Ich habe in diesem Haus schon seit sehr langer Zeit keine Hoffnung mehr gesehen. »Das ist etwas, das du dir sehr gut überlegen solltest.«

»Ich meine es ernst«, sage ich. *Bitte sag mir, dass ich es nicht machen soll, Daddy. Bitte sag mir, dass ich weiter durchhalten soll. Bitte, bitte, bitte.* »Ich will einfach mein Leben weiterleben.«

»Es wäre vielleicht ...« Meine Mutter spricht so leise, dass ich mich über die Theke lehnen muss, um sie zu verstehen. »Na ja.« Sie reibt sich die Schläfen, presst die Fingerspitzen auf die Lider. »Vielleicht wäre es tatsächlich einfacher.« Sie zuckt zusammen, als wäre sie selbst entsetzt darüber, dieses Wort benutzt zu haben. »*Besser*, wollte ich sagen. Vielleicht wäre das tatsächlich besser. Für dich, Emma, meine ich. Es könnte für dich besser sein. Natürlich nur, wenn du es wirklich willst.«

Sie sieht auch aus, als würde sie plötzlich neue Hoffnung schöpfen.

Wäre dann wirklich alles besser? Würde dann alles wieder so werden, wie es war?

Meine Eltern essen weiter, der Kiefer meines Vaters knackst beim Kauen, er trinkt einen Schluck Wasser, tupft sich den Mund mit der Serviette ab. Ich setze mich wieder an den Tisch, aber keiner sieht mich an.

»Und das wars dann oder was?«, sagt Bryan mit einer Heftigkeit, die uns alle zusammenschrecken lässt. »Einfach so, ja? Fuck, Mann. Echt. Ich fass es nicht.«

»Mäßige deinen Ton, Bryan«, zischt meine Mutter.

Mein Vater wirft seine Serviette hin. »Hast du außer derben Flüchen auch irgendetwas Wertvolles zu diesem Gespräch beizutragen, Bryan?«

Mein Bruder schüttelt den Kopf, seine Wangen sind gerötet. »Nach allem, was war, willst du jetzt einfach aufgeben?«

Wir sind damals von Mr Griffins Büro aus direkt zur Polizei gefahren. Dort wurden wir schon erwartet. Mir wurde gesagt, dass ich mich medizinisch untersuchen lassen sollte. »Das ist Routine in solchen Fällen«, hieß es. »Man wird Proben von Kopf- und Schamhaaren nehmen, das Material unter den Fingernägeln sichern und ein paar Abstriche nehmen. Also oral, vaginal und äh ... anal.« Beim Wort *anal* verließ meine Mutter den Raum. Ich sagte der Polizistin, dass das nicht nötig sei, weil es sich nicht um eine Vergewaltigung gehandelt hätte. Wir hätten nur rumgealbert und ich hätte mich für die Fotos bewusstlos gestellt. Das alles sei nur ein dummer Scherz gewesen und ich würde nicht wollen, dass mehr daraus gemacht wird.

Sie haben alles, was ich gesagt habe, aufgeschrieben, um es später gegen mich zu verwenden.

Am nächsten Tag kam Bryan nach Hause. Ich hörte, wie er und meine Mutter sich nebenan gedämpft unterhielten, hörte, wie seine Stimme immer lauter wurde. Er kam ins Fernsehzimmer, stellte den Fernseher stumm und griff nach meinen Händen. »Warum hast du mir nicht gleich erzählt, was wirklich war?«, fragte er. »Ich war so sauer, ich habe so krasse Sachen zu dir gesagt ...« Er räusperte sich, als ihm kurz die Stimme brach. »Ich dachte, du wärst selbst schuld daran, dass es so ausgeartet ist«, sagte er. Ich *war* selbst schuld daran, aber ich ertrug es nicht, dass Bryan das auch von mir dachte.

»Ich dachte, du hättest es gewollt«, sagte er. Und vielleicht stimmte das ja auch. (Vielleicht hatte ich es darauf angelegt.) Aber er schaute mich so mitfühlend an. Und er war nicht mehr sauer. Er sah nicht aus, als würde er mich hassen. Und genau das brauchte ich. Ich brauchte seine Liebe. Ich brauchte seine Fürsorge. Und deswegen stimmte ich ihm zu. Deswegen sagte ich, dass es nicht meine Schuld gewesen ist.

Ich sprach das Wort aus.

Ich sagte, es wäre eine Vergewaltigung gewesen.

»Sie gibt nicht auf, Bryan«, sagt meine Mutter. »Sie ...«

»Selbst wenn du entscheidest, die Anzeige zurückzuziehen, wer sagt dir, dass die Staatsanwaltschaft nicht trotzdem Anklage erhebt? Heffernan hat ja ausdrücklich gesagt, dass die Anklage nicht in deinem Namen erfolgt, sondern im Namen des irischen Staates.«

Ich wende mich panisch an meinen Vater. »Die können mich nicht zwingen auszusagen, oder? Nicht, wenn ich es nicht will.«

»Das kann ich mir nicht vorstellen.« Er legt seine Hand auf meine. »Aber ich kann nachher mal bei Aidan anrufen und ihn fragen, was er denkt.«

»Es könnte sein, dass sie die Aussage, die du bei der Polizei gemacht hast, trotzdem verwenden dürfen«, sagt Bryan. »Und die Fotos …« Er beendet den Satz nicht, sieht aber aus, als würde ihm bei dem Gedanken an die Fotos und an die Kommentare schlecht werden.

(Die liegt da wie eine Leiche. Toter als die Freundin von Oscar Pistorius.)

(Ganz schön mickrige Titten. Da hätte ich was Besseres erwartet.)

(Dafür hat sie einen echt geilen Arsch ;-) ;-))

Ich bin nicht mehr als ein Ding.

Ich bin nicht mehr als eine wertlose Puppe, die man füllen und stopfen und weiterreichen kann.

Unter einem der Fotos haben zwanzig verschiedene Typen meinen Körper mit Punkten von eins bis zehn bewertet. Zwanzig Jungs, mit denen ich im Kindergarten war. Jungs, die auf meine Geburtstagspartys gekommen sind. Jungs, die ich für Freunde gehalten habe.

(Geschieht der Schlampe ganz recht. Die hat mich in der Dritten abserviert.)

Ich habe mir die Bewertungen angeschaut, weil ich wissen wollte, was sie von mir hielten. Und ich habe mir gewünscht, tot zu sein.

»Wir wissen nicht einmal, ob die Fotos bei Gericht als Beweismittel überhaupt zugelassen werden, darüber haben wir doch schon gesprochen«, sagt meine Mutter. »Es gibt keinen Präzedenzfall und …«

»Tja, dann wäre das jetzt vielleicht der richtige Zeitpunkt, endlich mal einen Präzedenzfall zu schaffen«, faucht Bryan.

»Was ist, wenn die so was noch mal mit einem anderen Mädchen machen?«

Ich soll ein Präzedenzfall werden. Ich soll meine Geschichte in den feministischen Blogs erzählen, soll mich durch die Hashtags meiner Unterstützer bei Twitter ermutigt fühlen, obwohl ich diese Leute nie gesehen habe und sie wahrscheinlich keine Ahnung haben, wo Irland, geschweige denn Ballinatoom überhaupt liegt.

Ich würde mich besser fühlen, wenn einem anderen Mädchen das Gleiche passieren würde. Wenn ein anderes Mädchen genauso zerstört wäre. Dann wäre ich nicht allein.

»Ich bin mir ganz sicher, dass das nicht passieren wird«, sagt meine Mutter. »Im Grunde sind das doch alles anständige Jungs. Die Geschichte ist irgendwie aus dem Ruder gelaufen.«

Und da schaue ich sie an, und während ich sie anschaue, sehe ich, dass ihr nicht einmal bewusst ist, was sie da gerade gesagt hat. Ich muss aufstehen. Ich muss weg von diesem Tisch. Ich muss mir einen scharfen Gegenstand besorgen.

»Wie bitte? Was ist denn das für eine verfickte Scheiße, die du da von dir gibst?«, brüllt Bryan und sie stammelt: »Ich ... so habe ich das nicht gemeint.« Sie dreht sich zu mir. »So habe ich das nicht gemeint, Emma, das weißt du doch.«

»Nicht in diesem Ton, Bryan. Bring deiner Mutter gefälligst mehr Respekt entgegen«, sagt mein Vater. »Das ist unser Haus und ich dulde nicht, dass du hier so mit uns sprichst.«

»Okay, dann vergessen wir mal die kranke Scheiße, die sie gerade vom Stapel gelassen hat, und tun so, als wären diese perversen Dreckschweine, die gemeinsam meine Schwester vergewaltigt haben (dieses Wort) und Fotos davon ins Netz gestellt haben, damit die ganze Welt über sie lacht (ich wusste, dass sie über mich lachen), im Grunde anständige Jungs sind. Aber was verdammt noch mal ist mit Emma? Was wird jetzt aus ihr?«

»Was meinst du damit?« Mein Vater zieht die Schultern bis zu den Ohren hoch.

»Bekommt ihr denn gar nicht mit, wie's ihr geht? Ich meine, wann ist sie das letzte Mal in der Schule gewesen? Wann ...«

»Sie lernt zu Hause«, unterbricht ihn meine Mutter und Bryan stößt ein hartes, kehliges Lachen aus, das an seinen Zähnen kratzt.

»Ach, wirklich? Du glaubst allen Ernstes immer noch daran, dass sie bald ihren Abschluss machen wird, ja? Und wo, bitte? An der St Brigid's? Hat sie eine Prüfungsnummer beantragt? Und wie liefen die Probedurchgänge? Hat sie sich schon bei der zentralen Vergabestelle für Studienplätze angemeldet? Auf welches College würde sie denn gern gehen? Welche Kurse will sie belegen? Wo wird sie wohnen? Sag schon, Mam, du hast das mit dem Zu-Hause-Lernen doch bestimmt super organisiert und müsstest mir meine Fragen alle locker beantworten können, oder?«

»Ich ... ich ...« Tränen steigen ihr in die Augen.

»Du weißt es nicht. Du weißt es nicht, weil du sie schon aufgegeben hast, ist doch so, oder?«

Ich warte darauf, dass meine Mutter widerspricht. Ich

warte darauf, dass sie ihm sagt, dass er nicht so einen Quatsch reden soll. Ich warte darauf, dass sie sagt: *Natürlich habe ich Emma nicht aufgegeben, ich liebe sie, wir wollen für sie da sein.*

Ich warte und warte. Ich werde wohl für immer warten.

»Und wann ist sie das letzte Mal draußen gewesen?«, fragt Bryan wütend. »Am Anfang ist sie wenigstens noch weiter in die Schule gegangen, hat sich mit ihren Freundinnen getroffen und hatte verflucht noch mal so was wie ein Leben …«

»Die Therapeutin hat gesagt, das sei normal.«

Meine Mutter fand das damals nicht normal. Sie dachte, wenn ich die Wahrheit sagen würde, müsste ich in meinem Zimmer sitzen, mich endlos duschen und meinen Körper mit Stahlwolle abschrubben. »Anscheinend ist es häufig so, dass Frauen, die behaupten, vergewaltigt worden zu sein, in der Anfangsphase merkwürdig unberührt wirken.«

Frauen, die *behaupten*.

»Aber sie macht diese Therapie doch noch, oder?« Bryan redet über mich, als wäre ich gar nicht anwesend. »Warum geht es ihr dann trotzdem immer schlechter? Was sagt überhaupt die Therapeutin zu alldem?«

»Na ja, wir haben es gerade erst von Emma erfahren, Bryan, woher soll ich wissen, was die Therapeutin dazu sagt? Ich kann keine Gedanken lesen.«

»Die dürfen mit dem, was sie getan haben, nicht davonkommen. Ich begreife nicht, wie ihr auch nur daran denken könnt, zuzulassen, dass Emma …«

»Jetzt reichts.« Mein Vater schlägt mit solcher Wucht die Faust auf den Tisch, dass das Weinglas meiner Mutter zu Boden fällt und zerbricht. »Genug, Bryan«, sagt er fast flehend. »Du musst Emmas Entscheidung respektieren.«

»Aber ...«

»Ich habe gesagt, dass du Emmas Entscheidung zu respektieren hast.« Mein Vater sieht mir zum ersten Mal seit Monaten direkt in die Augen. »Ist es das, was du willst?«

Ich spüre die Antwort in meinem Mund. Sie fühlt sich an wie eine blutende Wunde auf meiner Zunge. Als wäre sie ein Opfer, das ich erbringen muss.

Mein Vater und meine Mutter sehen mich an. *Sag Ja, sag Ja, sag Ja, sag Ja.* Ich kann fast schmecken, wie viel Angst sie haben, ich könnte meine Meinung geändert haben.

»Ja«, sage ich. »Ja. Das ist es, was ich will.«

Dienstag

»Emmie.« Eine Hand streicht mir sanft die Haare aus dem Gesicht. »Emmie, wach auf, Liebes.«

Ich blinzle mir den Schlaf aus den Augen und sehe meine Mutter, die mir eine geblümte Teetasse auf einer passenden Untertasse hinhält. »Hier«, sagt sie. Ihre Stimme klingt, als käme sie aus weiter Ferne. »Ich dachte, du möchtest vielleicht eine Tasse Tee.«

Ich setze mich auf, lehne mich ans Kopfteil des Betts und greife nach der Tasse.

»Wie fühlst du dich heute?«

Ich fühle mich schwer. Meine Glieder tun weh, als wäre eine Grippe im Anmarsch.

»Trink in Ruhe deinen Tee«, sagt sie. »Daddy und ich warten unten mit dem Frühstück auf dich.«

»Ist er noch da?«

»Ja.«

Ich umklammere die Teetasse. »Eigentlich habe ich keinen Hunger.«

»Aber, Emma, das Frühstück ist die wichtigste …«

»… Mahlzeit des Tages«, beenden wir den Satz gleichzeitig.

»Ganz genau.« Sie beugt sich zu mir herunter, um mir einen Kuss zu geben. Ich schließe die Augen und atme ihren sauberen Seifengeruch ein. Anscheinend hat sie schon geduscht.

Ich halte die Augen weiter geschlossen, als sie sich zum Gehen wendet.

»Emmie?«

Ich öffne ein Auge und sehe sie in der Tür stehen. »Ja?«

»Du siehst …«, sie zögert einen kurzen Moment. »Du siehst wunderschön aus heute Morgen.«

Ich stelle die Tasse mit einem Knall auf dem Nachttisch ab.

»Hat jemand Druck auf dich ausgeübt, damit du deine Meinung änderst?«, hat Sergeant Joe Quirke mich gestern Abend gefragt, nachdem ich mich dafür entschuldigt hatte, so spät noch bei ihm zu Hause anzurufen, und ihm gesagt hatte, dass ich meine Anzeige zurückziehen wollte. »Nein«, antwortete ich. »Ich will einfach nicht, dass es zu einem Prozess kommt.« »Tja, Emma, es könnte sein, dass es dafür zu spät ist«, hat er gesagt. »Es könnte sein, dass die Staatsanwaltschaft den Fall trotzdem weiterverfolgen wird.« – »Aber die können mich nicht dazu zwingen, eine Aussage zu machen, oder?«, fragte ich. »Das weiß ich nicht«, antwortete er. »Sie können mich nicht zu etwas *zwingen*, was ich nicht tun will«, sagte ich. (Diesmal nicht.)

Bryan war nach oben in sein Zimmer gestürmt und hatte

gebrüllt: »Ich weigere mich, weiter bei diesem verlogenen Theater mitzumachen.« Meine Eltern reagierten nicht darauf. Sie blieben während des gesamten Telefonats an meiner Seite. »Emma?«, fragte Joe nach einer langen Pause. »Bist du noch dran? Bist du sicher, dass du das wirklich willst?« Ich drückte den Bleistift, der neben dem Telefon lag, so fest auf den Notizblock, dass die Spitze absplitterte. »Ja«, sagte ich. »Ja, ich bin mir sicher.« Und mein Vater streckte den Arm aus und berührte mich an der Schulter. Mir wurde schwindlig. Ich schloss die Augen.

Jetzt sitzt mein Vater am Frühstückstisch. Vor ihm stehen ein Teller mit frisch gebackenen Scones, eine Tüte Orangensaft und eine große Teekanne mit gestreifter Haube.

»Setz dich«, sagt meine Mutter zu mir. Sie gießt mir Saft ein und reicht mir meine Tabletten. Ich drehe sie zwischen den Fingern.

»Denis?«

»Mhm?«

Meine Mutter nickt mit dem Kinn in meine Richtung. »Willst du Emma keinen guten Morgen wünschen?«

Er räuspert sich. »Morgen.« Er nimmt sich einen Scone vom Teller und lässt einen großen Klecks Erdbeermarmelade darauf fallen. »Iss auch einen. Deine Mutter hat sie heute Morgen extra gebacken.«

»Zur Feier des Tages«, sagt meine Mutter und er wirft ihr einen irritierten Blick zu.

»Es ist zu früh, um zu feiern, Nora. Wir müssen noch abwarten, was die Staatsanwaltschaft sagt.« Ich konzentriere mich auf meinen Atem. Einatmen. *Eins. Zwei. Drei.* Ausatmen. *Eins. Zwei. Drei.*

»Aber deine Entscheidung war richtig«, sagt mein Vater. »Wir sind stolz auf dich, Emma.« Er hält mir den Teller mit den Scones hin und lächelt, als ich mir einen nehme.

Ich warte, bis er sich wieder wegdreht, dann schlucke ich meine Tablette. »Wo ist Bryan?«

Meiner Mutter rutscht der Deckel des Orangensafts aus der Hand, den sie gerade wieder aufschrauben wollte. Sie bückt sich unter den Tisch, um ihn aufzuheben, und stößt sich den Kopf an, als sie sich wieder aufrichtet.

»Er ist nach Limerick zurückgefahren«, sagt mein Vater. »Das College kostet uns einen Haufen Geld und er hat schon genug verpasst. Es wird Zeit, dass er erwachsen wird.« Er schiebt den Stuhl zurück, nimmt sein Jackett von der Lehne und schlüpft hinein. »Danke, Nora. Die Scones sind wunderbar geworden.« Er beugt sich vor, um sie auf die Wange zu küssen. Als er geht, streicht er mir fast unmerklich über den Nacken, vielleicht bilde ich es mir aber auch nur ein.

»Wie findest du sie?«, fragt meine Mutter.

»Was?«

»Die Scones. Schmecken sie dir? Ich habe sie mal wieder nach dem Rezept aus meinem alten Kochbuch von Darina Allen gemacht.« Sie lehnt sich nach hinten zur Theke, wo ein Stapel Bücher liegt. »Und schau, was ich darin gefunden habe …« Sie blättert durch die mit Zucker, Mehl und Eigelb verklebten Seiten. »Hier.« Sie reicht mir einen Brief. »Der ist an dich adressiert.«

Sie blickt von dem Brief zu mir, als wollte sie sagen, *Worauf wartest du, mach ihn auf.* Sie sieht glücklich aus. Das ist es, was ich wollte.

»Ich glaube, ich gehe nach oben«, sage ich.

»Aber du hast doch noch gar nicht fertig ...«

»Ich habe keinen Hunger.«

Das Lächeln auf ihrem Gesicht erlischt. (Ich spüre Genugtuung.)

Du hättest mich beschützen sollen, würde ich ihr gern sagen.

Du hättest auf meiner Seite sein sollen.

Ich will, dass sie zu schätzen wissen, was ich getan habe. Ich will, dass sie mir sagen, dass ich das Richtige getan habe, dass sie mir dankbar sind und für den Rest ihres Lebens alles tun werden, um es wiedergutzumachen. Glaubt ihr mir? (Was denn eigentlich? Ich kann mich ja an nichts erinnern.) Habt ihr je geglaubt, dass ich nicht selbst schuld war?

Aber das frage ich sie nicht. Das werde ich sie niemals fragen.

Bryan hat meinen Laptop auf den Schreibtischstuhl gestellt und das Kabel darum gewickelt, damit er zubleibt. Ich stelle ihn auf den Schminktisch, setze mich, drehe den bemehlten Umschlag in den Händen und erkenne meine eigene Handschrift darauf. Auf der Rückseite steht in Blockbuchstaben eine Warnung: NICHT VOR DEM DREISSIGSTEN GEBURTSTAG ÖFFNEN, aber ich ignoriere sie, schiebe den Zeigefinger unter die Klappe und verziehe kurz das Gesicht, als ich mich am Papier schneide. Im Umschlag steckt eine etliche Male gefaltete, aus einem Ringbuch herausgerissene Seite. Ich streiche das Papier glatt und auf einmal erinnere ich mich wieder.

»Der Brief soll so eine Art Zeitkapsel für euch sein«, hat Ms McCarthy gesagt, während sie »Wo sehe ich mich selbst mit dreißig Jahren?« an die Tafel schrieb. »Ich habe in meinem ersten Jahr an der weiterführenden Schule auch so einen an mich geschrieben und kann es kaum erwarten, ihn zu öffnen, wenn ich dreißig werde.« Als sie schnell hinterherschob, dass das allerdings noch ein paar Jahre dauern würde, sah ich, wie Jamie Ali in die Seite stieß und eine Grimasse zog, weil Ms McCarthy uns ständig daran erinnerte, wie jung sie noch war. *Es ist noch gar nicht so lange her, da saß ich da, wo ihr jetzt sitzt.* Alis Schultern zuckten. »Was gibt es zu lachen?«, fragte Ms McCarthy und Jamie prustete los, worauf Ali es auch nicht mehr aushielt und Maggie und mich mit ihrem Kichern ansteckte, bis schließlich die ganze Klasse lachte. »Nichts«, keuchten wir, »Entschuldigung, Ms McCarthy.« Ich musste sofort wieder lachen, als sie die Augen verdrehte und uns ermahnte, uns zusammenzureißen. Kaum hatten wir uns beruhigt, prustete Jamie los und steckte damit prompt Ali wieder an. Ich beugte mich zu meiner Tasche hinunter und tat so, als würde ich etwas darin suchen, um mein vor Lachen zuckendes Gesicht zu verstecken. Nach ein paar Minuten setzte ich mich wieder aufrecht hin und starrte angestrengt aus dem Fenster, um mich wieder einzukriegen, bevor sie uns noch zu Mr Griffin ins Büro schickte. »Also. Wo seht ihr euch mit dreißig?«, wiederholte Ms McCarthy, und während das Geräusch kratzender Stifte den Raum erfüllte, wusste ich genau, dass mein Leben nicht besser werden konnte, als es jetzt in diesem Moment war.

Ich betrachte meinen Brief. An manchen Stellen ist die Tinte verlaufen. *Verheiratet mit einem Multimillionär, zwei Kinder. Der Junge heißt Harry, das Mädchen Hazel. Kindermädchen, Privatkoch, Villa, Putzfrau, die jeden Tag aufräumt.* Ganz unten steht noch so schnell hingekritzelt, als wäre mir der Gedanke erst im letzten Moment gekommen: *Und ich habe mir vorgenommen, sehr glücklich zu werden.*

Meine Finger zucken, als wären sie zu schwach, das Papier zu halten. Es flattert zu Boden. Ich starre darauf. Es sind nur Wörter. Nur Wörter auf Papier.

Ich wickle das Kabel vom Laptop, klappe ihn auf und öffne Facebook. Ich scrolle mich abwärts, Fotos von sonnengebräunten Beinen in weißem Sand, Macarons von Ladurée, eine halb gegessene Domino's-Pizza, Status-Updates mit haufenweise Emojis und Ausrufezeichen. Alle lächeln. Lächeln, lächeln, lächeln. Alle sind so glücklich.

Ich habe mir vorgenommen, sehr glücklich zu werden.

Sarah Swallows hat siebzig Fotos in ein neues Album »Abschlussfeier« hochgeladen. Ich klicke mich durch die Bilder. Mädchen in Schuluniform beim Umarmen diverser Lehrer, Tränen in den Augen. Eine Aufnahme von Mr Griffin während seiner Rede in der Aula. (Normalerweise wäre ich auch dort gewesen.) Noch ein Foto von Sarah, die ihren Schulpulli ausgezogen hat und darunter eine Bluse trägt, auf der alle

Mädchen aus unserem Jahrgang unterschrieben haben (bis auf mich). Eines von Sarah und Julie in Reilly's Pub mit verschmiertem schwarzem Eyeliner und glasigem Blick. Eines von Dylan Walshs *epischer Party, woohooo*, und eines, auf dem Dylan, Sean, Eli, Maggie, Ali, Julie, Sarah, Jack und drei oder vier andere Typen mit Shotgläsern aus rotem Plastik in die Kamera prosten. Maggie und Eli halten sich an den Händen. Anscheinend sind sie wieder zusammen.

(Ich wünschte, ich wäre auch dabei gewesen.)

Ich klicke auf mein Postfach. Wieder unzählige Nachrichten, in denen steht, wie ekelhaft ich bin und dass ich das alles nur erfunden habe. *Schlampe, Lügnerin, Hure, Nutte, Dreckstück.* Vielleicht bin ich all das wirklich. Ich kann mich nicht erinnern.

Ja, Baby. Das gefällt dir, was? So ist es brav. Gut so.

Ich habe gesagt, dass ich mich nicht erinnern kann.

Ich öffne eine der Mails. Ein Foto von einem Kissen und daneben ein Link zu einem Wikipedia-Eintrag.

Erstickung *(auch: Suffokation von lat. Suffocatio) ist die medizinische Bezeichnung für alle Vorgänge, die aufgrund eines unzureichenden Sauerstoffangebots, aber auch einer beeinträchtigten Sauerstoffaufnahme oder -verarbeitung zum Tode führen. Ursachen für Erstickung sind: eine Beeinträchtigung der Atemtätigkeit, siehe Atemlähmung, Atemstillstand, Verschüttung, eine unzureichende Konzentration von Sauerstoff in der Atemluft (z.B. in großen Höhen, abgedichteten Räumen), oder als inneres Ersticken eine Blockade der Atmungskette oder der Sauerstoffaufnahme durch die roten Blutkörperchen.*

Bloß als kleine Anregung, steht in der Mail.

Ich lösche sie und all die anderen, bis nur noch eine übrig bleibt.

Hallo Emmie,

ich vermisse dich. Ich weiß, dass ich dir so was nicht schreiben sollte. Das ist, als würde ich so eine Art Pakt zwischen uns brechen, der es mir verbietet, dich zu fragen, wie es dir geht, oder dir zu sagen, wie es mir geht, aber ich vermisse dich. Ist eben einfach so.

Heute Morgen habe ich Bryan in der Einfahrt getroffen, bevor er ins College zurückgefahren ist. Er war ziemlich angepisst, Em. Sei nicht sauer, aber er hat mir von deiner Entscheidung erzählt. Ich werde dir nicht sagen, was du meiner Meinung nach tun solltest, und versuche wirklich, dich zu verstehen, obwohl ich diesen Wichsern jedes Mal, wenn ich sie sehe, die Faust ins Gesicht rammen möchte.

Sorry. Ich wollte dir nicht sagen, was ich denke, und es geht hier auch nicht um mich. Ich will einfach nur, dass du wieder glücklich bist, Emmie. Ich weiß, dass du dir im Moment nicht vorstellen kannst, dass das jemals wieder möglich ist, aber ich kann es. Nein, ich weiß es. Wahrscheinlich glaubst du mir nicht, oder? Aber habe ich dich jemals angelogen?

Es gibt da etwas, das ich dir sagen muss. Es kann sein, dass dir das vielleicht unangenehm ist, falls ja, tut es mir leid, aber ich musste an den Abend denken, an dem ich bei dir war, nachdem klar war, was auf der Party passiert ist. Du hast versucht, mich zu küssen, und ich habe es nicht zugelassen.

Das lag nicht daran, dass ich dich nicht toll finde (hat keinen Zweck es zu leugnen, ich denke, wir wissen beide sehr gut, wie toll ich dich finde), sondern dass ich die Situation nicht ausnutzen wollte. Du hast geweint und alles war so unfassbar und ich wollte es nicht noch schlimmer machen. Aber ich hätte gewollt, Emmie. Ach, verdammt. Tut mir leid, wahrscheinlich kommt das alles ganz falsch rüber, aber ich finde, du solltest es wissen. Ich hätte dich damals küssen sollen, als wir an dem Abend vor der Party auf dem Trampolin lagen. Fast wäre es passiert, oder? Hast du es auch gespürt? Oder mache ich mich gerade mal wieder komplett zum Idioten? Ich erinnere mich, dass ich dich angeschaut habe und einfach nicht glauben konnte, wie verdammt schön du bist, wie es sein kann, dass jemand so absolut perfekt ist. Ich hätte dich einfach küssen sollen, aber ich wollte auch nicht aufhören, dich anzusehen. Ich wünschte, ich hätte dich an dem Abend geküsst. Ich wünschte, ich hätte dich geküsst und du hättest mich zurückgeküsst und wir hätten beschlossen, zu Hause zu bleiben und mit Bryan und Jen den Film zu schauen. Du hast keine Ahnung, was ich dafür geben würde, wenn ich diesen Abend noch mal zurückholen könnte, um alles ungeschehen zu machen. Ich hätte da sein müssen, um dich zu beschützen. Es tut mir so leid, Em.
Conor. x

Ich lösche auch diese Mail.

Ich hätte ihn an diesem Abend auf dem Trampolin küssen sollen. Ich hätte ihn küssen sollen und wir hätten zu Hause bleiben und die anderen allein auf die Party gehen lassen sollen. Wir hätten mit Bryan und Jen einen Film schauen können und hätten stöhnend die Augen verdreht, wenn sie ins Bett verschwunden wären und Bryan zu uns gesagt hätte, dass wir nichts tun sollen, was er nicht auch tun würde.

Ich hätte mich vor ihm ausziehen und dabei sein Gesicht betrachten sollen, während er mich angesehen hätte, als wäre ich das schönste Mädchen auf der Welt. Ich hätte mich von ihm lieben lassen sollen. Wir wären ein Paar geworden. Wir hätten beschlossen, uns an der gleichen Uni zu bewerben, weil wir es nicht ausgehalten hätten, voneinander getrennt zu sein. Wir hätten mit zweiundzwanzig geheiratet und alle ausgelacht, die gesagt hätten, dass wir noch zu jung seien, weil wir gewusst hätten, dass es das einzig Richtige ist. Mit achtzig Jahren hätten wir immer noch Händchen gehalten und den Leuten erzählt, dass wir uns schon von klein auf kennen, dass wir miteinander aufgewachsen sind, immer beste Freunde waren und dass aus Freundschaft irgendwann Liebe wurde. »Er war immer schon verknallt in mich«, würde ich unseren Enkeln erzählen. »Aber ich habe ihn erst mal ein bisschen zappeln lassen.« Und Conor würde mir zuzwinkern und sagen: »Das Warten hat sich gelohnt.« Ich wäre glücklich geworden.

Aber jetzt geht das nicht mehr. Ich kann nicht mit ihm zusammen sein. Ich gehöre jetzt ihnen, denen, die mir ihr Brandzeichen aufgedrückt haben. Denen, die ihre Namen in mein Herz gesengt haben.

Ich schaue mich im Schminkspiegel an. Wie kann es sein,

dass zwei Augen, eine Nase und ein Mund so unterschiedlich angeordnet sein können, dass der eine Mensch schön ist und der andere nicht? Und wenn meine Augen ein bisschen enger stehen würden? Wenn meine Nase flacher wäre? Meine Lippen dünner oder mein Mund breiter? Wäre mein Leben dann anders verlaufen? Hätte es diese Nacht je gegeben?

Candyman, flüstere ich unhörbar in den Spiegel, wie in dem Horrorfilm. *Candyman. Candyman.*

Ich schließe die Augen und warte. Warte und hoffe darauf, dass er seinen eisernen Haken in mein Fleisch schlägt, meine Schönheit wegreißt. Mich wieder neu macht.

Ich blinzle und öffne die Augen, aber da sitze immer noch ich. Ich weiß nicht, ob ich enttäuscht sein soll oder erleichtert.

Ich sehe dem Mädchen im Spiegel in die Augen. Ich stehe auf, ziehe die Leggings aus, zerre mir das Hoodie über den Kopf und betrachte den blassen Körper, der nur in BH und Slip vor mir steht.

Ich berühre die Brüste des Mädchens.

Ganz schön mickrige Titten. Da hätte ich was Besseres erwartet.

Ich drehe mich um.

Dafür hat sie einen echt geilen Arsch.

»Emma?« Die Stimme meiner Mutter hallt nach oben. »Emmie, wo bist du?«

»In meinem Zimmer.«

»Sei so lieb und komm kurz runter, ja? Ich muss etwas mit dir besprechen.«

Ich holte tief Luft. Und dann noch einmal. Einatmen. *Eins. Zwei. Drei.* Ausatmen. *Eins. Zwei. Drei.*

Ich ziehe mich an, verhülle den Körper wieder.

Ich schaue mein Spiegelbild an.

Ich sehe normal aus. Ich sehe wie ein anständiges Mädchen aus.

»Emmie?«, ruft meine Mutter erneut.

»Komme schon«, rufe ich zurück.

Dann gehe ich nach unten und verziehe meinen Mund zu einem Lächeln, damit ich normal aussehe. Es ist wichtig, dass ich normal aussehe. Es ist wichtig, dass ich wie ein anständiges Mädchen aussehe.

Nachwort

Meine beiden Romane »Only ever Yours« (bisher nicht ins Deutsche übersetzt) und »Du wolltest es doch« enden beide eher trostlos und unbefriedigend. Das liegt aber nicht daran, dass ich bewusst kein konventionelles Happy End schreiben oder meine LeserInnen emotional manipulieren wollte, sondern daran, dass ich den Geschichten, die ich in meinen Büchern erzähle, unbedingt bis ganz zum Schluss treu bleiben wollte.

Einige LeserInnen von »Du wolltest es doch« zeigten sich enttäuscht darüber, dass Emma am Ende aufgibt. Sie hätten sich gewünscht, dass sie weiterkämpft und Gerechtigkeit einfordert für das, was ihr angetan wurde. Mir wäre das auch deutlich lieber gewesen und trotzdem habe ich mich dagegen entschieden, weil ich ein solches Ende nicht als wahrhaftig empfunden hätte. Auch wenn es vordergründig nicht den Anschein hat, als würde unsere Gesellschaft sexueller Gewalt Vorschub leisten, reicht es aus, ein bisschen an der Oberfläche zu kratzen, um zu erkennen, dass sexuelle Übergriffe (von ungewollten Berührungen bis hin zu Vergewaltigungen) zu oft heruntergespielt und kleingeredet werden. Sie geschehen so häufig, dass wir sie beinahe schon als etwas Unausweichliches betrachten, mit dem Frauen nun einmal leben müssen. Und so lehren wir unsere Töchter mit dem resignierten Gefühl, eine längst verlorene Schlacht zu kämpfen, wie sie sich zu verhalten haben, um nicht vergewaltigt zu werden.

Während ich an »Du wolltest es doch« arbeitete, kam eine Freundin nach der anderen zu mir und berichtete von ihren ganz persönlichen Erfahrungen zu diesem Thema: Eine Hand, die sich unter den Rock schob, ein Mann, der nicht bereit war, ein »Nein« zu akzeptieren, ein betrunkener Abend, an dem ihr Einverständnis aufgrund des Alkoholpegels nicht mehr gegeben werden konnte, aber einfach vorausgesetzt wurde. Wir sprachen über diese Vorfälle mit der gleichen Selbstverständlichkeit, mit der wir uns über andere mit unserem Frausein verknüpfte Begleiterscheinungen wie Menstruationsschmerzen oder die Notwendigkeit von Verhütung austauschen. Auffallend war, dass bei allen Frauen, die mir ihre Geschichten erzählten, ein Gefühl vorherrschend war: Scham. »Ich war wahnsinnig betrunken ... Ich habe ihn ja selbst gefragt, ob er noch mit zu mir kommt ... Ich bin auf der Party eingeschlafen ... Ich war wie gelähmt und habe ihm nicht deutlich genug gesagt, dass er aufhören soll.«

Ich bin selbst schuld.
Ich bin selbst schuld.
Ich bin selbst schuld.

Auf meine Frage, ob sie anschließend zur Polizei gegangen

seien, um den Übergriff anzuzeigen, gab von zwanzig Frauen nur eine einzige an, Anzeige erstattet zu haben.

Die übrigen sagten alle: »Wie hätte ich es beweisen sollen? Wer hätte mir denn geglaubt?«

Darauf habe ich keine Antwort.

Ich weiß nur: In so einer Welt will ich nicht weiterleben. Wenn ich kleine Mädchen unbekümmert im Park spielen sehe, habe ich Angst um sie, weil mir bewusst ist, in was für einer Gesellschaft sie aufwachsen. Dabei hat jedes einzelne Mädchen es verdient, in einer Welt zu leben, in der sexuelle Übergriffe die absolute Ausnahme darstellen, in einer Welt, in der sie ernst genommen werden und in der Täter mit schwersten Konsequenzen rechnen müssen.

Für mich ist klar: Wir müssen über Vergewaltigung sprechen. Wir müssen darüber sprechen, wo sexuelle Übergriffe beginnen und dass es guten Sex nur in beiderseitigem Einvernehmen geben kann. Wir müssen über *Victim Blaming* und *Slut Shaming* sprechen – darüber, dass den Opfern von Straftaten oft selbst die Schuld an dem Vergehen gegeben wird – und wir müssen über die unterschiedlichen moralischen Standards sprechen, mit denen wir das Verhalten junger Frauen und das junger Männer bewerten.

Über all das müssen wir sprechen und dann müssen wir noch einmal darüber sprechen und immer weiter darüber sprechen, bis sämtliche Emmas dieser Welt sich verstanden fühlen. Bis sie spüren, dass wir ihnen glauben.

Louise O'Neill

Danksagung

Großer Dank gebührt meinen beiden Hauptfrauen: Niamh Mulvey, meiner fabelhaften Lektorin, die dafür sorgt, dass man mich da draußen für wesentlich talentierter hält, als ich es tatsächlich bin. Ohne dich wäre das alles gar nicht möglich. Und meiner Agentin Rachel Conway, die endlose Geduld für mich aufbringt, mir immer wieder Mut macht und es jedes Mal schafft, dass ich mich besser fühle. Danke.

Ich danke meiner Mutter, die mir gezeigt hat, wie sich bedingungslose Liebe anfühlt, und meinem Vater, dem nettesten Mann, den ich kenne.

Ich danke allen Freundinnen und Freunden und meiner Familie für ihre Unterstützung. Ihr wisst, wer ihr seid und wie viel ihr mir bedeutet.

Lauren Woosey und ihren KollegInnen bei meinem irischen Verlag *Quercus* danke ich für alles, was sie für mich getan haben. Ich empfinde es als ganz großes Glück, mit Menschen zusammenarbeiten zu dürfen, die so leidenschaftlich und so inspirierend sind.

Ich danke der Organisation *Children's Books Ireland*, allen Journalistinnen, die meine bisher veröffentlichten Romane rezensiert haben, den BloggerInnen, die darüber gepostet haben, den BuchhändlerInnen, die sie empfohlen haben, und den vielen LeserInnen, die mir gemailt haben, um mir zu sagen, wie sehr sie meine Bücher geliebt haben. Ihr alle helft mir, meine Träume wahr zu machen.

Dem *Arts Council of Ireland* danke ich für die großzügige Unterstützung.

Danke auch an Mary Crilley und alle Mitarbeiter des *Rape Crisis Centre* in Cork. Die dort geleistete Arbeit ist von wirklich unschätzbarem Wert.

Helen-Claire O'Hanlon danke ich dafür, dass sie das Manuskript gelesen und mir wichtige Hinweise bezüglich der Rechtslage in Irland gegeben hat. Sharon Brooks und Eimear O'Regan standen mir in der Frühphase der Arbeit bei juristischen und schulischen Fragen bei. Danke. Sollten sich trotzdem irgendwelche Ungereimtheiten eingeschlichen haben, sind sie allein mir zuzuschreiben.

Ich danke Isabell Mannix, die mit unendlicher Geduld alle meine Nachrichten beantwortet hat, wenn ich sie mit Fragen zur aktuellen Jugendsprache in der Gegend um Cork gelöchert habe.

Am allerwichtigsten ist es mir jedoch, mich bei all den Vergewaltigungsopfern zu bedanken, die ihre Geschichte mit mir geteilt haben. Euer Mut und eure Stärke bleiben unvergesslich.

Nachwort zur deutschen Ausgabe

Vor der Nacht, die ihr Leben ändert, ist Emma selbstsüchtig, hochmütig, gespielt lässig; sie versucht so zu tun, als ob. Sie will schön sein und sexy, von allen begehrt, aber keine Schlampe; sie ist nett zu allen, um nicht als arrogant zu gelten. Sie will die perfekte Emma sein. Als ob das funktionieren könnte.

Nach der Nacht, die ihr Leben ändert, widerstrebt es ihr, Opfer und Anklägerin zu sein. Sie will das Leben der Jungs nicht zerstören, von denen sie doch begehrt werden wollte – bis sie das nicht mehr wollte, bis es wehtat und sie nichts sagen mochte, und noch später dann nichts mehr sagen konnte, weil sie Drogen genommen hatte, um zu beweisen, was für eine perfekt krasse Emma sie ist.

Aber vor allem schämt sie sich. Sie will auf keinen Fall, dass ihre Eltern »es« erfahren. Vor allem soll ihr Vater die Fotos nicht sehen. Also verdrängt Emma zunächst. In der Hoffnung, dann wäre bald alles vergessen und alles wieder normal. Als ob nichts passiert wäre. Das kann nicht gut gehen.

Als ihre Eltern doch von der Vergewaltigung erfahren, versuchen sie, ihr Unbehagen unter den Teppich zu kehren; auch sie versuchen, so zu tun, als würde jetzt alles wieder gut. Als ob das funktionieren könnte.

Emma versinkt in Selbsthass, sie gibt sich selbst die Schuld, glaubt, sie hat es verdient. Ihr Körper gehört nicht mehr ihr. Sie wird depressiv.

Auch ihre Familie wird von innen vergiftet: Ihre Eltern können nicht vorbehaltlos zu ihrer Tochter stehen, können nicht über die Tat reden, teilen vielleicht im Geheimen sogar die Ansicht, sie trage eine Mitschuld.

Wenn die Schuld für eine Straftat dem Opfer zugeschrieben wird, nennt man das *Victim Blaming,* Beschuldigung des Opfers. Dein Kleid zu kurz und du »so hot«; du wolltest es doch!

Das ist falsch.

Jedem Sex sollte beidseitiges Einverständnis vorausgehen. Nur einvernehmlicher Sex ist guter Sex. Alles andere ist Vergewaltigung. Ein kurzes Kleid ist kein Einverständnis. Grenzverletzende Verhaltensweisen sind ein No-Go.

Vergewaltigung ist ein gesellschaftliches Problem. Wenn sexuell aktive Mädchen als »Schlampen« bezeichnet werden, es eine entsprechende Bezeichnung für Jungs oder Männer aber nicht gibt, ist das ungerecht. Dieser Sexismus führt dazu, dass Mädchen herabwürdigend behandelt werden, weil sie es aus Sicht der Täter verdienen. Stereotype über den männlichen »Trieb« und den weiblichen guten oder schlechten »Ruf« müssen hinterfragt werden, sonst ist sexuelle Gleichberechtigung nicht möglich. Ein Nein muss als Nein akzeptiert werden. Es sollte Normalität sein, seine Grenzen in übergriffigen Situationen zu erkennen und zu benennen – auch wenn man es vorher vielleicht doch wollte, und auch wenn man sich dafür über sein Harmoniebedürfnis hinwegsetzen muss. *Ich will das nicht mehr. Lass das. Nein.*

»A dress is not a yes!« und »Blame the system, not the victim!« sind zwei Slogans der *Slutwalks*, bei denen seit 2011 Frauen und Mädchen gegen Vergewaltigung auf die Straße gehen: Nicht kurze Röcke und rot geschminkte Lippen sind verantwortlich für Vergewaltigungen, sondern Vergewaltiger – und das System, das diese Taten bagatellisiert und den Tätern juristisch nichts entgegensetzt.

Seit 2016 gibt es glücklicherweise in Deutschland ein neues Sexualstrafgesetz. Nun kommt es bei Anklagen darauf an, ob die Betroffene die sexuelle Handlung auch wirklich gewollt hat; Androhungen oder Ausübungen von Gewalt müssen nicht mehr nachgewiesen werden. Klagen sind auch möglich, wenn man sich in der Situation nicht gewehrt hat.

Wenn ihr Opfer eines Übergriffs geworden seid, holt euch Hilfe. In jeder Stadt gibt es einen Frauennotruf, der zu Strafanzeigen berät und Begleitung anbietet.

Unter den Hashtags #metoo oder #ichhabnichtangezeigt gibt es im Internet zahlreiche Berichte über Missbrauchserfahrungen. Hier schildern Betroffene auch, warum sie keine oder erst spät Anzeige erstatteten. Es gibt viel Solidarität.

Die Zeiten des Wegsehens und Schweigens sind vorbei.

Betrunkenheit, Gefallfreude und kurze Röcke sind keine Gründe für Vergewaltigungen. In keiner Weise fordert mein Körper dazu auf, belästigt zu werden! Meine Grenzen sind zu jeder Zeit zu akzeptieren.

Empört euch!

Wenn ihr verletzt wurdet, seid ihr vielleicht traurig, verzweifelt. Aber seid auch wütend!

Seid Gegnerinnen sexueller Gewalt und derjenigen, die ihre Triebe und eure Röcke verantwortlich machen wollen für Unrecht.

Sagt Nein!

Daniela Chmelik arbeitet als Autorin u.a. für das popfeministische Missy Magazine *und sie ist Pressesprecherin von* St. Pauli Roller Derby, Vollkontakt auf Rollschuhen.